李炳亭　洪湖◎著

中国当代课改档案

山东文艺出版社

图书在版编目（CIP）数据

中国当代课改档案／李炳亭，洪湖著．—济南：山东文艺出版社，2010.8
ISBN 978-7-5329-3240-5

Ⅰ.①中… Ⅱ.①李… ②洪… Ⅲ.①中小学—课程—教学改革—研究—中国 Ⅳ.①G632.3

中国版本图书馆 CIP 数据核字（2010）第 125604 号

主管部门	山东出版集团
集团网址	www.sdpress.com.cn
出版发行	山东文艺出版社
电子邮箱	sdwy@sdpress.com.cn
地　　址	济南经九路胜利大街 39 号
印　　刷	山东临沂新华印刷集团有限公司
版　　次	2010 年 8 月第 1 版
	2010 年 8 月第 1 次印刷
规　　格	开本／170×240 毫米　16 开
	印张／21.75　插页／2　千字／277
定　　价	32.00 元

序

寻找第41个破帖者：课改就是从油锅里捞孩子

李炳亭

这些年，我的生活很是"单纯"，一门心思地搞课改，采访、写作、讲座、听课、评课，机场、酒店、学校，三点一线日复一日地重复。单调则单调，但重复却不是机械地重复，我的很多日子，因为与不同"课改人"的相识相交，变得生动而有趣。我乐于这样的生活，紧张且富有挑战。为一种精神激荡的教育人的责任，常让我因为课堂而百感交集，我的喜怒哀乐就一览无余地暴露在课堂上，以至于我会因为某些学校的按兵不动而寝食难安！

课改就是"从油锅里捞孩子"！

假如你听见我在某地正对某人的课堂作咆哮状，你一定不要感到意外，也请你理解我的急迫和焦虑——从油锅里捞孩子，下手晚了，孩子就"焦"了，一"焦"就会跳楼、自杀、杀人，今天的教育是"要命的教育"。为了每一个生命的鲜活，为了让每一个母亲不再有失子之恸，为了让这个民族充满希望，除了推进课改，难道我们还会有别的选择？幼吾幼以及人之幼。

如果我们的孩子没希望，便决定了这个民族不会有希望。而孩子的希望来自于哪里？——课堂！

从根本上说,有什么样的课堂就有什么样的教育,有什么样的教育就有什么样的国家。当然,前提是,有什么样的老师就有什么样的课堂！教师呀,他们的手里掌握着孩子乃至于这个国家的未来！所谓天降大任,如果我们仍然在顽固和保守中拒绝课改,那就真正是因一己陋见而损伤了民族大业。

因而,这篇"谏言"里的每一个字都是带着我体温的肺腑之言。如果你是我的同道,那你赞成课改,我们就继续聊下去,尽可能换一个口吻,轻松一点,而不必瘗着眉头、愁容满面。那我把"谏言"改成"建言"得了,按照我这些年推广课改的经验,或许我的"建言"能对你有用,不妨耐着性子听听。

我要说的第一句话是:课改不是简单的换工具。课改实在是换观念。什么观念？课堂观念。高效课堂是什么？知识的超市、生命的狂欢。如果观念不改,通俗点讲,给"马车"换"宝马发动机"也没有作用,我因而才更愿意把"课改"叫做"课变"。

我这样概括课堂,它必须满足这样的目标:学会、会学、学乐、创学。或者说课堂要具有三个特性:主动性、生动性、生成性。因为我们说,课堂的终极目标是培养学生的学习能力,一旦拥有了这种能力,我们还用担心学不会、考不好吗？因而,升学只是副产品,拥有学习能力便是拥有了可持续发展的能力,这才是正产品。另外课堂是一种情感活动,因而我们认为,一旦离开了"快乐",课堂"幸福指数"较低甚至是"负数"的传统旧式课堂,只能"打零分",教师在课堂上要想方设法让学生体验到快乐、觉得"舒服"。

第二句话:让学生自己的事情自己做。"有困难,找学生！"课堂的灵魂是什么？我们概括成十六个字:相信学生、解放学生、利用学生、发展学生。尤其是相信学生,我们把它当成教师的"师德"。不相信学生就是没师德,不相信学生才会打击、干预、强制、包办、替代,才会死记硬背、题海战术、标准答案、时间汗水。这十六字代表着一切的思想、方法、观念、准则、技术、艺术。教师唯有敢于放手,给学生以时间、空间,才会有真正的自主性、主动性、创造性的发生。有人会问,学生学不会怎么办？兵教兵、兵强兵、兵练兵,独学、对学、群学,自己学不会就对学,对学再不会就群学、研究性学。

第三句话:千万别忽视模式。没有模式就没有标准!正像宝马和桑塔纳都必须遵守"交规"一样,任何教师都必须遵守基本的课堂教学规律,不可以以"课堂艺术"的名义炫耀所谓的"学养",学生绝对不是教师的"听众",而是课堂的主角!我们甚至刻意给教师的讲"定时",殊不知,不限制讲,又如何保障学?凡是对限制讲提出批评的人,基本上是不了解一线课堂的实际。一切的教学都必须围绕着"学"才有意义,并且,我们重点提醒要围绕着"学"建立课堂评价标准,以学评教!真正的好课,一定是"教学相长"、师生"同学"的,生亦师、师亦生,这就很好地解决了教师专业化发展的问题。因而我们说,教师专业化发展最好的途径在课堂!

当然,如果你暂时没有模式,不妨信手拈来,借我们共同体现成的模式一用,这个"借"就叫"临帖",其实学习就是"临帖",换句话叫"拿来主义"。你千万别刻意拒绝"拿来"。打个比方,如果你果真需要一辆汽车,是劳民伤财地去"搞发明",还是去卖场买一辆来开?更何况,你也未必"发明"得出来,发明出来也未必性能优良。所以,"踩着杜郎口的肩膀摘星星"是我们共同体成员校常说的一句话,先接受再批判,学习就是"临帖—入帖—破帖"的过程。中国名校共同体22个省市的40家核心校到如今都能破帖生成自己的模式,原因就在这里。如果你要成为第41个破帖者,那么从现在开始——临帖!

第四句话:好教师的标准到底是什么?既然课堂发生了变化,那么传统的教师评价标准还适应吗?答案当然是否。好教师要具有三个基本素养:第一,人格;第二,性格;第三,专业化。离开了前两点,只有"专业化"的教师绝不是好教师,好教师必须阳光、善良、慈悲、开放,懂得爱和尊重,因而教师的课堂职责,首要的是"点燃"、"激励"学生,让学生动起来——身动、心动、神动。教师千万不可以成人的思维代替学生的思维,以自己的见解代替学生的见解,以自己的结论代替学生的结论。如果我们仍然一味把蜡烛、春蚕、铺路石单纯解读为包办和替代,把教师解读成管理和施教,把教学解读成灌输和训练,把教育解读成调教和训斥,把学校解读成雕塑和雕琢,把学生解读成打压和服从,把学习解读成接受和背诵,那原本承载着厚望、鲜活的"人"之教育就会沉沦为应试、工具、功利,老气横秋、千人一面、丧失创造的"异化"教育,它与我们的理想背道而驰。

第五句话：从改变学生的学习状态入手。先上路，课改是"做"出来的。要知道只有"下池"才可能学会"游泳"，千万不可因为预设而让自己踌躇再三，乃至于吓破了胆。先上路，然后去解决路上的问题。有时候，你会发现，一旦出发就会一路畅通，哪有想象中那么多的难题呢？因而，我常说的一句话是，"课改原本没那么难"，不信你试一试。其实，你尽可以不接受我们的模式，甚至也不拉开桌子，只要你开始研究如何去改变学生的学习状态，你就已经开始课改了。何况，我们也一向认为拉开桌子未必就是高效课堂，正像并非所有的"光头"就是"和尚"一样的道理。"改变学习状态就是课改！"

第六句话：揪住课堂"捻针尖"。教育的问题其实就暴露在"教室"，纠结在"课堂"，"课堂并发症"正日渐导致扭曲的"教学关系"和"师生关系"，治愈了这个"并发症"也便解决掉了其他的一切。揪住课堂，是说学校里所有的人，都应该深入课堂上去，我们说"学校的产品是课堂"，既然课堂是产品，当成立"验评组"、"质检科"，力促每一节课都是高质的。我们说要让课堂上的每一分钟甚至每一秒钟都高效，如果实现这一目标，自然就破解了苦学、厌学的难题，"减负"的问题便迎刃而解，断不至于会越减越重。

今天，我再一次听到又有一位学生因中考成绩不好而自杀的消息，内心的刺疼让我写下以上的话，但愿这些文字能打动——我的课改朋友们，让我们这些做父亲的人，一起赶紧从"油锅"里捞孩子，慢了，你和我都会有罪孽感！

目录

1 序

1 山东杜郎口中学
14 山东兖州一中
24 河北围场天卉中学
33 山东昌乐二中
43 江西芦溪外国语学校
53 山东德州跃华学校
65 河北清河五中
75 江苏灌南新知学校
88 翔宇教育集团江苏宝应中学
98 江苏东海黄川双语学校
107 江西武宁宁达中学
118 辽宁沈阳立人学校
127 河北沧州派尼学校
138 山东临沂四中
147 甘肃庆阳什社中学
157 广西博白启德中学
166 河南郑州第102中学
177 江苏南京竹山中学

- 187　江苏昆山前景学校
- 195　广东东莞康湖新乐学校
- 205　河北武安六中
- 214　江苏泗阳众兴中学
- 228　广东广州第八十中学
- 237　安徽铜陵铜都双语学校
- 247　河南南召现代中学
- 257　河北邢台二十九中
- 265　河北文安三中（文安职业技术教育中心）
- 277　黑龙江鸡西田家炳中学
- 287　山东莘县实验初中
- 298　江苏淮安严卓中学
- 307　山东寿光台头一中
- 317　湖南岳阳许市中学
- 326　山东郓城高级中学
- 336　后记

山东杜郎口中学

学校档案

始建于 1968 年 11 月,1991 年 1 月迁入新校,占地面积 46669 平方米,建筑面积 10863 平方米。现有 14 个教学班,在校生 700 余人,现有在职教职工 116 人,专任教师 85 人。

学校自 1998 年实行课改以来,陆续得到了各级各类教育主管部门、教育研究机构的高度评价。截至目前,前来学校参观、听课的人数已达 50 余万。学校先后获得"全国教育系统先进单位"、"全国合作教学研究基地"、"山东省重点课题研究基地"、"聊城市教学示范学校"、"聊城市规范化学校"、"聊城市学校德育工作先进单位"等荣誉称号。

学校坚持"以人为本,关注生命"的教育理念,坚持"快乐学习,幸福成长"的教学宗旨,遵循"人人参与、个个展示、体验成功、享受快乐"的课堂主题,鼓励学生"激活思维,释放潜能、自主学习,个性发展"。潜心改革,使学生由接受知识的容器变为有自主人格的人;由对考试的准备变为对人生的理解;由对知识的背记变为规律的总结;由内向羞涩变为勇敢大方;由自私变为公益。教师由主演变为导演;由经验变为科研;由现成变为生成;由师长变为朋友;由老师变为学生。课堂教师由传授者变成策划者;一言堂变为百家鸣;单纯知识型变为知识能力情感型;唯一答案、标准答案变为多种解答;整齐划一变为灵活多变;精英式变为大众化;死记硬背变成体验感悟;听、说、读、写深化为演、唱、画、作;接受式变为探究式;安分守己变为超市自选。

学校创新教学环境,撤掉讲台、小组对桌、设多块黑板、把时空还给学生。预习——明确学习目标、生成本课题的重难点并初步达成目标;展示——展示、交流预习模块的学习成果,进行知识的迁移运用和对感悟进行提炼、提升;反馈——反思和总结,对预设的学习目标进行回归性的检测,突出"弱势群体",让他们说、谈、演、写。

课改档案

杜郎口:将课改进行到底

因改而声名日隆的杜郎口,每天都门庭若市。

尤其每个周的周一和周五两天,前来参观学习的都要在1500人左右。

一所区区800名学生、80多名教师的学校,每天都要经历从早晨到晚上的"人满为患",光是中午的吃饭就着实让人头疼不已,把报告厅改成了临时的餐厅,全校教师手忙脚乱一起上,可还是照顾不过来。来杜郎口最多的学校是52次,河南一位校长来了21次。

杜郎口业已成为中国最具"魅力"的学校。

全变了，他没变

2006年3月，《中国教师报》以《杜郎口中学的非典型教改》拉开了杜郎口课改报道的序幕，截至目前，本报累计对杜郎口的报道篇幅约25个整版，其中集中报道就有3次。

与3年半之前第一次报道时相比，今天的杜郎口早变了模样。

农村中学特有的"土气味儿"没了，满院子的姹紫嫣红、绿意盎然。平房变成了楼房，曾经漫天黄沙的操场变成了塑胶运动场；教师们以前上下班骑自行车，现在基本都换成了汽车；孩子们终于有了自己的图书馆、实验楼、新餐厅，告别了由旧教室改建的又冷又潮的集体宿舍，搬进了8人一间面积达25个平方的宿舍楼；教室里有了多媒体、图书角，有了统一的校服，学生们有了自己的乐队、合唱队……

凡是城里该有的，杜郎口都有了，而城里没有的，杜郎口却独有，比如课改带来的那份荣耀和幸福，就生动地写在每一个杜郎口人的脸庞上，渗透在他们的话语中，流溢在他们的眸子里，飘荡在杜郎口的空气中。

校长崔其升的手机每天都热得发烫，全是邀他本人或者教师前去讲学的请求。他"嗔怪"说，都是《中国教师报》给"惹"的。

在《中国教师报》报道之前，崔校长每年要听1000节课，每天工作时间都超过十五、六个小时。

现在的他仍坚持听课，他记挂着课堂。可为了能多听一些，他学会了"抢时间"。他出外讲座时，每每都是讲完就走，披星戴月往回赶，常常进校凌晨三四点钟了，就干脆不回家了，蹩进办公室里，胡乱趴在桌子上打个盹，到点了没事人一样去听课。

他听课常常是一听就是一上午，浑身虚汗直冒。硬撑着回到办公室，仍要马上就课堂问题召集开会。可一坐下就起不来了。他的妻子高俊英对此特别有经验，赶忙给他喝水，咕咚咕咚连灌了三大碗，他还想喝，高老师说啥也不给了，眼泪就一个劲地在眼眶里转。他一直患有严重的糖尿病。三年之前，专门去北京的大医院,装了个高科技的"糖尿泵"在腰里,可一年之后"高科技"就不太管用了,仍然需要每天注射两支胰岛素。张代英副校长说:累的,因为校长是一直在拿"命"干事。

去年10月份,张校长在全体教师中间搞了一次"我比崔校长差多少"活动。忆起崔校长平时工作和生活中点点滴滴的感人事例,很多教师都感动心疼得哭了。刘桂喜老师说:"崔校长就是我的精神榜样,是我不苟且、不偷懒的动力。"

刘桂喜老师的话代表了所有杜郎口人的心声。崔其升成为杜郎口的魂儿,成为杜郎口的精神图腾。

"崔其升"三个字,很好地诠释了杜郎口成功的关键,也诠释了"校长"这个词语的真正意义。

快乐"一点论"

在当今中国的教育界,杜郎口是作为"课改符号"而备受推崇的。

杜郎口之所以成为中国课改的"G点"和高地,其巨大的价值在于:用"行动研究"解读和诠释了新课改理念,并牢牢抓住"课堂"这一关键,找到了撬动全面实施素质教育的"支点"。

"入木三分找差距,精益求精谋发展",杜郎口一直在改。崔其升说,我们每天都在接受来自全国各地同行们的"检阅",停不下了,想"偷懒"都难。杜郎口"将课改进行到底",不是为了追名逐利,甚至害怕被别人超越,而是源于对课堂教学终极价值的追求:教育即解放,教师即开发,学生即创造,教室即成长。

随着杜郎口课改经验的日臻完善,如今的杜郎口追求的不再仅仅是课堂效益的"高效",而是在高效学习中如何让学生体验"乐学",学得轻松,学得有意义。让学生在课堂上"找到归宿"。崔校长说,"学习即是生命和生活",把课堂的"快乐"迁移到课下,由此弥漫开,这就是杜郎口的秘密。

现在杜郎口评课的分值差别很大。从零分到百分,教师得分的偶然性也很大。评课分为两部分,前一个50分就看一条,"学生是否快乐",后一个50分才是知识。即便是让学生学会了,假如缺少"快乐",仍然有可能是"零分课堂",因

为前一个 50 分是后一个的基础。只有先"过关"前一个,才有资格被评。"评价是武器",这是杜郎口的成功经验所在。

"快乐论"成为引导教师转变教学行为的指挥棒,快乐成为课堂教学的主旋律。因为评价要素中最根本部分的改变,杜郎口的评课标准也相应发生了大的改变。

在杜郎口的课堂上,没有"教学进度"这个词,他们眼里只有教学目标。杜郎口十分重视"学情",崔校长说,学情是一切课堂决策的依据和出发点。在他们的课堂上,一旦学生遇到了问题,这个时候教师就会"把问题无限放大",这叫"无限化解读",要求学生要揪住问题,四处出击,左顾右盼,上挂下联。一个问题可以上好几节课,也有可能原本教学计划中的几个课时一节课完成,一切教学的核心是"生成学生的学习能力",这个道理通俗地说就像"磨刀"与"砍柴"的关系,学生的学习能力强了,"进度"自然就快了,水到渠成,这是"加速度"关系。

"无限放大"会让学生"融入",融入就会"着迷",就能找到"快乐"的感觉,想一想,讲一讲,议一议,写一写,练一练,学生正是在这样的过程中,"养成性格,形成人格"。当然,学生的"快乐"还要来自于自我展示和"自由表达","把话语权还给学生",在杜郎口的课堂上,学生发言不需要教师"授权",学生可以自由表达不同的意见,因而,课堂的活跃程度是超出想象的,其"狂欢"正是来自于学生间、小组间的质疑对抗,人人争当最好的自己,"自主"成为每个人的学习和生活方式,"团队"则又为集体荣誉和学生间的协作提供了可能性。

学科模式成"新亮点"

杜郎口是靠"模式"出名的,为什么要注重模式?崔校长说,传统课堂是教师的"爬楼梯比赛",比的是谁的"脚力好",高效课堂就是尽可能限制教师的"个体影响","用电梯"来提升质量和高度,这个"电梯"就是模式。模式是用来规范教师的"课堂行为"、发挥学生的能动性的,他还说,模式就是效益,模式就是生产力!

模式当然不等于"模式化"。崔校长说,防止模式僵化是杜郎口当今面对的又一个挑战。如今，杜郎口早已走出"一般模式"，而进入对"学科模式"的探索中了。

杜郎口的学科教学具有三个特点，即学科特点、教师专业化特点、不同个体的学生特点。比如徐立峰老师，他现在基本采用的是"单元教学"模式，一本教材，只用20天就上完了。剩下的时间，就是组织学生开展"大阅读"和"大写作"。教数学的徐利老师也有自己的数学单元教学模式，2009年春天，他和另几位老师受邀去香港"献艺"，引发了香港教育界的杜郎口热。

在如今的杜郎口课堂上，一节课甚至根本看不到老师在"讲"。徐立峰老师任教语文课，他有时候一节课只说四句话。相信学生、发动学生、"利用"学生、发展学生，兵教兵、兵教官、兵强兵、兵练兵，就连考试也都由学生出题、改卷、讲评。在杜郎口，教师成了学生学习的真正推手，成了学生的"同学"。

"知识的超市，生命的狂欢！"是杜郎口课堂真实的写照。

为了满足全国各地兄弟学校对杜郎口经验日益增长的学习欲求，杜郎口和《中国教师报》联合，开办了"课堂驾校"教师课堂教学培训服务，截至目前，累计受训人数已达万人。同时，由《中国教师报》牵头，杜郎口联合山东另两所课改名校兖州一中、昌乐二中组成课改"共同体"核心学校，带动了全国22个省400余所课改学校的加盟。"课改聚义，搂抱发展，相互借道，共同成长"，目前，"共同体"课改如火如荼，其对全面推进素质教育和课程改革起到了积极的推波助澜作用。

2009年年初，茌平县委县政府连续下发两个文件，要求全县各学校必须采用"杜郎口模式"组织教学，并把杜郎口列为"全县教师选拔和培训基地"，杜郎口成为茌平教育的"黄埔学校"。

校长档案

崔其升校长

全国教育系统先进工作者、全国十佳中学校长、中国名校共同体理事长、山东省2008年度教育创新人物、首届齐鲁名校长。中学高级教师,1962年11月生,1981年中师毕业参加教育工作,1997年4月任杜郎口中学校长至今。

十多年来他从稳定教学秩序入手,凝聚人心,奋发图强,不断深化课堂教学改革实验。确立"以人为本,关注生命"的办学理念,贯彻"主体教育、创造教育、开放教育"三大原则;全面实行"10+35"的时间模式和小组合作学习组织形式,把课堂话语权还给每一个学生;全面实行"课堂教学三模块":预习、展示、反馈,实现教与学的根本转变;坚持实行"教师业务论坛",深化校本研究。

课堂教学改革让学生动起来,课堂活起来,效果好起来。已有来自全国各地的30余万教师、同行来校考察访问。

他以高尚的人格感动人,先进的理念教育人,率先垂范引领人……他和杜郎口中学均已成为教育界名副其实的"课改老师"。

校长谈

在反思中成长

崔其升

我在澳大利亚考察的时候，发现一所学校的教材是由学生来编写的。老师把题目写在黑板上，学生立马就从网络上查询，自己编制材料，编制学案。把课题写出来，现场查，找出解决方案，自己去构思，自己去编制。而且人家上的是数学、物理、化学连在一起的大堂课，这几个学科的老师都在教室里，看要解决的是物理问题还是数学问题，要数学就数学老师帮助，要物理就物理老师帮助，或者两位老师一起帮助。

这种学习是研究性学习、发现性学习，是创造性学习。受此启发，暑假后我就在杜郎口中学进行了大学科整合的尝试，如历史学科和语文学科进行的整合。

这是我的反思，发现问题及时改正，也是杜郎口中学的反思文化。杜郎口的提升、杜郎口的进步、杜郎口的跨越式发展，都与它有关。

我们坚持一种原则，成绩让别人说，不足让自己找。反思就是自己找不足，只有自己常找不足，永不满足，这个人才能进步。人家都说，杜郎口，一个农村中学，办成今天这样，多厉害。我从心底里高兴激动，但是说实话，我不如五、六年前好受，我从来没有因为把杜郎口发展成现在这样而感到骄傲。越是发展，我越提心吊胆，整天睡不了安稳觉，全国这么多领导老师，花这么多钱，走这么多路，受这么大的罪，到这里来学习，有没有启发，有没有借鉴，有没有给人家拿走有实效的东西？

杜郎口中学的反思，一是反思会，二是反思板，三是调度会。

反思会的层面有管理课堂的考评组、质检组、课程开发中心、教研组、年级组、班级组进行课堂、教学管理各个环节的反馈。反思会上提到要多层次对老师的课堂进行评价，现在还有录像，把录像的片段从电视上放出来，用真人、真事、真现场来教育大家。反思会上还有老师拿出自己的经验与大家分享的，怎么备的课,课堂当中怎么组织,怎么指导,怎么启发。

反思板,是每个教师一块的小白板,教师自己将教学、管理的反思写在上面,展示出来。现在又有了电子屏,对老师的评价情况、指导意见、考评得出的分数都展示出来,每半天更换一次。我觉得管理——具体就意味着深刻!杜郎口人有一个作风:不讲现象!不讲要求!真人真事,用事实说话,用现场教育人。

调度会是班主任以上学校中层的调度会。我要把教学改革的新问题、新想法,如教材整合、海量阅读以及课堂当中培养学生健全的性格核心等好多想法,都告诉大家,具体协商实施。

经过反思和多次调整,现在,我们杜郎口中学质检组检查课堂教学效果和教师教学反馈落实时,就在一节课结束后当即找上一个整组的学生,出上一个与本节课相关的小题目,3分钟、5分钟做完,及时地验证。用这样的方式,考的是学生,评的却是老师。而且,考评标准很严,只要是课堂达标率在70%以下的,就是0分的课堂。

很多来到杜郎口中学听课的老师知道了我们的反馈会后,很早就在反馈会现场等着,希望感受杜郎口的反思文化。

杜郎口的管理就像在我们校门口石头后边的那个字"实"一样,实在一点,不搞虚的假的。

关 键 词

杜郎口中学教师反思会片段辑录

2月16日早会

一、徐利老师：

1. 有一个设想，要把后三分之一的学生作为展示的重点，待转化生要天天抓，天天要有实效，并且要把后三分之一的学生课堂参与存于档案。

2. 我计划给每一个同学发一个表格，表格上包括任课老师、课程、学生姓名，让学生在课后进行自我反思。

二、崔海军老师：

由于工作变动，当上了班主任，工作比较忙乱，经验不足，理化生的会议没有参与，实在抱歉。希望大家以后多提醒帮助。

三、徐立峰老师：

课堂抽查情况：早操前初一初二精神状态很好，都很投入，早操后初三做得比较好。听英语广播的时候，学生应该做好笔记，现在有些班级做得还不是太理想。班级卫生有死角，多媒体和图书角应注意打扫。

四、张代英副校长：

都说平常反思会男老师发言的少，今天男老师都主动上台了，很积极。大家对自己工作的反馈，初二年级组工作做得具体细致，以后学校还将加大评价力度。

2月16日午会

一、宋彬老师：

1. 有一点想法和新思路，根据年初的工作计划，我想将接下来的工作重心由学生成绩转向学生的情感、态度、行为习惯的培养，人生观价值观的树立上来。

2. 我认为学生的行为规范可分为：行为习惯，文明礼仪，自主学习。我专门制作了一张表格，计划一周一评，请大家帮忙参谋。

二、崔其同老师：

和大家分享一篇文章——《人生就是一种储蓄》。

三、胡立平老师：

查课情况：1. 课题设计比较好的：杨伟丽，孙海燕，张静，刘芹等，课题设计注意醒目、美观、端正。2. 学生学习状态比较好的：杨伟丽，刘芹，高慧。3. 播放背景音乐的：史金凤，田敏，徐立峰。4. 用多媒体的：崔淑君，张静。5. 前后侧都有激励语的是初二(2)班，标语精炼、经典。6. 文科教学各位老师要注意板书。7. 数学教学过程要让同学看得清楚，听得明白。

四、李守明老师：

上午查课情况：有学生参与、有老师听课的课堂是田敏老师的六班，文娟老师的四班和庞倩老师的三班。提醒各位老师，课堂要有即时性的记录，初三年级的史金凤老师就有记录，做得较好。

2月17日早会

一、徐立峰老师：

昨天上午检查情况：初三的常规、卫生不是太好。

1. 学生表现比较好的课堂是李彩云老师的初一生物,田敏老师的英语课,学生动作比较好,初二郑菲老师,初三化学梁玉青老师。

2. 英语课堂教师排名:崔淑君老师、高慧老师、田敏老师。

3. 新军老师的课上学生展示得很积极,但站的圈子较小,应该注意关注开小差的学生。

4. 优秀的课堂是:于娜老师的历史课,学生投入度很高,讨论的效果也很好;华英老师的英语课,老师的要求一步到位。

5. 对宿舍的一点建议:昨晚查宿舍看到初一不少学生都穿着衣服睡觉,这样会影响学生的身体健康。

二、徐利老师:

早读情况:

1. 早饭前后班里擦黑板的情况,初一3、4班有一两块黑板没有擦,建议今日事今日毕。

2. 板面文化,初一1、2班做得比较好。各小组都在黑板上多写了些鼓励的话。

3. 多媒体台上的杂物,初二1、2、4班没有及时整理。

三、崔海军老师:

女生宿舍检查。早上起床后,301宿舍没有熄灯,二楼楼道的灯没有关,406宿舍,没有经过老师检查就锁门了。

四、崔其同老师:

就寝时间不要严格地去卡,可以适当地延长,下周老师们要提醒同学们把洗漱用品带全。

2月17日午会

一、徐利老师:

上午一二节课查课情况:

1.同种课型怎样做到最好,如文言文的学习,老师们要加强研究。要注重学生的精彩性、到位性排序。

2.王兆峰老师的英语课,老师不在,学生展示得也很有秩序。

3.崔其同老师的课,学生展示的规范性需要进一步加强。

4.付翠老师组织的"你来说我来猜"活动,形式很好,在提示语上还需要增强点学科性。

第三节课检查初一初二年级各班级的情况:

1.徐立峰老师对待转化生用"学生点将"的方式,人人准备,较好。

2.伟丽老师学生展示以小组为单位。

3.政治课上老师让学生讲上网的危害和感受,但学生围的圈子太小。

4.艳华老师课上学生争抢十分积极。

二、张校长副校长:

1.表扬杨波老师,帮英语组的老师整理资料。

2.抽查的三位老师,根据学生兴趣、学生投入度排序,依次是:崔淑君,高慧,田敏。

3.张静老师有个好的做法,就是在学生达标检测中,让学生出一个测评题目,再口头说一个本节课的句型。

三、宋彬老师:

假期备的课要体现以人为本,要针对学生设计,要全面。

山东兖州一中

学校档案

创建于 1943 年 9 月,现有 67 个教学班,近 4000 名学生。学校是全国精神文明建设工作先进单位、全国课堂教学创新示范学校、全国高效课堂建设示范学校、第二届全国中小学和谐校园创建活动先进学校、全国培养体育后备人才先进学校、山东省高中教学示范学校、山东省首批规范化学校、山东省文明单位、山东省中小学素质教育工作先进单位、山东省绿色学校、山东省依法治校示范校、山东省体育传统项目学校、山东省心理健康教育先进单位、山东省卫生工作先进单位、山东省平安和谐校园建设先进单位、济宁市素质教育示范学校。

多年来,学校为社会和高校培养了数万名优秀毕业生。他们遍布世界各地,有省部级领导,有将军,有专家学者,有体坛骁将……原山东省委副书记赵春兰,原山东省人大副主任王渭田,吉林大学校长展涛,总后勤部少将徐洪章,明清文学研究专家、博士生导师袁世硕,中央电视台节目主持人桑潇等就是他们的杰出代表。

近年来,学校适应素质教育发展的新形势,积极探索教育规律,走现代教育之路,提出了"胸怀应然目标,办好实然教育"的办学理念和"求真求善求美,实现人格升华"的培养目标,确立了"严格规范管理+课堂教学改革=谁都能成功"的治校方略,围绕"培养与自身、与社会、与自然和谐相处并发展的人"的育人观,制

定了校训、校风、教风、学风、管理理念、培养途径等,浓缩和升华成了兖州一中几大教育理念。学校通过严格规范管理,落实"当面对学生或一走进兖州一中,教育便开始了"的育人思想,走"行为—习惯—性格—命运"的育人路线,培养学生良好的行为习惯,被誉为"鲁西南地区管理最严格的学校"。

学校通过课堂教学改革,打造"循环大课堂"高效课堂教学模式,改变了原有课堂的传统概念,引领师生从高效课堂走向高效学习;通过"课堂变革"极大提升了"课上""课下"的学习效益,"重点中学、国办体制、县中"这几大特点,使兖州一中具有典型性,对全国普通高中教学具有"普适性"和示范引领作用,引发了触及当下高中课堂教学的一场深刻变革。"循环大课堂"高效课堂教学模式的推出,引起全国各地高中学校的普遍关注。国家教育部原基础教育司司长、国家副总督学王文湛评价"循环大课堂"教学模式,符合国家素质教育的要求,较好地体现了以学生为本、全面发展的办学宗旨,对中国基础教育改革、素质教育推进具有重要意义,具有很好的推广价值。来自全国各地近千所学校的专家、学者和教育界同行近20000余人到学校访问、考察,更有许多人到学校挂职、研修,区域涵盖了除港澳台的所有省市。新华网、《中国教师报》、《中国教育报》、《山东卫视》、《齐鲁晚报》等各级各类媒体都曾报道学校近年来的办学成果。

课改档案

兖州一中：循环大课堂的"大"

2008年10月15日，中国教师报以《课变》为题，报道了兖州一中的课改经验。兖州一中一"变"成名，在报道发出后仅半个月里，兖州一中就接待了来自全国的17000余人。

面对已经取得的成就，兖州一中提出"大目标"，不仅要让课堂的容量、思维量、训练量"大"起来，而且要敢于把"人"立起来、"大"起来，把教育做"大"，做"大"的教育。

"学管会"说了算

走进兖州一中绿草如茵的校园，最醒目的是教学楼前的一溜展板。"科室工作评价"、"教师工作评价"，甚至连办公室、校长室都要进入评价之中。老师评价学生不稀罕，可学生评价老师甚至校长的则不多见。而兖州一中不仅评，还要即时公布。被学生亮了"黄牌"的科室或者个人，除了要"承认"错误，还要拿出整改意见。

不改？不行！因为这所学校的"主人"是学生。

学校的事学生说了算,卫生的事学生说了算,体育锻炼、就餐纪律、活动策划、社会实践,一切的事都由学生说了算,甚至就连对教师的工作态度、行为举止等的考评,也由学生说了算。

学管会的部门设置对应学校的部门设置。学管会具有独立的组织机构和高度的自治权利。这样,学管会不仅成为学生自己的"首脑机关",也成为学校管理的"最高"行政机关。

学管会每两周由一名学生"校长"主持,"小校长"由"大校长"郑重任命,并在全校师生面前颁发正式的聘书。然后小校长"组阁",面对全体同学任命不同的助理角色,每个"内阁长官"再任用自己的"官员"。"阁"司其职,全校工作就被这帮"小领导"担负起来了。

每一任"小校长"都必须重视记录任内的工作,并在卸任时,举办"权杖"交接。每一任"班子"的工作,都要接受全体同学的评价,每学期末或者年底时,评选"优秀小校长"和"优秀班组合",披红戴花接受同学和老师的祝贺。

学管会还拥有自己的"机关媒体"——《工作简报》月刊,主要用来总结自身工作得失,呈现各科室工作效能的动态变化,向全体学生汇报学管会的工作、收获和体会。

学管会与学生会、团委一起,组成校内学生三大组织。其真正实现了三个还给,即把课堂还给了学生,把班级还给了学生,把校园还给了学生。

"三率"与"出模"

循环大课堂是从"两率"调查开始的,"两率"即"精力流失率"和"高效学习率"。可后来,杜金山校长发现,高效课堂要真正实现"高效益、高效率、高效果",仅仅"两率"还不够,还必须让学生学会如何在一天之内,"平均分配"精力,"精力使用率"成为继"两率"之后的第"三率"。

循环大课堂以"展示"为手段,调动和解决学生学习的"动力"问题。可人的精力毕竟有限,假如第一节课"用力"过猛,势必会造成在后面课堂上的"精力不济",以至于出现溜号、打瞌睡现象,杜金山说,这叫"第七节课现象"。因此老师们都热衷于抢"第一节课"。

学物理出身的杜金山,喜欢用数据说明和表达。兖州一中每天七节课,"精力使用率"调查表逐节对课堂学生的"精力"使用问题和"表现"与"感觉"进行调查,事实胜于雄辩,学生们明白了该如何"分配和合理使用"精力了。在兖州一中,老师们再也不抢着上第一节课了。

循环大课堂的核心理念是师生"角色"的转变,主张课堂必须是"生命的"、"生活的"、"生态的",简称"三生课堂",最终师生都成为共同发展的"学"者。

在本报报道之后,兖州一中成为山东省课改示范高中,并承担了省教育厅课改十大研究课题之一的"基于学生个性发展的高中自主选择教学模式研究与实践"。旨在通过实施学生的"自主选择式",让学生根据自己的知识基础和学习能力需要,自主选择 A、B、C、D 四类学习目标,从而激发学生课前预习和课堂参与的积极性,消除班内同一目标下不同的基础起点给学生带来的学习困难和心理压力,让强者更强,弱者不弱。

而在教师教学层面上,兖州一中要求教师做好"入模与出模"。"入模"是建立规则意识和课堂标准,让每一个老师通过模式这个载体,找出课改的途径和方法,增强可操作性。"出模"是指不拘泥于模式之"形",把高效课堂思想内化为师生的教与学行为,"教无定法",使机械的、呆板的、被动低效的传统教学,转变成主动的、高效的、自觉的学习方式,实现从"形似"到"神似"的嬗变。

循环大课堂的"新概念"

循环大课堂的核心是"三教",即"教育"、"教学"、"教师"。

杜金山校长阐述,人是教育的中心,也是教育的目的;人是教育的起点,也是教育的归宿;人是教育的基础,也是教育的根本,一切教育教学活动必须以人为本,这是教育的基本价值。

教学的前提是"师与生"。必须建立平等的师生关系,充分尊重学生在学习中的主体地位,改变师生的所谓"角色"定位,让教学变成生命和生命的对话、智慧和智慧的交流;改变原来的学习流程,通过"两个前置"(学习前置、问题前置),

实现学生学习由被动变主动,有效解决教与学的衔接和针对性问题。教育的全部奥秘在"师生关系"中。

而好的教师在不同层面有不同表达。

在课堂层面上,能够促进学生全面、进步、和谐发展的老师是好老师;从员工层面,敬业爱岗、有很好的团队意识、能够在工作中做到主动自发的老师是好老师;从教育工作者角度,好教师不仅要有教育良知、教育良心、教育良能,还要有不断突破自我发展的强烈诉求和能力。

校长则是课改的领军人物。师生是课改的"主体",校长应该是课改的"主导者"。校长应该始终甚至每一天都要思考:教育是什么?教育的终极责任是什么?教育的途径到底在哪里?我国基础教育有哪些成就值得继承,又存在哪些问题需要警惕?教育下一步的突破口会出现在哪里?

校长在课改中遭遇到家长的不理解,要做好三方面工作:一是邀请家长来"校访",让家长走进课堂,真实了解学校的课堂模式和学生的学习状态;二是通过学生的真实感受与家长进行一定的沟通和教育;第三,也是最根本的,通过已经取得的优异成绩,说服家长,以取得家长的支持。

打造高效课堂,确保"没有闪失的关键前提是找准存在的问题",找准问题的前提是"先建立一个关于新课的标准"!

兖州一中的循环"大"课堂,从另一个角度解读了他们的教育"大目标"——"教育使人成为人"。

校长档案

杜金山校长

曲阜师范大学物理系毕业,研究生学历,中学高级教师,兖州市人大常委,第四届全国十佳中学校长,第四届全国教育教学科研优秀教育工作者,入围2008年中国教育年度人物候选人三十强,山东省教育学会教育管理研究专业委员会常务理事、山东省物理学会青年教师协会副理事长、山东省教师教育学会校长领导与学校发展研究会理事,中国名校共同体副理事长。

校长谈

循环大课堂的产生

杜金山

新一轮的基础教育课程改革是一个由课程改革引发的涉及整个基础教育的全面改革,是实施素质教育的一场攻坚战,具有深远的意义。学校是构成国家教育的细胞组织,国家教育改革的实践主体。教育的中心和灵魂在学校。发展教育必须通过发展学校来实现,改革教育必须通过改革学校来实现,提高教育质量必须通过提升学校教育能力来实现。

为了引导老师们对自己"最熟悉"的课堂进行再思考,我做的第一件事就是对课堂进行调查——用事实说话!调查围绕"课堂吸引力"这个核心要素进行,以"课堂精力流失率"和"课堂高效学习率"为具体检测项目。

调查的结果令老师们也感到震惊。

课堂教学的出路,就是关注学生,回归主体,教学互动,共同发展。这句话看起来很容易,但是真正落实到课堂教学的各个环节,还需要解决很多问题。

我创建的"循环大课堂"教学模式是一步步逐渐完善的。2004年,我让6个老师在3个学科悄悄地进行"六段式"教学实验;取得初步成效后,2005年,总结整理后推出的"三步六段教学法",在我校全面推广;2007年4月21日,在王恩大主任主持下,召开了第一次全省性的会议,"三步六段教学法"初次亮相,获得好评。2008年1月18日,我在潍坊参加全省素质教育会议,深深感觉到,山东教育即将发生根本性变革,教育的春天来到了!但是,我的教学模式需要调整,因为课时少了后,预习时间不够了,我的团队最后决定,打破原来课堂的时间分配关系,重新建立符合新课堂要求的时间链条,把预习搬到上节课的最后阶段,"三步六段35+10循环课堂教学模式"诞生。

2008年学校举办建校65周年校庆,在这之前《中国教师报》已跟踪我校课改近4年时间,刘堂江社长认为,我校的课改意义重大,要作为一个重要成果,由《中国教师报》推向全国,为中国基础教育改革提供又一个典型。2008年10月15日,"课变"第一次在全国亮相,"循环大课堂"走向全国,成了兖州一中的"名片"。

"循环大课堂"的灵魂是一个转变,两个前置,三种方法,四种形态。一个转变,转变的是师生的"角色",师亦生、生亦师;两个前置,就是问题前置和学习前置,让教学双方有备而来,信息基本对称,高效互动,深度互动,增加课堂的思维含量,让学生由被动态变为主动态。三种方法,原来我们叫独学、对学、群学,现在我们叫自主、合作、探究;四种形态,是课堂的基体呈现状态:通过展示实现交流、通过纠错实现落实、通过点拨实现提升、通过开放实现拓展。

"循环大课堂"之所以走向全国,得到普遍的认可与赞赏,是因为这种改革有其生命的原动力,它有借鉴与学习,更有自己的创造。更加重要的是,这个改革有着广泛的推广价值。它向全国高中学校昭示一个道理——这块敏感的教育之地,完全可以进行课堂教学改革,而且不会遭遇大的风险。

"循环大课堂"推出后,立刻引起全国各高中的普遍关注,因为重点中学、国办体制、县中这几大特点,使兖州一中具有典型性,我们的做法应该有普适性。现在,来参观的学校已达 1500 多所,除了港澳台地区,内陆所有省份都有,不仅参观,更有许多人到学校挂职、研修,一待就是十天半月。与此同时,我们学校的干部老师,也不断地被邀请到全国各地进行培训,在各种论坛、会议上作报告。但让我钦佩的是,安徽的一所职业学校,他们没有升学任务,只是想借助这样的课堂魅力,把学生吸引在课堂里,让学生幸福地学习、快乐地成长、全面地发展。用他们校长的话说,就是希望职业学校的孩子能够首先成为一个高素质的人。而这,恰恰就是循环大课堂的价值定位。

关 键 词

"循环大课堂"概述

"循环大课堂"模式的最大的特点就是"循环",可简单概括为"一课分两段(35+10),三步(课前、课中、课后)为一课"。该模式以导学案为载体,以导学为方法,以教师为主导,以学生为主体,将课堂时间 45 分钟分成"35+10"两段,前段时间组织学生通过"展示"解决上节课内容,后段时间教师带领学生做下节课的预习。下课前的10分钟为每节课的起点。这个起点虽然短,"尾巴"却很长,一直延伸到课下直至第二天的课堂,与下节课的前段35分钟对接,形成一个"环状大课堂链"(如图示)。

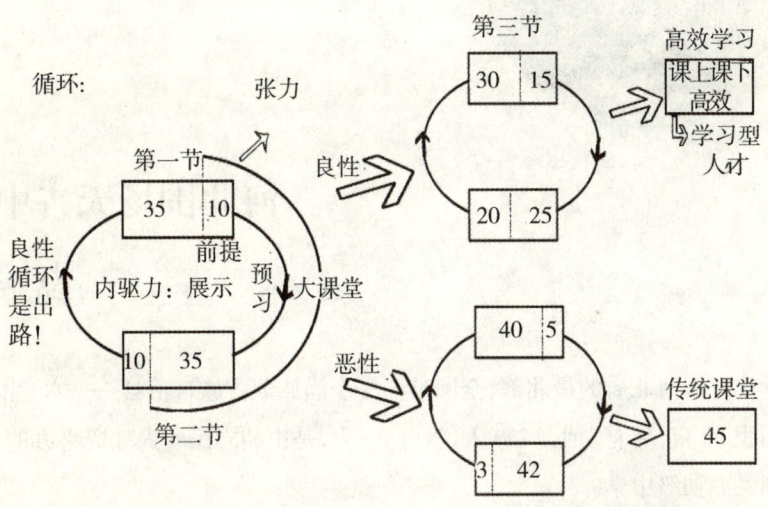

在每节课的第35分钟时,老师斩钉截铁地结束本节课的教学,收起已经完成双色笔的导学案,并拿出新导学案,然后师生共同做好4件事情:明确目标、指示方法、点破难点、共同预习。下课后,学生带着目标、带着方法、带着成功展示的冲动和欲望离开教室。正是这种在团队下所产生的心理需求所激发出的学习内驱力,促使学生在课下高效预习,经过课下预习学生均可达到"!""。""?"三种状态,为师生互动奠定了良好基础。

循环,不仅解决了学习前置和师生互动的前提问题,更重要的是,循环把学生的两种学习态有机地结合在一起,实现了学生从高效课堂走向高效学习的飞跃,为培养学习型人才提供了课堂支撑。

河北围场天卉中学

学校档案

学校位于河北省的最北部，全国唯一一个满族蒙古族自治县——木兰围场，占地面积52亩，现有学生1500人，教师80人，是由胡志民一人独资兴办的一所全日制民办初级中学。

学校建于2003年，2006年第一届中考即取得了开门红，获得了全县第一名的好成绩。为了更好地实施素质教育，使学校向一流名校健康发展，2007年底，学校领导班子一行，三下山东，遍访名校，与杜郎口相遇，开始走上了高效课堂的打造之路。3年来，1000多个日日夜夜，他们以杜郎口为榜样，在课堂中大胆尝试，砥砺前行，渐渐走出了一条适合自己的"大单元教学模式"。

课改后的第一届中考揭榜，全县震惊，天卉中学在承德市130多所规模中学中位列第二，及格率、平均分两项指标全市第一。天卉"做良心教育，做责任教育，教孩子3年，想着孩子30年"的决心终于得到社会的广泛认可。

2009年，天卉中学被中国教育学会初中专业委员会吸纳为常务理事校，校长胡志民被吸纳为常务理事。12月胡志民又被中国教育学会评为第五届全国百名优秀校长。

课改档案

把三年教学当一首整曲弹奏

——聚焦河北围场天卉中学"大单元教学模式"

14名教师,336名学生,这就是胡志民最初创办河北围场天卉中学时的全部基底。而6年后的今天,"天卉"却"奇香扑鼻",因"改"成名,一跃成为承德市乃至河北省的"课改名校"。

天卉是整个河北省学习杜郎口的典型,因而有"河北杜郎口"的美称。其影响力虽然尚不及"课改老师"杜郎口,但在每个周,前来参观学习的也不下数百人,尤其是临近的内蒙古、辽宁等省,"去天卉学课改"甚至已成他们的共识。

天卉成为围场教育的一大景观,同时也成为当地百姓送子求学的首选学校。在民办教育生存相对艰难的今天,天卉是靠什么为自己杀出一条"生路"的?民办教育的前途在哪里?其之于民办教育发展的启发性和借鉴意义到底多大?

当很多学校面对"课改"而踌躇止步时,为什么天卉却敢于知难而上?天卉到底是怎样抓住了课改的"牛鼻子",进而"临帖"杜郎口,然后"破帖"生成了自己的教学模式的?相比杜郎口模式,天卉是照本宣科还是继承发展?

凡是到过天卉的人都这样评价,天卉的"大单元教学模式"是支撑其"化蛹成蝶"的关键。那么让我们来解读一下"大单元教学模式"。

"大单元教学模式",首先是立足于"破",其大胆向着传统课堂教学宣战,敢于质疑和挑战传统教学中的"教材编排"、"课时安排"、"学期计划"、"学年任务"等,把学科知识按照自己的规划重新整合、综合设计、有序实施,从而把"三年"贯通起来,当成一首完整的曲子来谱、来弹,以此架构出天卉的"大单元模式"。

"大单元模式"具有三大特色:大整合、大迁移、大贯通。

大整合,又分为按照学科内容进行"单元"归类;打破学科之间"老死不相往来"的限制,把相关联知识上挂下联,"左顾右盼",以"大学科"予以围拢归整。

大迁移,即跨越学科、学期、学年的界限,实现迁移、对接,形成知识链条的完整性,形成从点到面的迁移。其颠覆了传统知识教学中的片段性、片面性,实现知识教学的有序性、整体性、完整性。

大贯通,即"弹钢琴",把三年的教学计划和规划当成一首完整的曲子来弹奏。在教学流程上,要求教师先"消化"知识,然后再重新编程,把"营养"反刍给学生,再经过学生"自主消化",转化成能力和成果。

大单元教学模式体现出高效、减负的特点,较为巧妙地处理好了"主体与主导"的辩证关系,既充分发挥了教师无可替代的主导作用,又突出了学生学习的主体地位,较好地规避了"任由学生自主"而导致的课堂无序、效益不好控制等现象。

相比杜郎口模式,天卉模式的"变革性"更大。其从"课堂出发",所涉及的是一场真正意义上的"新课程"改革。其之于当前全国如火如荼的新课改意义和启发性更加巨大。

天卉中学校长胡志民以《三角形》单元教学为例,介绍他们的"大单元教学模式"。天卉要求教师首先不受教材的影响,敢于摒弃就三角形教三角形的传统教学方法,而是将三角形和多边形有机地串联起来,让学生在学习完三角形之后,即开始学习多边形,增强学生的抽象性、逻辑性和易受性。在教授三角形时,他们又将线和角分开,以三边、高线、中线、角平分线贯穿起来描绘"线",以内角、外角、锐角、钝角、直角串起来"角",增强学生的系统性、宏观性和知识的统一性。

大单元教学给天卉带来了脱胎换骨的变化。

胡志民概括了"大单元教学模式"的"十大功效":

1. 改变了教师和学生的生命状态;
2. 改变了教师和学生的学习状态;
3. 去掉了作业,实现了真正意义上的减负;
4. 真正落实了新课程改革的"三维目标";
5. 落实了"以人为本"的教育思想;
6. 找到了教育的"支点"——"尊重学生";
7. 实现了课堂的"软着陆"——"快乐、高效"学习;
8. 改变了老师的"研究态",实现了老师成长的"自主式提升";
9. 改变了传统的管理模式,使学校发展走上了"文化管理"的最佳途径;
10. 实现了教育本质"向人"的回归。

天卉中学教师叶建军说:"当了十多年的教师,只感觉苦,感觉累,从没感觉到当老师有什么幸福,教改一年来,我才知道什么是好老师,什么是教育,我从内心感受到了从教的快乐,也找到了一个教师的幸福和尊严。"

那么神奇的大单元模式在课堂教学上是如何操作的呢?有没有环节的规定?

胡志民校长介绍,大单元模式课堂教学的具体表现形式是"三型、六步、一论坛"。

"三型",即以高效课堂的三种课型开始,"预习展示课,提升展示课、巩固展示课";"六步",第一是明确目标,第二是自主学习,第三是小组讨论,第四是展示拓展,第五是穿插巩固,第六是当堂测验;"一论坛"即以论坛形式,在"三课"结束之后,打破教材顺序,打破课时束缚,以单元为总教学目标,采取滚动循环的手段,由教师"精讲点拨",对本单元授课环节中挖掘不到的问题,提升不到的层次,进行有效地"二次作业",以便于学生整合知识,生成能力。

在大单元教学模式中,每一个环节都有不同的任务和要求。大单元的核心是"展示教育"。在其三个课型中,"展示"一直发挥着相当重要的作用,利用学生的"表现欲",培养孩子的"自信心",达到促进学习的目的;"展示"成为高效课堂的灵魂,也成为大单元模式的支撑。

"预习展示课"是大单元教学的起点和学习的开始。在这个环节中,导学案是教与学的抓手,起到学习的"导引"作用。大单元教学模式在"自主"学习上,致力于培养学生的学习能力,利用独学、对学、群学等方式,先期让学生达到掌握70%—80%的目标,并在小组内部由组长带领,要求每个成员对自己的学习成果进行"展示"。"预习展示课"中展示的内容要少而精,要对"提升展示课"有指导和铺垫意义。

"提升展示课"则是对小组合作学习成果进行展示,通过教师的追问、质疑,来进一步明确学习目标,拓展联系更多的相关内容,让学生能够"举一反三",达到"提升"的目的。在此环节中,他们还对展示过程提出"聚焦"要求,即教师应尽量避免站在聚焦处,要关照学生按要求"运动"自己,要站在便于指导点拨学生的位置上。而要求学生在"聚焦"时要避免"平行站位",所处位置要有层次,保证每个学生都能站在最佳位置,不影响听课。

提升展示要让孩子在展示自我的过程中,不但展现"合作"学习的成果,要在于显现个人的风采,让孩子获得"成就感"。展示时要求学生声音洪亮,尽量"脱稿"或"半脱稿"。

"巩固展示课"则是追求知识的"再生成",教师要善于利用某些奇思妙想,让有"创见"的学生展示自己的独到思维见解,通过学生"兵练兵"、"兵教兵"、"兵强兵"的过程达到对知识的再认识和巩固的目的。此课型的展示,在于发现学生"求异思维"能力的表现,常见的形式则是"一题多解"、"多解一题",从而在智慧的对撞之中,开启思维,生成能力。

在天卉中学,笔者巧遇了星期天来校的学生王明泉,他说:"这种新的课堂,让我感觉学习不是一个苦差事了,原来学习也很有乐趣,也能找到快乐。过去我怕上课,现在我盼着上课,在这种课堂里,我不但学到了知识,又锻炼了我的胆识和表达能力,现在放假只要一天,我就立刻想回学校。"

校长档案

胡志民校长

全国百名优秀校长、中国名校共同体副理事长、承德市先进教育工作者、思想政治工作先进个人、围场县十佳校长。

1993年下海经商。经商10年，不改教育情怀。2003年用10年的经商积蓄，带领14名辞职教师创办了天卉中学。办学6年来，秉承"做责任教育，做良心教育，教孩子3年，想着孩子30年"的教育理念，一步一个脚印实践着自己的教育梦想，带领学校先后被评为"河北省首批民办明星初级中学"、"承德市文明学校"、"围场县特色学校"。

他求真务实、乐学善思，是一个教育行动研究的积极倡行者，是高效课堂模式的实践者、支持者和佼佼者。他善于举一反三，在高效课堂的实践中，慢慢成长为一个融会贯通，有教育独到见解，具有深刻教育思想的"实践专家"。

他具有较强的指导能力，成为颇受一线欢迎的"实战高手"。

校长谈

我们的课改路

胡志民

我校的课改是从 2007 年 10 月份开始的,当时我校刚好送走两届毕业生,两届中考成绩均为全县第一。突然实行课改,不啻是在教育这块平静的湖面投下了一块巨石。社会上,家长们,学校老师,各种指责声、质疑声扑面而来,特别是一部分教师更是感觉学校好好的瞎折腾什么。既然已经箭在弦上,就不得不发,既然已经一脚踏了出去,就绝没有缩回来的可能。

就这样,学校走上一条"涅槃重生"之路。一个月,两个月,三个月,反反复复,不停修正,终于迎来了改革的第一步成功。课堂活起来了,老师的眉头舒开了,社会舆论也少了,可是问题也来了,几个月课改下来,考试成绩和往届同期比差了一大截,老师立时慌了神,怀疑的情绪又开始"回潮",难道杜郎口真的是"非典型"不可学吗?难道我们的决策不对吗?我们在课堂中掀起了一场轰轰烈烈的"课堂诊断"活动,各个学科组,组织各种形式的研讨课,所有教师沉在课堂里。100 多个问题被揪了出来,有了问题,就有了"课题",一时"小课题"研究成了课堂的一景,一篇篇有分量的课堂反思,一节节有质量的课堂,一次次有针对性的论坛,使迷雾被一点点拨开。到 2008 年 10 月份,所有教师都能上出像样的"过关课",并逐渐摸索出了适合我校的高效课堂模式。

经过了一个高速发展、教师在课堂上成长的"兴奋期"后,问题又出现了。课堂效果并没有出现我们期待的"奇迹",每天预习、展示、巩固不断地重复,学生渐失新鲜感,一下子感觉课堂又落入了另一个"模式化"中,是什么制约了课堂的发展?第二轮"课堂诊断"开始了,经过大量的录像"解剖课",我们发现学校为了便于检查、评比,对课堂的一些环节规定过死,教学内容还在沿袭着传统课堂的安排,在一课、一课时地进行,课堂中还存在着大量的"无效"环节。

"大胆创新,解放教师",我们利用私立学校教学体制的优势,打破学期界限,

打破教材限制,对教材进行大胆整合,对教师进行没有先例的整合,"大单元教学"应运而生。我们组成了二轮课改"攻关组",以数学学科为龙头,先行整合,树立样板,利用寒假的时间所有教师必须通览本学科3年的教材,并且要根据学校"大单元教学"的思想,对不同版本的教材比对进行,"归纳"基本上形成了各学科的整合路子,确定了学科的"结构单元",知识的"系统单元"授课的"模块单元"。

接下来是对教师进行整合,以学科为单位,详细分析,每个教师的性格特点,教学能力,长项,短项,本着"大服从,小结合"的原则,"单元教学组",一种全新的教学组织架构诞生了。教师不再是"单打独斗",每个教师的强项都找到了有效对接,"强强联合"成为现实,集体备课不再走形式,教师根据自己对本学科的掌握程度,可以自选"教学模块",我们用一种"结构"的方式,彻底解放了教师,还给教师在教学活动中最大的"自主权"。

2009年是我们的"收获年"。"大单元教学"在各个学科得以贯彻实施,在运作过程中各个学科不断丰富"大单元教学"的内涵。《中国教师报》对大单元教学作了专题报道,引起了教育界同行的关注。学校先后派出32人,40多人次到全国各地指导讲学,获得了指导学校的好评。每天来校参观学习的外地教师不下百人。同年学校被中国教育学会初中专业委员会吸纳为常务理事校,我也被评为第五届全国百名优秀校长。

两年的高效课堂探索实践,让我们备尝了求索的艰辛,也品到了成功的快乐,是高效课堂的打造重生了天卉,是高效课堂的打造实现了我的教育梦想,作为通往高效课堂路上的行者,我们会坚定不移地走下去,不惧"路漫漫",努力"上下而求索"。

关 键 词

围场天卉中学导学案

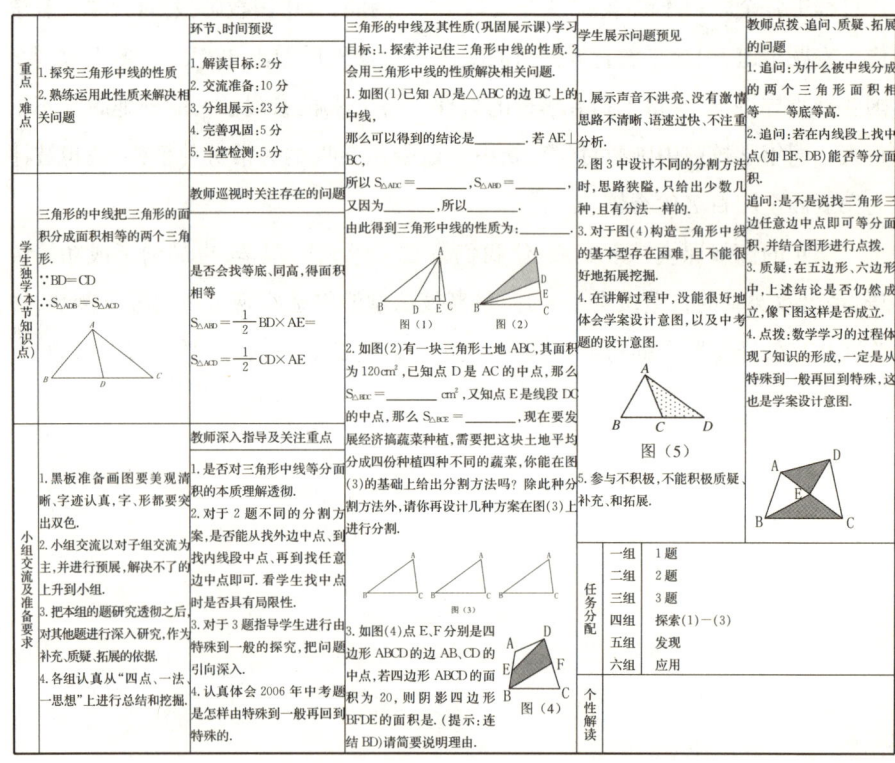

山东昌乐二中

学校档案

创办于1959年,是一所文化底蕴丰厚、教学设施先进、师资力量雄厚、教学质量领先的省级规范化学校。学校占地面积260亩,建筑面积10万平方米。现有132个教学班,7300名在校生,596名教职工,其中高、中级职称教师285人,省市教学能手70人。

学校以"把每个孩子的一生变成一个成功而精彩的故事"为办学宗旨,提出《山东省昌乐二中十大教育理念》,在弘扬传统文化积淀的基础上,注入先进管理理念,形成了富有鲜明特色的文化治校方略,引入ISO9000国际质量管理体系,责任明确,监督到位,保证了学校高品位运行。

学校创立"271高效课堂"模式,重教书更重育人,引导学生自主学习、合作学习、探究学习,快乐学习、高效学习已经成为学生常态;实施学生"三力建设",让学生自主管理、科学管理,自主发展、和谐发展,领跑全市、全省乃至全国素质教育;"海量阅读"让学生口才更出众、思维更敏捷、胸怀更开阔、视野更宽广、境界更高远、精神更卓拔;学校大德育实践课程,"走进大洋一号"、"曲阜泰山——中华文化寻根游"、"走进火山口"、"走进工厂"、"走进博物馆、科技馆",让学生走进了社会大课堂、人生大课堂;学校注重教师专业成长,国家课程、课标研究、教师小课题研究、271高效课堂教学能手评选给老师搭建平台、创造机会,"快乐地工作,幸福地生活"已经成为广大教师真实写照。

  一系列素质教育举措,促进了学校高品位发展,成绩连年省市领先。《中国教师报》用8个版面的篇幅报道了学校先进办学经验。学校连续四次被评为"省级文明单位",3次被评为"山东省普法依法治理先进集体",先后荣获"山东省民办教育先进集体"、"山东省思想政治工作先进单位"、"山东省优秀中学生团校"等80多种国家、省、市荣誉称号。先后有北京、河北、江西、安徽、江苏、湖南、四川、海南、吉林、内蒙古等20个省市近千所学校前来参观学习,每天都有300多名外校教师在校研修,学校先后派出200多名教师到全国各地授课讲学,名校效应轰动全国。

课改档案

昌乐二中:"高效"之后做什么

  昌乐二中是《中国教师报》创办以来推出的第一所全国高中课改典型。

  继杜郎口中学之后,昌乐二中是山东贡献给中国教育的又一所课改新星。截至目前,昌乐二中的600名教师,有接近一半的人作为"专家"被邀请去全国各地"讲学"。面对纷至沓来的参观学习者,校长赵丰平把每周的星期三和星期四列为昌乐二中的"开放日"。

  昌乐二中在课改之前,曾被外界誉为"山东省领跑高中",其升学率一直名列前茅。"领跑"的高中也需要改？高中课改如何选择切入口？高中如何处理好教书与育人、学生个性发展与全面发展、教师发展与学生发展、素质教育与升学的关系？

面对一系列疑问，昌乐二中以来自"田野研究"中的鲜活的"271课堂教学模式"，为处在懵懂、苦于途穷的高中课改做出了很好的行动诠释。

"模式"进化成"学习态"

与杜郎口中学一样，昌乐二中也是靠模式"起家"的。与《中国教师报》报道之初的课上"271"不同，昌乐二中把"模式"再一次扩展延伸，把"课上"和"课下""焊接"起来，形成了一个相对完整的"271学习态"。

"271学习态"有五个含义：

一、时间的划分。"2"是20%的时间属于教师，即一节课45分钟，老师的"讲"不超过10分钟。即便是在准许的时间内"讲"时，教师也不一定是连起来讲，而是该讲时则讲，需要讲时才讲；"7"是自主学习（自学、讨论、展示）占70%的时间约30分钟；"1"是10%的时间即约5分钟组织"反刍过关"。

二、学生组成的划分。在任何一间教室里，大概学生的组成是20%的"优秀"学生，70%的中档学生，只有10%左右的学生属于后进生。

271模式要求教师在课堂上，既要充分"利用"好10名优秀学生资源，又要给优秀学生提供"自助餐"，保证他们学得更好，这是第一层目标。第二，要通过小组互相讨论，促进中间70%部分的学生"向上分化"，把其中的20%转化成优秀生，以此扩大优秀生比重。第三个目标是把原本10%的后进生向着70%的群体推进。昌乐二中的271课堂模式，从理论上消灭了"差生"，充分体现了教育对每个学生的尊重。

三、学习内容的划分。20%是不用讲学生能自学会的，70%是通过讨论才能学会的，10%是同学之间在课堂上展示、互相回答问题，经过老师的强调、点拨、反复训练才学会的。"2"就是自己学会的，"7"是讨论巩固学会的，"1"是同学帮助、老师点拨学会的。

四、学生课下自习方式的划分。20%的时间完成学案和训练案中规定的"作业",70%的时间用做下节课的"预习",10%的时间进行预习"自查"。

五、生活学习方式的划分。20%的时间是体育锻炼,70%的时间是阅读、实践和社团活动,10%的时间用于处理个人日常事务。

从学生的差异出发,最终回到尽可能"消灭"差异上,"271学习态"体现出来的不仅是对"人"的尊重,也很好地解决了"主体"和"主导"的辩证关系,诠释了"学习即生活","学习是学生自己的事",教会学生合理巧妙、科学实用地"计划"时间和"安排"生活。

"动车组"与"两案并举"

昌乐二中在课堂教学中,"发明"了"学习动车组"概念。

每一间教室里都有三个"小组",一个是行政组,即做好"组务"自主管理工作;一个是科研组,即学生根据组内"学情"与任课教师一起组成课后的"问题研究"团队,以此给教师提供基于学情的课改"决策"依据,并提升自我解决问题的能力;一个是学习小组,即由异质同组组成,采用AA、BB、CC形式建构,同组之间是一个相对稳固的团队,组员之间既是合作者,又是竞争对手。"三位一体"的学习动车组,为每一个学习者提供了动力援助,让昌乐二中的课堂因"活"而"乐",因"实"而"好"。

与杜郎口的"预习提纲"、兖州一中的"导学案"不同,昌乐二中采用导学案和训练案的"两案并举",既注重发挥学生的"主体",也注重发挥教师的"主导"。

在编制导学案时,让教师把功夫用在"课前",导学案包括学习目标、重点难点、使用说明、自学指导、相应练习、当堂检测等内容,其中自学指导部分尤为重要。学案设计要注意问题的层次性。训练案则是课堂学习的"课后延伸",训练案和练习作业不同,要求"限时"完成,教师必须对训练案面改面批,对出现的问题做到及时纠错。每个导学案、训练学案都要有编制人、审核人、包科领导签字、日期、编号。做到有发必收、有收必批、有批必评、有评必纠。

271模式解放了学生,也解放了教师,很好地解决了高中教育升学的"副产

品"问题。正如赵校长所说,教学就是"教学生学",课堂就是学生"学习的天堂",学校是"学"的校和"学生"的校。

昌乐二中的实践告诉我们:好的教育从不会为考试而改变,亦不会在考试中败下阵来。高中推广素质教育,敢于向课堂教学不断"挥刀",找到"解决问题"的好方法,才是破解升学和实现真正的教育的唯一正途。

"阅读"与"小课题"

"271学习态"、两案并举、建立学习动车组等举措,让昌乐二中的课堂效益"高,实在是高"了,用不着"时间+汗水"那样去"苦学"了,"结余"下来的时间当然要还给学生,可这么多的时间怎么办,做什么?

阅读。昌乐二中四个图书馆,总藏突破了25万册,而且每个班还都有自建的"私藏"。赵校长说,一个人生命的高度取决于他的阅读量。于是,昌乐二中把阅读列为校本课程。他们规定高一年级每周阅读课不少于8节,高二不少于6节,高三不少于4节。他们制定了详细的"考核"标准,划分了科学的评定等级,并把阅读分为"研读、精读、泛读"三类,并列出每个年级的"必读书目",每年每个学生必读书不少于40部。

在周末,偌大的昌乐二中校园里,常可见这样的海报——"我的'红学'学术报告会",落款是"美女加才女,高一某班×××","我的'西学'报告会"、"王熙凤研究"等等。学术报告人可都是些稚嫩的学生,二中的学生成了真正的"书生"。

如何把阅读再引入纵深,能否把阅读和课堂结合起来,把阅读和研究学习结合起来? 如何利用高效课堂的理念开展高效阅读? 昌乐二中认为,好的阅读,不仅是培元正本,还要生成富有时代特色的精气神,丰富校园生活,拓展多样化的学习形式,全面提升学生素质。

昌乐二中开始琢磨出另一种阅读。他们把班级文化建设与阅读结合起来,从重新命名"班名"开始。在二中,一个班级就是一个"人物",一个班级就是一部"名著",一个班名就是一个思想的宝库。

在教师层面上,昌乐二中以小课题研究引领教师发展,他们把小课题研究作为教师实现职业幸福的"钻石途径"。二中人人承担一个小课题,小课题得益于"小",围绕生活性、新鲜性、实际性做文章,二中的小课题研究改变了教师的生活和教学行为。

昌乐二中的实践,很好地回答了"课改之后"怎么办的问题。

校长档案

赵丰平校长

全国优秀教师,全国十大人气校长,全国十佳中学校长,全国中学外语教师园丁奖获得者,全国推动读书十大人物,中国名校共同体副理事长,曲阜师范大学硕士研究生导师。

在长期教育教学实践中,他带领学校领导班子解放思想,更新观念,沉淀办学经验,升华教育思想,逐步形成和完善了"昌乐二中十大教育理念",他亲自制定的《昌乐二中领导干部八大理念、八大工作原则》《昌乐二中教师十六条工作格言》以及学校的诸多观念。这些理念和格言或鞭策、或警醒、或激励,指引着昌乐二中教育事业健康发展的方向。

他善于为每一个教师搭建成长的舞台:"271高效课堂教学能手评选"、双"五一"竞赛、课堂教学效益月、"青年教师基本功大比武"、高考题目测试、硬笔书法测试、学校名师、十佳教师、优秀教师评选……同时,他在全校启动"园丁读书锻造工程",成功组织了《为了自由呼吸的教育》、《自动自发的工作》、《细节决定成败》、《在与众不同的教室里》等十几场读书会。

他率先在学校推行"班级自治"制度,班级行政管理、学习管理、学习研究"三驾马车"并驾齐驱,为班级民主管理、高效管理、和谐管理提供了依据;独创的学科高效学习研究小组、学科班长制度让学生将学习提高到"自主探索、自主研究"的高度;学生双休日自主发展,建设学生社团70余个,课外活动丰富多彩,为每一个学生搭建理想飞翔的舞台。

在他的亲自指导、大力督促下,"昌乐二中书香校园工程"卓有成效,学校的"海量阅读"每一个学生每学期至少阅读40本名著,每个年级每月一次读书会,每学期一次演讲比赛、诗歌朗诵会、辩论会、课本剧表演、名著故事会、专题报告会以及"今年寒假我读书"、"名著伴我成长"、"零食换名著计划"等读书活动异彩纷呈,美丽的昌乐二中洋溢着浓浓的书香。要成材先成人,教育以德育为先,学校的"大德育观"——把每一个活动都变成孩子们的节日,给学生铭记终生的教育,让学生在活动中学会做人,走进大学、揭秘火山群、西瓜嫁接、"生存?生活"实践周、青岛看海、45公里野营拉练、中华文化寻根游……取得了丰硕的成果,引起社会的瞩目。

校长谈

赵丰平校长课改语录

1. 让在课堂上的每一个成员都要成为对课堂有贡献的人。

2. 培训是最好的管理,培训是最好的教育。培训的水平就是一个班的学习水平,更是一个老师的教学水平。

3. 让学生在管理中生活,在生活中觉悟,在觉悟中成长。

4. 教育不是雕琢,更不是塑造,教育即解放,解放学生的发展力,解放学生的生命力,解放学生的学习力;教师即开发,开发学生的潜力,开发学生的成长力,开发小组建设的潜力;学习即成长,把"讲堂"变成"学堂",把小组合作探究学习变成学生精神和能力快乐成长的过程,把校园变成学生自主成长的乐园。

5. 务必把课堂变得生动、有趣、有意义,把学习过程变得有趣、好玩。

6. 小组长是老师的助教,是学习团队的领袖。

7. 只要我是正确的,我的世界就是正确的,遵循教育规律,用正确的方法把正确的事情做正确。

8. 作为校长的我,不可能等到学校觉悟最落后的老师认为这件事是正确的,我才去推课堂改。理解要执行,不理解也要执行,在执行中理解,在理解中全力执行。

9. 培训要实行两条腿走路的方法,一是班主任要把培训和班级建设有机结合,选好组长,创新好竞争模式,全力培训每一个学习小组长、科研小组长,小组长再培训好每一个小组成员;二是任课教师要全力培训好两个小组长。

10. 能让学生始终热情似火,激情万丈的老师才是真正的好老师。

11. "271高效课堂"的关键:让"学习小组"成为"动车组",每个小组就是一节带动力的"车厢",小组长就是"分动力机"。让每个学生学习目标的达成、成功欲望的满足、小组集体荣誉的实现、课堂分组展示的竞争和精彩的点评成为课堂高效推进立体交叉的驱动力。

12. 教是为了不教,教学就是教师教着学生自己去学,教为学服务。教学就是教学做合一。

13. 只为高考而教、只为高考而学,违背了教育的本质规律。

14. 学生的脖子上不能长着老师的脑袋;被压抑、被取代的感觉,让学生丧失学习的动力;学生精力的流失,主要原因来自老师简单机械、生硬、霸道的灌输。

15. 导学案是引导学生自主学习、合作探究的方案,强调学法指导,重在"导"字,解决"会学"的问题;训练学案是学生对知识进行巩固提升的载体,立足实然目标,解决"学会"的问题;导学案是基础,训练学案检测导学案制定的科学性和有效性,两案并举,相为呼应,让高效贯穿于学习的每个环节。

16. 高效学习科研小组给学生一双发现问题的眼睛,一个解决问题的平台,一条积极成长、自主成功的道路,真正做到"我的课堂我做主,我的课堂我把握";为老师指导学生参与研究提供了一条有效途径。

关 键 词

昌乐二中"271高效课堂"十六条

1. "271高效课堂"的一个核心两个重点：一个核心是课堂教学由知识立意转向能力立意；两个重点一是要抓好备课，二是要抓好学习。（亦"271高效课堂"的一个中心两个基本点：一个中心是指"271高效课堂"关注学生心灵成长，两个基本点是指：自主与合作。）

2. "271高效课堂"努力实现三个转变：教师变导师，教室变学室，灌输变探究。

3. "271高效课堂"学生学习的三个定位：自主学习、合作学习、高效学习。

4. "271高效课堂"教师指导的三个要求：导而弗牵（引导学生但不是牵着学生"鼻子"走），强而弗抑（严格要求学生但不是压抑学生的个性发展），开而弗达（启发诱导学生但不是简单地告诉学生答案）。

5. "271高效课堂"课堂师生关系的三个标准：民主、平等、尊重。

6. "271高效课堂"课堂建设的三个标准：开放的课堂、安全的课堂、情感的课堂。

7. "271高效课堂"的三个基本观点：教育即解放，教师即开发，学习即成长。

8. "271高效课堂"的三个基本环节：合作探究、展示点评、质疑拓展。

9. "271高效课堂"的三件宝:活页夹、双色笔、纠错本。

10. "271高效课堂"的三动:身动、心动、神动。

11. "271高效课堂"的三量:信息量、思维量、训练量。

12. "271高效课堂"对学生的三看:学生自主的程度,合作的效度,探究的深度。

13. "271高效课堂"小组学习的三种方式:自学,对学,群学。

14. "271高效课堂"注重培养学生的三力:思维力,表达力,生成力。

15. "271高效课堂"课堂评价的三看:一看教师是否高效使用导学案和组织了当堂检测;二看是否充分调动和发挥了小组长及学习小组的作用;三看是否关注了学生的学习过程和全体学生的学习状态。

16. "271高效课堂"的三条高压线:预习不充分的课不准上;严禁教师与学生抢风头;必须当堂落实达标。

江西芦溪外国语学校

学校档案

　　创办于 2002 年 11 月,地处江西省芦溪县人民东路田心阁,是由深圳市东升教育集团与江西省重点中学芦溪中学联合创办的一所高起点规划、高标准建设、高层次配置、高要求管理的现代化民办学校。学校校园占地面积 4.6 万平方米,建筑面积 3 万多平方米,总投资 5000 万元,现有学生 1700 多人,是一所大型民办学校。

　　办校以来,学校先后获得省、市、县级各类团体赛一、二、三等奖共 38 次;教师荣获省、市、县级的奖励 162 人次;在国家、省、市各级比赛中 358 人次获奖;6 年来先后被中国教育学会、国家基础教育实验中心、江西省教育厅、江西省民政局等单位授予"全国艺术教育特色学校"、"全国美术教育先进单位"、"实验基地学校"、"江西省现代教育技术示范学校"、"江西省先进民办非企业组织"、"江西省民办非企业单位自律与诚信建设先进单位"等荣誉称号。甫一课改,学校就以先进的理念、优质的管理、优美的环境、优秀的质量、优良的服务成为赣西大地上教育事业的开路兵。

课改档案

每一个孩子都是教育的稀有资源

——聚焦江西芦溪外国语学校"小组学习模式"

江西省芦溪外国语学校被人习惯称为"芦外",这是一所在当地享有盛誉的民办学校。

在今天民办教育江河日下的窘境前,芦外缘何能异军突起,呈现出极强的竞争力?

"是课改!"校长文志国斩钉截铁地回答。

早在三年前,芦外就悄然开始向杜郎口中学"拜师学艺"。"搞课改真的很难。"忆起当初,文校长心有感触地说。

有人质疑文校长说,学校又不是办不下去,干吗要"瞎折腾"呢?文校长回答:传统课堂才是瞎折腾,苦了老师,害了学生,毁了教育,我们民办学校折腾不起。

找到了课改的"支点"

学习杜郎口,先要从"形"学起。但芦外人渐渐认识到,光有"形"还不够,课堂还需要"实"。而课堂的实质,是学生的"学"。

如何让学生"学起来"?学习的组织载体是什么?文校长说:是小组。因为课堂教学成绩不但取决于学生个体的"自主"学习能力,更取决于小组成员间的"合作"学习。

找到"小组"这个"支点"之后的芦外人,开始了自己"撬动地球"的课改。每6个学生围成一个小组,教室的空间被划分成了"井"字状,围绕小组的作用和功能,他们开始在力行中"捻针尖",一点点地尝试实验,然后对实验进行"反馈",并把小组学习总结为一套高效实用的"学习法",在全体教师中普及推广。

芦外的小组学习模式是一个新型的小组学习概念,即通过小组与小组之间,小组内部成员之间,甚至小组内部对子之间的合作,在学习中通过互帮互助,互相取长补短,兵教兵、兵强兵、兵练兵,并注意发挥每一个学生的资源优势,让学生在学习中体验到成功带来的幸福感,从而让课堂实现学会、会学、乐学、愿学的目标。

学校郑志宏老师说:"小组模式,实质上就是利用好、中、差三类学生,在课堂教学中,把各项任务分给各小组,由小组共同完成,并以小组形式进行展示汇报,使学生通过合作、交流及好、中、差学生之间的互相帮助,达到共同提高的最终目的。"

评价成为最犀利的"武器"

芦外的"小组学习模式"与传统的接受式小组学习有本质的区别。

从组织形式看,"小组学习模式"由研究兴趣相同的学生自愿组织,组际差异较大;从学习结果看,"小组学习模式"的学习结果表现为小组研究成果,且呈现的方式丰富多彩,如小品、朗诵、课本剧等,个体的学习结果成为小组成果的一部分,个体之间在学习中因任务不同、内容不同,会呈现出不同的学习结果;从互动方式看,小组内的同学交流和沟通不仅仅局限于认知范围,还要与同伴一起同其他人员进行情感、态度和技能的沟通。

芦外的小组模式还有自己的划分与组合。每个班级在分组时参照以下几个要素,如新老搭配、学习成绩、性格特征、兴趣爱好和男女比例等分为5或6个小组。每组6人,同质分组,异质结对;选定组长与副组长,由其在组内"组阁",分配岗位,明确责任,将各自"责权利"张榜公布,以相互监督;同时组内必须采用"民主制度"进行管理,建立起各自相对完善的评价体系。

对小组的管理,则分为三个层次:一是教师对组长的管理,二是组长对组员的管理,三是组员对组员的管理。教师要对组长进行上岗培训,诸如如何组织组内展示,如何组织对学、群学,如何组织组内评价。教师对组长的培训,主要侧重于"学习技术"层面。而组长对组员的管理,除了要针对学习技术问题外,还应包括"思想和意志"层面,诸如课堂要积极发言,勇于参与,帮助别人不但不会影响自己的成绩,还能提高自己的能力,等等。而组员对组员的管理,则是为了营造团队之间的合作文化,培养学生的主人翁意识,增强团队间的凝聚力和竞争力。

芦外还重点强化了小组的及时性和即时性评价,对学生出现的任何一点可喜进步都予以赏识。文志国说,传统课堂哪怕100道题学生做会了99道,只要有1道错了,老师也忙不迭揪住这道错题"穷究不舍",这是典型的"挫折教育",久而久之学生学会了知识却失去了信心,而芦外就是要"修复"每个学生"伤痕累累"的那颗心。

为了这颗心,他们可以说是煞费苦心。

在芦外,面对学生的各种评选活动让人"眼花缭乱",围绕小组,他们有发言积极分子、助人标兵、最佳对子、优秀个人、进步小组、优秀小组领袖……

一位来学校参观的学生家长在接受笔者采访时说:"学校开展了高效小组合作学习,孩子的学习有了极大的主动性,独立解决问题的能力提高了。并且,小组长经常跟我们沟通,使我们能及时了解孩子的学习情况,对于孩子在学校的学习更放心了。"

组内小组

当下,有很多学校在进行小组合作学习后,出现了教学上的"马太效应",好的学生愈好,差的学生愈差;愿意展示的展示得愈好,不愿意展示的愈加"羞涩"。

芦外"发明"了一个绝招,用来对付这个难题。首先,要接受并尊重好学生发言的权利和愿望,然后利用这类"榜样"的影响,让"先富"带动"后富",等到同学们的积极性都被调动起来后,把机会更多地留给待转化生。比如,每个同学都可踊跃发言,但只有第一次发言可得分,那么,各组的小组长就会鼓励其他组员发言,并帮助待转化生提高发言的质量。而优生也并不是就此受冷落,而是站在了更高的位置——即时总结点评同学们的发言。这样,每个学生在课堂上都有均等的发展机会,且更因势利导,取得了"优生吃好,差生吃饱"的成效。

这个"发明"强调的其实是"集体竞争"概念,而集体竞争的实施是靠"组内组",即在传统的分组结对的基础上,又在组内增设了"讨论小组"。

芦外的讨论小组按小组内学生学习能力排序,假设一个小组6人,那么1与6,2与5,3与4是帮扶对子,1、2、3就组成了第一讨论小组,而2、4、6就是第二讨论小组,两个小组形成组内竞争伙伴关系。在平时的学习中,各帮扶对子要相互合作,探究交流,共同解决问题,并互帮互助,以自己的所学所知来解决对方的疑惑,同时,在学习过程中涉及的讨论、展示环节,帮扶对子之间又是竞争的关系。这样,以合作为大背景,又将竞争意识渗透其中,使双方相互"攀比",不甘落后,有效地防止了懈怠心理,你追我赶,快速进步。

小组长王偲说出了自己的亲身感受:"每个组员都有自己别具一格的闪光点,我们应该多去发现他的优点,进而从他的喜好着手沟通,从他的不足着手帮助。在错误出现后,我们应该用一颗宽容的心去面对组员的过失,而不应是一味地责怪,更不能因为他们的错误或缺陷,从此不管不问。"

小组学习模式需要"土壤",文校长说,那就是"高效课堂文化"。

在芦外的墙壁上,最醒目的是各种量化表,教数学出身的文志国,喜欢凡事都要用"数据"说话。他的数据囊括了课堂教学的方方面面,如小组课堂发言统计、成员每节课发言统计、课堂发言评价,等等。

校长档案

文志国校长

1963年生,1993年毕业于江西师大教育管理专业,2002年华东师大研究生班毕业。

历任江西省萍钢中学副校长、校长,深圳东升学校副校长、校长,中山大学附属深圳机场实验学校校长,2004年筹办江西萍乡芦溪外国语学校。兼任中国西部教育顾问、中国教育学会会员、萍乡外语学会副会长、深圳民办教育工作委员会理事。

校长谈

文志国的"理念经"

【教育理念】
以人格塑造人格,以生命激励生命。
【办学理念】
学校就是为学生成长成人、成才服务;

学校就是为家长安心、放心、省心服务；

学校就是为国家文明、进步、创新服务；

学校就是为教职工职业价值和生命质量的提升服务。

【德育理念】

以"学会做人"为核心，以"以体验式教育"为手段，以培养"未来成功的中国人"为目标。

"未来成功的中国人"，即：

(一)做一个好人；

(二)做一个能适应未来社会发展的人；

(三)做一个对社会有所贡献的人；

(四)做一个深深热爱自己祖国和家庭的人。

【教学理念】

充分调动师生的"自主性"，追求课堂教学的"高效性"，探索"自主高效"的教学模式。

【管理理念】

思想管理——只有人的思想观念进步了，才会有学校的进步；

发展管理——只有学校发展好了，才会有员工的利益和发展；只有老师发展好了，才会有学校长远的发展。

目标管理——严格管理、狠抓成绩、优质服务、提高素质。

【人生理念】

认认真真工作，简简单单生活，真诚诚信做人。

【合作理念】

和谐共赢。

关 键 词

芦溪外国语学校小组建设的几个关键词

关键词1：小组初建

一个班级，若学生的全部学习、生活均由有限的几位科任老师来管理，显然是不科学的。利用学习小组，调动学习小组的参与学习、生活管理，应在开学的前两周就从以下几个方面去落实小组建设工作：

1.组织班委会成员在学期初按照新老搭配（老带新）、学习成绩、性格特征、兴趣爱好和男女比例等因素进行分组。将一个班级划分为5个或6个小组，每组7到8人，按成绩、性格等编排好座位。如果按学生的学习程度依次编为1、2、3、4、5、6、7、8号，座次安排可参照以下表格：

8	1	2	7
6	3	4	5

或

5	1	2	7
6	3	4	

2.选定组长与副组长并做好组长、副组长的培训工作（如思想转化，职责分

工,建立学习搭档和帮扶对子等),引导组长和副组长召开本组动员会,通过自愿选择明确职责后再以书面的形式落实对本组组员的分工安排。

3. 班级通过民主商议的方式建立比较完整的评价体制,如课堂排名、周测评各科平均分排名、操行评估排名、作业完成情况排名等;班主任与每个科任老师要统一标准,课堂上可以让学生计分或模糊评价等方式对每一堂课、每一次作业、考试、活动都给小组排出名次。最后综合排名评选出优胜小组和进步小组,给予适当的奖励。

4. 小组长根据本组组员的行为习惯和学习基础,与班主任老师和该组的组员一起制定本学期的学习计划,并与家长取得沟通,达成家校教育共识。

小组初建是一个班级小组建设的雏形,前几周都难免会遇到许多问题,班主任老师要经常对部分小组评价机制进行调整,对小组长进行个别指导。对于个别"问题学生",老师应长期跟踪,并有计划地给他们制定一些小目标。

关键词2:组长培训

小组学习效果如何,组长的管理能力有很重要的作用。小组长的培训应以解决每组实际问题为目的。

每天小组管理都会遇到很多问题,小组长的培训应首先从转化思想着手,然后详细教授小组管理方法。系统的组长培训涉及如何做好组员的思想工作,如何营造小组的学习氛围,如何提高小组的学习成绩,如何落实小组的帮扶机制,如何处理与组员间的关系,如何对组员进行评价,如何与家长和老师沟通和如何开展小组活动等。

关键词3:组员分工

组员分工,每个班级的做法可以不一样,但都要为课堂教学服好务。最好的办法是小组设正、副组长统管组内的所有事务,小组成员各负责小组内的一项或多项事务。

一般,组长主要负责对每个组员进行分工,不定期地召开组员会议,做好组员的思想工作,安排好组内每个科目的帮扶对子和学习对子,对组员每节课每次的作业进行评价,对每次周考、月考进行分析,在每天的晨会、每周的班会课上对组员的行为习惯和学习状态进行总结,制定下一周的学习计划与目标,填写好家校联系卡并经常与组员的家长沟通汇报学习、生活情况等工作。

  副组长主要是协助组长完成各项工作,分管小组课外的日常事务,检查每个组员职责的落实情况。

  组长要根据组员的能力对本组所展示的内容进行具体分工,组内的分工有些是固定的,但有些时候是由组长副组长随机安排的,例如:

座号	常规负责	对子	讨论小组	学习分工	展示分工
1	桌椅摆放	①	组长:_____	语文	抄题、双色笔
2	课前准备			数学	画图
3	擦黑板	②	_____	英语	写过程
4	保管粉笔			物理	挑错、指错
5	卫生	③	副组长:_____	史地	易错点
6	课内外纪律			政生	点、疑点
7	捡粉笔头	④		家校联系	亮点
8	坐、站姿			作业收发	补充

关键词4:芦溪外国语学校课改经典标语

  □自主高效的课堂是开放的课堂

  □开放的课堂是思维的开放、心灵的开放

  □思维和心灵的开放就有生成,就有快乐

  □快乐的课堂、有生成的课堂是自主高效课堂的追求之一

  □没有生成的课,不是最优的课

  □生成是课堂的灵魂和血液,只有生成的课才会更精彩

  □生成是思维的开放、心灵的放飞、课堂的快乐,会引起学生情不自禁的掌声

  □放手就是爱

  □放手就是学生在老师的引导下,让学生锻炼,让学生学会学习,让学生放飞思维,促进学生可持续发展

  □放手只是老师改变角色,其实对老师的要求更高、更多

山东德州跃华学校

学校档案

由跃华集团李忠印、李忠义兄弟投资兴建,是一所集幼儿园、小学、初中、高中、职业教育为一体的现代化民办寄宿制学校。学校始建于1999年,占地269亩,建筑面积12万平方米,总投资1.9亿元。现有108个教学班,4300余名学生。

办学10年来,学校秉承"让每个学生都成功"的办学宗旨,面向全体,针对有差异的学生,实施有差异的教育,实现有差异的发展;注重每一个学生的全面发展;努力为每一个学生的终身发展和人生幸福奠定坚实的基础。

办学10年来,跃华学校坚持"人格健全、终身发展"的育人目标,确立了"把课堂还给学生,让课堂焕发生命活力;把班级还给学生,让班级充满成长气息;把创造还给教师,让教育充满智慧挑战;把精神生命发展的主动权还给师生,让学校焕发蓬勃生机"的办学目标。学校"高效课堂下的单元整体教学"已经引起了教育同行的广泛关注和高度认可,全面提高了教学质量,提升了学生综合素养。自主、和谐、高效的课堂教学模式,彻底将课堂还给了学生,学生的学从被动转为主动,从低效变为高效。

学校先后被评为"全国先进民办学校"、"山东省规范化学校"、"山东省校本培训示范学校"、"山东省绿色学校"、"山东省民办学校先进集体",曾获"中国民办教育创新与发展贡献奖"、"中国西部教育顾问单位"、"山东省高级中学协会理事校"、"中国民办教育协会中小学专业委员会理事学校"、"山东省心理健康教育研究会理事学校"等荣誉称号。学校先后有百余人次获全国优秀校长、全国优秀教师、齐鲁名师、山东省教学能手、省级骨干教师、市级优秀教师、市级教学能手、市级优秀教育工作者、区级优秀教师、区级优秀班主任等荣誉称号。

课改档案

跃华课改的"迂回"战术

——聚焦"体验式心理健康教育课程"

走进山东德州跃华学校的课堂,恍如走进了杜郎口。杜郎口中学崔其升校长在考察了跃华的课堂之后,也由衷评价说:"跃华是青出于蓝的典型。"

与众多以杜郎口为师的学校不同,跃华慧眼识蹊径,反其道而行之,竟然先弃课堂,从"心"的改造入手,再折返回到课堂上,从而独创了一个颇为"另类"的课改"迂回战术"。

给每颗心寻找一把钥匙

别的民办学校,教师流动一般较大,可在跃华,很多教师都是办学初期就留下来的。跃华"留人",不是单纯靠工资、住房,而是靠"心"。校长司家栋这样解释,心一旦缺场,一所学校就如同一盘散沙,所谓教育理念、育人目标,也就没有了附着。

"教师是跃华的最大财富。"跃华的董事长李忠印这样说。

跃华的教师是这样回报学校的——

在幼教部,一位年轻的女老师陪着一个3岁左右的男孩子,每天拿出30多分钟重复一件事——爬楼梯且不断地和他说话,这是一个存在严重语障的孩子。

在中学部,一位男教师每晚都要把一位男同学带回自己家里住宿,这个孩子原来是个"小迷糊",因为起不来床老是耽误上课。

……

就冲着跃华的老师对孩子好,来自邻近河北、北京、天津,甚至连较为偏远的甘肃、内蒙古的家长们想办法也要把孩子送进跃华。家长们说,吸引自家孩子就读的,其实就是那颗"心"——用心去爱每一个学生。

可教育仅仅有爱是不够的,育人的主阵地在课堂上,要推进课改。司家栋发现,学校要抓好课堂教学,无论学习借鉴哪种模式或者教学方法,还得"从心出发",把学生的"心"点燃起来。

那么,怎样改才能直抵学生"内心"?这个时候,一项关于"心理教育"的课题摆在了全体跃华人的面前。他们把这个课题叫做"给每颗心寻找一把钥匙"。他们的观点是,假如"心"缺乏健康,那就会危及到教育的"灵魂",学校就会"失魂落魄",那么即便能培养出接到大学录取通知书的学生,这样的"人才"也有可能是"废品"。搞企业出身的李忠印很欣赏这个观点,他说企业生产不能出废品,学校就得培养既有"良能",又有良心、良知的"有心人"。

跃华从此独辟蹊径,开始了从心理健康教育入手的"另类"课程改革。他们从"甲地"出发能顺利抵达"乙地"吗?

学生们更需要心理课"原创"

"根据初中学生的心理发展规律和特点,我们的课程吸收了现代人力资源培训机构广泛使用的'体验式培训课程'和'教练技术课程'的精髓。"学校姜风平副校长说,开发体验式心理健康教育课程的目的是实际锻炼学生的心理品质,从而预防学生心理问题的发生,维护和发展心理健康水平,开发潜能。

姜风平进一步解释,该课程旨在通过创设一定的心理情境,让学生参与到富有启发和拓展意义的活动中,唤醒他们内心深处的潜意识,并去体验、感受和内化,以提高心理素质。

那课程又是怎样发挥作用的呢?"活动、体验、内省、生成",可以准确概括。

体验性课程能否取得较大的实效,与主体内在是否产生真切的体验以及体验的程度密切相关。因此,跃华学校设计了许多学生感兴趣的且具有挑战性的活动,并采取有效的激励机制使学生能全身心地充分投入到活动中。当然,这些体验所追求和指向的不是活动本身和结果,而是活动的过程。

内省,是内心对心理体验的自我思考,学生只有在产生深刻的情绪和情感体验后,才能真正促进其心理品质和心理能力的发展。内省也是情景陶冶与内心感悟的有机融合,是基于经验与直觉的内在提升。内省作为心理建构的桥梁,关键在于它能激发心理的内化机制,在内化过程中反思、生成与构建,促成心灵的成长。

生成,就是促进学生心理品质受到实际锻炼,形成健康的心理,从而预防心理问题的发生,维护和发展学生的心理健康水平、潜能。经过活动、体验、内省三阶段之后,学生必然需要一个巩固阶段,促进健康心理的生成。在跃华学校,每一次体验活动后,老师都要求学生们将自己的感想和体会写下来,这是在督促学生自省,也是为了促进学生健康心理的生成。参加完穿越"丛林"体验后,跃华学校初中部的曹明晓同学说:"(活动让我体会到了)在生活中,我们要不抛弃、不放弃;在遇到困难时,不要退缩,要勇往直前,直到走到成功的彼岸。"

从最初的探索,到经过三年多不懈的努力,跃华学校的《中学生体验式心育课实践探索》课题被山东省心理健康教育研究会确定为"十一五"科研课题。在三年的研究中,他们还建立了"活动体验—交流分享—拓展提升—实践应用"的体验式心理健康教育课程模式。

高东阳同学说:"体验式心理课让我的精神生活更充实了,它以游戏的方式告诉我们一个道理,比其他的课更轻松,我很喜欢。"

陈晨同学同样"很喜欢",他说:"同学们都喜欢上心理课,它常常教我们'迷途知返',有利于我们的身心发育。"

教师与"教"都需要"心理课"

为了检验课程的效果,学校还专门对课程的实效性进行了多项问卷调查。统计显示,体验式心理健康教育课程犹如一方灵丹妙药,起到了明显的"医疗"和"保健"效果。

"99%的学生人际关系良好,同学间相互包容、感情融洽、团结互助;99.3%的学生有积极向上的心态,主要表现在参与班级活动热情高涨、承担班级任务尽职尽责、课前预习自觉主动、课堂展示积极踊跃、自主发展意识较强、平均成绩提高较快等方面。"司家栋校长说,心理课能抵达课堂教学都很难触及的心灵深处,这就是我们想要的结果。

"学"的问题基本得到了解决,可"教"的问题该如何处理?

教师的心理决定着学生的发展,也决定着教师、学校的发展。心态决定幸福,思路决定出路,改变才能发展、尊重才能合作、合作才能共赢……于是,他们针对教师,也开设了教师心理健康系列化课程。

"教师课程"的主课程是两套拓展性培训课程,总计20个小时,每一套培训后,间隔2周再进行一次历时4个小时的巩固性培训,再过8周组织一次互动式交流。此后,心理健康教育中心为每一位教师建立心理成长档案,对每位教师的心理发展情况进行个体跟踪。在20个小时的封闭式培训中,教师们经历了身心体验、交流分享、拓展提升。

老师们正是从这样活灵活现的培训中,感同身受地体验和感悟了教学的真谛,并慢慢将这种感悟迁移到了班级管理和课堂教学中,教师的教学观念变了。

司家栋说,培训迅速地让跃华的课堂教学发生了巨变,由过去的"以教师为中心"转变成了"以学生为中心";由教师的讲解为主转变成了以学生的自主学习为主;由教师提出问题转变成了学生提出问题让大家共同讨论。学生的学习方式,也由单一的"接受式"转变成了"自主、合作、探究"。

"真的没想到,我们的心理课程这么有效,学生活跃了,学习高效了,老师轻松了,课改'水到渠成'。"司家栋说,如今,跃华的课堂教学在体验式心理健康教育课程的润泽下,散发着旺盛而蓬勃的生命活力。

校长档案

司家栋校长

中学高级教师,德州市教学能手、师德标兵、优秀教师。山东省高级中学协会理事、中国民办教育协会中小学专业委员会理事、山东省民办教育协会理事、中国西部教育顾问。荣获"中国民办教育创新和发展贡献奖"、"依靠教职工办好学校的十佳校长"等荣誉称号。获国家级科研成果一项,国家级科研论文一篇,省级获奖论文两篇。《中学生体验式心理健康教育实践探索研究》课题领导小组组长,出版专著《使人成为人》等。

姜风平副校长

出生于1965年4月,现任山东德州跃华学校副校长,分管跃华学校基础教育和校长办公室工作。1995年被评为山东省教学能手,2000年参加国家级骨干教师培训。曾先后荣获德州市优秀教师、德州市十大杰出青年、德州市优秀教育工作者、德州市十佳教师、德州市教学百佳教师、德州市创新技术标兵、德城区知名教师等荣誉称号。曾先后主持多项课题研究工作,其中《建构小学语文实践体系,全面提高学生语文素养》被确立为山东省"十五"重点课题,《小学数学"再创造"学习》在国家级骨干教师课题答辩中被评为优秀,其研究成果获山东省第五届优秀教育科研成果一等奖。多年来参与编写教材6种,其中小学《科学》经全国中小学教材审定委员会2003年初审通过,作为义务教育课程标准实验教科书面向全国发行。《生命教育》、《探究实践活动》被确定为义务教育山东省小学地方课程用书。曾多次举行省、市、区级观摩课、研讨课,培养了多名省、市级骨干教师、教学能手。

校长谈

将一切落实到学生的学

司家栋

跃华学校自建校至今,始终坚持"以质量和特色求生存,以改革和创新促发展",一直把课堂教学改革作为学校工作的重中之重,始终不渝地在进行课堂教学改革的实践和探索。

勤于钻研、善于创新的李忠印董事长亲自率领所有校级干部赴杜郎口中学听课学习,我们被震撼了!回校后,大家不约而同地聚集到会议室,按捺不住澎湃的心情,争相发言。我说的第一句话就是:我走过不少学校,听过不计其数的课,还从来没有见过如此精彩的课堂;杜郎口中学为新课改树起了一面旗帜。讨论后,李忠印董事长当场表示,要学习杜郎口经验,董事会全力支持!随后,小学、初中、高中、职教所有教师和干部轮流到杜郎口学习,无不为之动情,虽有"相见恨晚"的遗憾,但更多的是喜悦。

我们看到了理想课堂的清晰面孔,我们欣喜若狂!我们从此有了模本,有了方向;也有了一批杜郎口课堂的"粉丝"。

近一年来,我们辗转于杜郎口中学、昌乐二中、兖州一中、清河五中……从它们那里我们获得的是宝贵的课改经验。如今我们都已经是关系很好的兄弟学校,毫不保留的经验传授,坦荡的经验交流,启迪我们不断完善自我。

在改革进程中,我们也曾遇到一些困难,像初期个别学生不适应这种学习方式,对课改有意见;个别老师对改革有顾虑;课堂开放后,教师不知道如何应对,总感觉自己无处着力;开放后的课堂,学生新的学习行为习惯未能尽快建立;课改初期,课堂教学效率相对较低等等。这些现象的出现,造成教师中的畏难情绪,一方面渴望课改,一方面又担心课改失败,对不起学生,愧对自己的责任和教师的良知。面对这些,我们所做的就是咬牙坚持,坚持课改的思路不动摇。及时召开会议,征求意见,征集课改中的问题,及时培训、交流,请专家入校,带着问题

外出,选派老师参加杜郎口中学为期一周的教师研修班。积极疏导老师的情绪,一方面尊重老师提出的问题,一方面减轻老师的压力。在"权力下放、责任上移"中逐步推进。充分发挥典型引路的作用,召开高效课堂表彰大会,奖励课改先进集体、先进个人、先进班级、优秀学习小组。启动评价机制,用评价引领教师的教学行为、学生的学习行为,关注师生的进步和发展。当教师尝到课改的甜头,看到学生乃至学校、学生家长的变化后,课改就成为师生的自觉行为。

在课改的路上,我们健步行进。

将一切落实到学生的学,期待我们的课堂教学改革日趋完善,期待我们的师生拥有幸福的人生,我们将一如既往地为师生终身发展服务。

高效课堂催生的思考

姜凤平

高效课堂改革,催生了我们对学校教育教学的系统思考。

我们将叶澜教授提出的"把课堂还给学生,让课堂焕发生命活力;把班级还给学生,让班级充满成长气息;把创造还给教师,让教育充满智慧挑战;把精神生命发展的主动权还给师生,让学校焕发蓬勃生机"列为学校办学目标,旨在推动学校教育的全面转型,致力于培养"主动健康发展"的人。

高效课堂改革让我们切实体会到了"教育即解放"的真谛。将课堂还给学生,意味着将主动健康发展的权利还给了学生。课堂上学生自信的神态、顿悟后的兴奋、激烈的辩论、质疑问难中的精彩答疑无一不透露出"还给"带来的惊喜。"还给"意味着解放、意味着创造、意味着生命活力的释放。历经一年多的改革实验,我校"高效课堂下的单元整体教学"应运而生,高效课堂下的单元整体教学彻底激活了师生的思维,激情碰撞中实现了举一反三,整体把握中实现了高效学习,拓展延伸中扩展了学生视野。

高效课堂改革,促使我们思考"还给"的价值。把班级还给学生、把活动组织策划权还给学生、把创造还给教师、把课程建设权还给师生,"还给"让学校焕发出蓬勃生机。书香校园工程、阳光校园工程、特色课程建设工程、名师工程,无不蕴含着"还给"的魅力。"还给"改变的绝不仅仅是人的观念,更重要的是改变了人的"生存方式",改变了人的"行走路径"。

关 键 词

德州跃华学校体验式心理健康教育学生课后感选登

给爸妈的一封信

亲爱的爸爸妈妈:

你们好!今天心理课上,心理老师带领我们体验、感悟亲情,我们都感动得哭了,我是在心理老师的鼓励之下才有勇气给你们写这封信的。

首先感谢你们把我带到这个世界上来,然后我还要感谢你们选择我,让我陪你们度过此生。也许我们曾经发生过很多的口角与争执,但是今后我向保证不会再有了。我希望我们能相互理解,不再有不高兴的事情发生。还有,请你们放心我的学习,我不会落下功课的。

在心理课上,在老师的语言引导下,在我眼前出现一幕幕家庭的场景,感觉你们真的好不容易。爸爸每天工作,妈妈每天和妹妹待在家里,而我却在学校过着无忧无虑的生活。现在想起来真的好难受。你们为了让我们过上好日子,每天都在拼命地做自己的工作。爸爸每次遇到什么挫折,回到家后都不会告诉我们,而是自己一个人承担。原来你们也有像我们一样的孤独和无奈。现在我长大了,希望可以为你们分担一些忧愁。

你们知道我本是一个内向、不爱表达的女孩,但是自从来到跃华学校,我变了,我会和别人主动交流了,不会再独来独往了,是因为我知道有一股力量在支持着我,告诉我跌倒了不要放弃。那就是父爱、母爱和师爱。

女儿:崔李秋(初二·三班)
9月21日

《穿越丛林》课后感

初二·一班

——这是一次非常有意义的活动,我们在戴上眼罩、什么也看不到的情况下,每一个人手拉手,穿过丛林,跨过障碍,平安地到达了终点,没有一个人掉队。通过这次心理课,我领悟了很多。团结就是力量,我们要互相帮助,不抛弃,不放弃。我们要将这些道理应用在实际生活中,彼此相互支持,相互信任,就可以使我们的班级更进一步。

——在游戏中,让我体会到了以前不曾了解的。我总以为我们班男生只会欺负女生,不会关心人,可这些想法,在这次心理活动后烟消云散。

——当双眼被蒙上时,我才感到有眼睛是件幸福的事,这大概就是失去才知珍惜的道理吧。要顺利完成这个活动,第一要听从指挥,这是条件,其次是要服从前面同学的引导,这是信任,最后就是要保护后面的同学,这是责任。我们要将这些运用到生活中去,那样我们的班级将会更加团结。

——在这个活动中我明白:一个人不可能孤立地生存,要想更好地发展,就需要与他人合作,共同进步,要心中有他人,不能只想着自己,当几个人共同面对困难中,要耐心细心团结地合作,永远不抛弃不放弃。只有一起成功才是最后的胜利。人与人之间还要有信任,用心与别人交流。付出信任,也会收获信任。

——在戴上眼罩的那一时刻,我感觉自己像一只处在黑暗中的小鸟,我清晰地明白,我需要别人的帮助,还要有责任心来帮助下一位同学。从第一位同学到最后一位同学,我们都是一条心,互相传递着友爱,互相帮助,共同跨过障碍。

——我们班同学在几年后肯定会分开,但是我认为,无论是天涯海角,我们初二·一班同学都是一个集体,都是一条心,都是同一个屋檐下的伙伴。

——通过这个活动,我感受到了班级的力量,班级就是一个团队,是一支团结的队伍。在这支队伍里,处处都有帮助,都有爱心,每一个人都在对自己的队友一丝不苟地负着责任。尽管已是深秋,风簌簌地吹着,但在团结的暖流包裹下,我丝毫也不觉得冷。

河北清河五中

学校档案

学校坐落于清河县城,是清河县人民政府于 2000 年 7 月命名的县办初级中学,占地 35 亩。现有教学班 15 个,学生 642 人,任课教师 60 余人。

近年来,学校以"为学生的人生发展奠基,为教师的终生成长铺路"的办学宗旨,以"办充满情趣和爱心的学校,育富有知识和能力的新人"的办学目标,以教学工作为中心,以培养学生创新精神和实践能力为重点,深化课堂教学改革,大力推进素质教育。

由于教改成效显著,2008 年学校被评为"邢台市教学改革示范学校"、"清河县教学改革示范学校"、"邢台市师德建设先进集体"、"邢台市巾帼建功示范岗",2009 年被评为"河北省教育系统先进单位"、"邢台市校园文化建设示范学校"、"邢台市阳光体育先进学校"、"邢台市教改教学质量先进单位"。

课改档案

清河五中的"整体双向教学法"

清河是打虎英雄武松的故乡。而清河五中,在邢台市乃至于河北省,也享有课改英雄的美誉。"要不是新课改,我们学校早就'并'了。"五中校长梁庆河说。

5年前,作为乡镇中学的五中,眼看就撑不下去了,有些门路的学生都转走了,而教师也人心思去。怎么办?梁校长拿杜郎口的例子给老师们做对照。他说,咱和当初的杜郎口差不多,为什么人家能绝处逢生,而我们不行?咱不是武松的故乡吗,咱就拿出武松打虎的劲头,我不信课改就搞不好?

"三步反思"是载体

"像杜郎口那样",这是五中人的口头禅。

小组划分、小组长的选择、导学案的编制、教师与小组长的交流、课堂即时性评价、课后教师的总结与反思,一切他们都是参照杜郎口中学进行1∶1模拟的。

"踩在杜郎口肩膀上摘星星"来自于一次教学反思。他们发现,对于课堂教学的总结,仅有一次"课后"的反思往往是不够的,而且在面对很多现实问题的时候,往往捉襟见肘,不能起到"以一鉴百"的作用。

于是,他们开始围绕着这个新问题,召集学科组、年级组和学生代表广泛讨论:能不能有意强化反思环节,从单纯45分钟的课堂教学上走出来,按照学习流程,进行课前、课中、课后的"分段"总结,多组织几次"反思"?在这个思路指导下,五中的课堂有了一个相对完整和科学的载体,即"三步反思"。

所谓的"三步反思",即是指在课前、课中、课后"三步"都进行的教学性总结行为。它包括课前的"归纳和预设"、课中的"调整与引导"、课后的"总结与回馈"三个步骤。

课前做到"细致、充分"的归纳和预设,做好"可能出现"和"已经出现"的两个问题的处理。教师对课堂上"可能出现的问题"要首先做出预测,比如,对于可能出现的同类问题做出归纳和总结,分析出大体相同的情况,有针对性地做足准备工作。而对于"已经出现的问题",则要求教师做到准备如何处理,效果怎样,使用的哪些处理方法,得在哪里,失之何处等。

课中做到"即时性和及时性"的调整和引导,即在课中,教师要针对现场出现的情况,有计划、有目的地做出调整和引导,使学生的学习行为和课堂表现朝着预设和既定的、有利于学生接受和健康成长的目标靠近。课中教师不仅仅是针对学生"知识性"、学习方法做出调整，而且要对于学生的情感、态度、价值观要做出正确的引导。

课后做到"系统性和反馈性"的总结和回馈，教师在每一次课堂教学实施完成后，都要及时对教学过程中出现的情况和问题做出详细的总结和细致的分析，并且将总结的信息和结果及时回馈到课堂教学的进行中，供下一次课堂教学参考和借鉴。

整体教学的构建

课堂有了载体，可课堂教学的模式应该如何构建？

还是从问题入手。梁校长说，随着五中课改的推进，慢慢他们又发现，当课堂教学过分重视对"知识点"的教学时，往往会相对缺乏知识点的前后呼应、照应，导致学科教学常常要遭遇这样的尴尬：只有学会了前面，才能学后面的，而学了后面的却忘记了前面的。

这时候"整体双向教学法"问世了。

顾名思义，整体双向教学法，揪住两大关键，即注重教学的"整体性"和教学计划的"双向性"。

"整体性"是指教学是一个整体，也就是说，教学首先要从整体出发，变传统课堂的"知识点"教学为服务于知识的整体性，让学生从知识的源头入手深入微观探究，兼顾前后教学内容上的连续性，将分散部分的教学内容有机地统一起来，寓分散性于整体中，发挥整体效应。梁校长说，教学"大整体"就像一个由层层叠叠的各部分组成的"金字塔"，在"金字塔"的每一层，都表现为功能与知识的统一，正是通过这种各个部分之间的相互衔接、相互融通，才构成了教学内容的整体。只有有效地将各个层次置于"整体"中，实施每一个部分时都能考虑到"整体"，才能更好地发挥出教学的整体功能。

"双向性"，是指教师的教学进度，必须服务于学生的学习进度，即要求教师要明确课堂的目的是让学生"学会"，而不单单是为了完成进度。在五中，有很多课,是打破了课时规定的,当然前提是服务于学生的学习需要。如以语文教学的《斑羚飞渡》教学为例,老师会利用一个课时讲解课本中的知识点,但却要用几个课时分析人与自然的关系、环境系统的循环链、西藏的人文地理环境、树立正确的人生观价值观,等等。

梁庆河介绍,"整体双向教学法"就是要发挥"1＋1＞2"的效果。"整体双向教学法"的核心是关注不同层次的学生需要。

成绩提升立竿见影

"整体双向教学法"带来了教学的新思路和新景象。

语文学科冯国栋老师说,以前备一节课上一节课,也知道可能存在许多问题,但是没有思路,不知道该如何改变,而且仅从自身教学的角度出发,光注重教学计划和进度,比较少地关注学生,是"整体双向教学法"带来了改变的契机。

梁增春说,同样是一节语文课,传统教学要两个课时,"整体双向教学法"可能需要四至六个课时,表面上是费了两三倍的时间,但是学生们学到的东西同样可以用两到三倍来计算,这一点从学生们写作文的水平中体现得最明显。以前很多同学总是像在记"流水账",实施新教学方法后,无论是从知识的深度还是知识面的广度上,学生们都获得了很大的提高,不少同学还屡屡在各种作文大赛中获奖。

高国会老师说,课改带来的许多新东西起到了立竿见影的效果。学生成绩提高了,知识面丰富了,也变得爱学习了;老师教学思路更丰富了,方法更多了,更关注学生了,也更会教学了。

安连永老师说,原来在教学上的局限性自己也很清楚,但是多少年来大家都是这么教的,老教师也是这么指导新教师的。直到"整体双向教学法"的运用,给了老师们更多的教学思路和教学方法,而老师们也感觉教学更轻松了。

"整体双向教学法"给学校各方面的工作带来了显著的变化。

2008年以来,清河五中累计接待来校参观的各地老师达1200余人次;2008年全县语文专业团队培训活动、全县数学专业团队培训活动在清河五中举行。

学校各科教师培训活动现场作课,学校课堂同时全面开放,展示课堂特色和学生风采,反响热烈。

学校先后被确定为"邢台市心理健康教育实验学校"、"邢台市教科研先进单位",2006、2007连续两年被县委县政府评为"教学质量先进单位",2008年被评为"清河县教学改革示范学校"、邢台市师德先进集体、邢台市巾帼建功示范岗。

"敢立潮头争风采。"梁庆河校长充满自信地说,"今天的清河五中已经进入课改先进校的行列,引领区域的课堂教学改革,而学校要做到在全国有影响,凭借着'整体双向教学法',这一天也很快就要到来。清河五中奉献给全国的也必将是一种更为新颖有效的课改思路和方法。"

校长档案

梁庆河校长

1957年9月生,1974年参加工作,1981年毕业于河北威县师范学校,1994年10月任葛仙庄镇中学校长,2000年9月任清河县第五中学校长至今。

十几年来,他带领广大教职工从稳定生源入手,强化学校管理。以教学改革为突破口,确立了"为学生的人生发展奠基,为教师的终生成长铺路"的办学宗旨。

他结合学校特点创立了"整体双向教学法"。推行科研兴校战略,深化校本教研，目前已完成"十五"市级课题 15 项，立项"十一五"课题 8 项。

快速发展使学校声名鹊起，他也先后被县委、县政府两次记功。

校长谈

聚焦师生成长打造高效课堂

梁庆河

我一直以为，领导躬行，走在教师前面是最好的引领。

在日常工作中，我们学校领导给自己的定位是：真正成为课堂教学改革的有效策划者、躬身实践者、课改引领人。课改中，我要求学校领导们要用实际行动积极营造充满理想与激情的课堂改革氛围，制定课改规划与策略，带头参加各种培训和学习，做好笔记，收集资料，做专题报告；带头承担课题研究；带头深入课堂，深入教师，深入学生；带头反思管理过程和教学过程的得失；做好管理者和研究者的双重角色，带头为教师服务，为教学服务，扎扎实实地推进课改的深化与发展。

可喜的是，课堂改革使我们的教师更加喜欢孩子，在这育人过程中树立了爱的理念，培养了爱的情感，付出了爱的行动，提高了爱的艺术，享受着爱的愉悦。

课改，使我们的教师更喜欢课堂。为了上好每堂课，教师们投入了大量的时间、精力、情感，用自己的激情、智慧、爱心与付出谱写了一曲曲奉献之歌。

在课堂改革的探索实践中，在和一线教师的交谈和心灵碰撞中，我能感觉到，在这里教师不是"苦行僧"，而是乐观的进取者，幸福生活的缔造者，真善美的播种者，在创造性的过程中，他们获得了生命的升华和人生价值的永存。

2006 年我校第一次接触杜郎口课堂，幸运地寻找到了学校新的发展突破口。我们确立了全新的办学理念是：为全体学生全面发展奠基，为教师的终生成长铺路。让每个学生在快乐中成长，让每个教师在成功中发展。学校确立了"赏识尊重成就学校未来，精细规范打造河北名校"的发展目标。我们的信念是：将精细管理做到极致。"每一个步骤都要精心，每一个环节都要精细，每一项工作都要做成精品"。我们承诺:用发展的眼光看待学生,用宽厚的胸怀容纳学生,用高尚的品德影响学生,用渊博的知识塑造学生。让普通成为优秀,让优秀更加杰出。

我校的一切工作都以课堂教学为核心,提出了"打造高效课堂,深化课堂改革"的工作思路,明确教师和学生在课堂教学中的角色和行为定位,更加关注课堂教学的本质——师生的共同成长。我们更加关注常态课堂,即平时学校的原汁原味课堂,不为观摩评比、不为优质评奖、无刻意雕琢,无精心包装打磨的课堂。通过实践,研究探索解决常态课堂教学操作中的实际问题,努力去追求课堂教学的最佳效果、最优境界,让课堂提高师生的生命质量,让课堂充满情趣、充满智慧、充满挑战、充满生命的活力和诗意,让学生享受学习、为学生终身发展奠基,以此来提升办学品位。

关 键 词

清河五中导学案选登:《世间最美的坟墓》

冯国栋

第一课时

一、学习目标(实现一个小目标,就是向理想迈进了一大步)

1. 利用工具书解决疑难字词。
2. 能记住本文作者的相关知识。
3. 能说出本文作者的思想感情和本文的主旨。

二、学习重点、难点

把握本文作者的思想感情和本文的主旨

三、学习过程与环节

1. 导入(略)

2.自读课文1—2遍,圈点批注生字词及疑难句子和文章中优美句子。(静心自学,看谁迅速进入状态)

读文后,利用课下注释及工具书查、写、记生字词,摘抄本上记录积累优美句子。

3.相关链接

(1)作者简介

茨威格(1881—1942),奥地利文学家。他的主要成就在文学传记和小说创作方面。代表作有《三位大师》(巴尔扎克、狄更斯、陀思妥耶夫斯基)、《罗曼·罗兰》、《一个女人一生中的二十四小时》、《一个陌生女人的来信》、《焦躁的心》。

(2)列夫·托尔斯泰简介(1828—1910)

19世纪末20世纪初俄国最伟大的文学家,也是世界文学史上最杰出的作家之一,他的文学作品在世界文学中占有第一流的地位。代表作有《安娜·卡列尼娜》、《战争与和平》、《复活》以及自传体小说三部曲《幼年》、《少年》、《青年》。他以自己漫长一生的辛勤创作,登上了当时欧洲批判现实主义文学的高峰。托尔斯泰出身于古老而有名望的大贵族,但他一生始终不渝地真诚地寻求接近人民的道路,多次在自己的庄园进行改革,不过都没成功。50年代开始文学创作,《战争与和平》是他前期创作的总结,《安娜·卡列尼娜》代表他创作的第二个里程碑,《复活》是他长期思想探索的艺术总结,是他对俄国地主资产阶级社会批判最全面、深刻、有力的一部长篇小说。

4.小组合作,情感提升

再读课文,认识托尔斯泰墓的特点,把握作者思想感情。在独立思考的基础上,对疑难问题先进行对子交流再进行小组交流。

5.自我检测(相信自己,我能行)

(1)给黑体字注音

尘嚣(　　)　　荫庇(　　)　　墓冢(　　)

灵寝(　　)　　穹隆(　　)　　奢华(　　)

(2)字词:

尘嚣:　　　　　　　　　荫庇:

忧患： 飒飒：
扣人心弦： 穹隆：

(3)第一自然段共有8句,每句都已给了标号。下面是对该段思路的分析,图解正确的一项是

A.①②③④→⑤⑥⑦⑧ B.①→②③→④⑤⑥⑦⑧
C.①②→③④⑤⑥→⑦⑧ D.①→②→③→④⑤⑥⑦→⑧

(4)本文选自_____,作者是_____(国别)作家_____。文章描绘了托尔斯泰墓的景致,托尔斯泰是_____国作家,其主要作品有长篇小说_____等。

(5)整体感知本文。

温馨提示:分三部分概括,内容是什么,文章怎么样,作者怎么样。

本文记叙了(描写了、说明了)……的故事(事迹、经过、事件、景物),表现了(赞美了、提示了、讽刺了、反映了、歌颂了、揭露了、批判了)……,抒发了作者……的感情。

第二课时

一、学习目标(实现一个小目标,就是向理想迈进了一大步)

1.领会《世间最美的坟墓》寄寓在对墓地朴素美描绘中对托尔斯泰人格的赞美。

2.通过对文章的深入分析,加深学生对美的感受,注重内在美。

3.渗透人格美的情感教育,培养注重人格修养的意识。

二、学习重点

领会《世间最美的坟墓》寄寓在对墓地朴素美描绘中对托尔斯泰人格美的赞美。

三、学习难点

渗透人格美的情感教育,培养学生注重人格修养的意识。

四、学习过程与环节

(一)课前反馈。

学生在自己的板面上书写上节收获。老师巡视,了解学生对上节课知识的掌握情况。

(二)导入(略)。

(三)研读文本,完成以下三个环节。(课堂精彩我把握)

1.导游导入。假如你是一名导游,要带领大家参观列夫·托尔斯泰墓,请你设计出导入语。(精彩内容我完成,我是画龙点睛者)

温馨提示:可按"出发前、行进中、瞻仰时"三步来完成。

出发前"方法小贴士":一是介绍此次目的,二是引起游客探索列夫·托尔斯泰墓的兴趣。

行进中"方法小贴士":一要简介列夫·托尔斯泰生平经历,突出他的杰出贡献;二是引导游客猜想托尔斯泰墓形状。

瞻仰中"方法小贴士":一要介绍托尔斯泰墓环境及形状;二要介绍托尔斯泰墓埋在这个地方的原因。

2.辩论赛。(我努力、我进步、我成功、我快乐)

正方观点:托尔斯泰墓"美",反方观点:托尔斯泰墓"不美"。

方法小贴士:正方要从托尔斯泰的"朴素美、人格美"等角度来搜集论据。反方要从托尔斯泰墓的环境、形状的简朴以及与拿破仑、歌德、莎士比亚墓的对比等角度来搜集论据。

3.关于朴素美与人格美的小创作,字数不限。(在掌声中体验学习的快乐)

温馨提示:采用借景抒情或托物言志的写作手法。

五、课后反思与矫正(我的优点我总结,我的课堂我反思,我的人生我把握)

我的优点——我发扬:_____。

我的不足——我改正:_____。

行为反思让我们与众不同。

江苏灌南新知学校

学校档案

  创建于 2001 年，占地面积 41200 平方米，建筑面积 16498 平方米，现有学生 1467 人，33 个教学班，包括小学、初中两部，教职工 132 人。具有现代气息的教学楼、餐厅、宿舍、浴室等主体建筑错落有致，高标准配置的电脑室、实验室等一应俱全。学校实施 20—40 人的小班化教学，按部颁计划开足全部课程，小学一年级始即开设英语课、信息技术课。

  9 年来，学校严格遵循教育教学规律和不同年龄段学生的生理、心理特点，注重学习兴趣激发和心理健康教育，奉行"鼓励一切个体在一切可能的方向上探索"的育人理念，探索素质教育和应试教育的契合、协调，取得了一系列成绩。

  新知人，执著粉笔和教科书，教书，在同行的队伍中；新知人，执著粉笔和教科书，育人，在家长和社会各界的视野里。

  新知，记录着灌南民办教育的进程。

课改档案

自主学习的新模式

——走进江苏灌南新知学校的课堂

新知是江苏省较早接触杜郎口模式并开始"临帖"的学校。

曾经做过中学和大学教师的校长徐翔,是《中国教育报》2007年度的"十大读书人物",就是这样一个嗜书如命的校长,有着不达目的誓不罢休的执著,行起事来更是少有的果敢:新知严禁教师进课堂。

教师可以不进课堂吗?教师不进课堂能保证学生学得好吗?教师不进课堂了,学生们在干什么……带着一连串的疑问,我们走进了新知。

学习原本就是"自学"

徐翔发现,过去课堂上教师替代和包办了学生的一切,可仅仅靠教师的"灌输",不仅效果不好,而且造成了普遍的教师厌教、学生厌学的现象。"教与学"的矛盾纠葛成为制约教育发展的一大难题。

这个时候,徐翔幸遇了杜郎口。"在杜郎口中学,我们真正看到了'学生是课堂的主人'是什么样子,知道了教师的引领作用是如何体现的。"徐翔回忆说,杜

郎口解决了他"90％"的困惑。

可真要搬杜郎口模式,新知又遇到了困难。

在最初的几天,学生们很新鲜,可教师们傻了眼。一节英语课,教师让全班学生"爬"黑板默写,6个单词却耗时12分钟。满教室的桌椅碰撞声不断,课堂秩序大乱。更尴尬的是,一节课仅够一个学习小组刚巧展示完,教师还没来得及说什么,下课铃声就响了。

徐翔陷入了沉思:课堂"活"了,却乱了,是不是因为缺少引导和监督?是不是还缺少灵活的手段?是不是老师们的角色还没有转变过来?

徐翔说,一切的学习都应该是自学。课堂出现的问题,是不是没有抓住这个"神"呢?

于是,特色自主学习模式在新知诞生了。在这套模式里,自主是核心,而托起自主的是学生的自学和交流。

徐翔介绍,新知把原属于学生的思维权利通过"自学"还给学生,是赋予"沉默的大多数"以本来就应该有的通过"交流"表达自我的权利。

"自学",是最大限度地保证学生的思维,保证学生最大程度地面对文本和世界。"交流"是最大限度地保证学生思维的成果——尤其是思维的过程——真实、生动地展现在同学和老师面前,保证学生面对他者的思维,面对生命。这时,学生之间、师生之间的横向碰撞,求证、纠偏或补充,质疑、丰富或拓展,欣赏、激发或鼓励……构成课堂生活的"狂欢"。

如何"自学"

从提前一天将学案发放给学生,新知学校即开始了引导学生自学的过程。

新知对学生的自学有三个层次要求。一是完成学案上老师预设的问题,了解学习文本的主要知识点、需要掌握的知识、考查的技能等;二是要对学案中涉及的问题进行质疑,提出自己的问题,对未涉及的问题要进行补充,丰富完善;三是敢于否定书本中既成的事实和结论,并发表自己的见解和结论。学校副校长徐辉介绍说,新知学校很注重培养学生的个性化学习,并视其为走向终身学习能力的一项基本素质。

新知学校课堂的大部分时间都是用来交流的。在新知,学习不仅指发生在课堂上,他们把学习延伸到校园。在新知的校园,我们随处可见的是学生们的激情表演和公开展示,间或学生们会争得面红耳赤、不可开交。

据徐辉介绍,新知十分重视交流,但不是为了交流而交流,而是要求学生在交流中形成收获。

为了更便于学生们之间的交流,他们首先在课堂形式上作了改变。学生六七人围坐在一起分组学习。教室的墙壁四面全是黑板,没有讲台讲桌,最大可能地把课堂时空还给了学生,努力帮助学生营造一种自由的学习氛围。

学生们动起来了,学习能力得到了发展和释放;课堂效益高了,学生们的学习热情更加高涨。但徐翔校长又发现,随着"特色自主学习模式"的实施,"主体"被唤醒了的学生在学习中发挥出极大的能动作用。这也无形中将教师置于一个尴尬的境地:在新的教学模式中,有个别教师的步子总比学生慢半拍,有意无意地成为学生进一步发展的"障碍",甚至失去了自己的角色,他们渐渐成为"边缘人"。当然,也有另一种情况,个别教师渐渐跟不上学生学习的节奏,他们的知识半径笼罩不了学生的求知范围。

怎么办?徐翔说,那就干脆一改到底,完全把学习的权利和课堂时空还给学生——不准教师进课堂。

从"销声"到"匿迹"

严禁教师进课堂,徐翔将之形容为从"销声"到"匿迹"。

原来规定一节课老师讲绝对不超过10分钟,后来再规定教师不准讲,这就叫"销声"。现在,规定不让教师进课堂,这就是"匿迹"。连课堂都不让老师们进了。孩子们怎么办?考核怎么办?

更不讲理的还在后头。徐翔还硬性规定,不准进课堂并非不要成绩了,相反,谁的成绩差了,家长一旦不满意找上门来,谁就要负责任。

老师们"没法",只得在导学案编制和引导学生如何学上下功夫。不让进课堂,就在课下引导;老师没法亲自组织教学了,就引导小组长"替代";不能在课上进行即时性评价,就"教"给自己的"小助理""越俎代庖",于是满课堂上的学生都成了"小先生"了。

一段时间下来,老师们发现,孩子们学得竟比原来还要好,学习的主动性和积极性得到了极大的增强,表现的能力和学习的能力得到了充分的发挥。

这样的话,教师岂不成了课堂上"多余的人"?当然不是。徐翔说,在新知要做一个好教师,必须成为"引领者、组织者、管理者和督促者"。为了成为这样的四个"者",新知人在书生徐翔的引领下,一项"读书提升专业素养,写作培植精神品味"的读书工程,成为每个教师的必修课程。学校定期向老师们介绍读本、文章,要求老师们大量涉猎各领域最优秀的作品,组织教师读书,写读书体会。老师们也深深体会到,他们面对着的不光是一群涉世未深的孩子,也是在对未来的世界施加影响。

连云港市教育局基教处处长杨庆真看了新知学校课堂教学的改革成果后,他用了四个字形容自己的心情:"非常震撼!"

特色自主学习模式在新知的强力推进,也收获了学生们的成长,获得了他们的一致好评。走进新知的课堂,你会发现,这里的课堂甚至比杜郎口中学的更"活",没了教师的掌控,孩子们像被摘去了紧箍咒的孙猴子,一个个生龙活虎,争相展示着自己的学习成果。

七年级(6)班的夏越越同学写得一手漂亮的毛笔字和钢笔字,多次在学校的手抄报、书法比赛中获奖。在谈到自主交流学习方法时,他兴奋地说,自己经常和同学们一起练字,比比谁的字漂亮,还组成了兴趣小组,一有空就在一起练习。

八年级(2)班的张静同学有写作天赋,每次写的作文都能成为班里的范文,多次受到老师的表扬,还在多次征文比赛中获奖。谈起自主交流,她也很高兴地表示自己是在交流中进步的。每周的作文课,她都和同学们一起探讨比喻、拟人、排比等表达手法。

"交流促进了学生更好地进行自主学习。"徐辉副校长深有感触地说,"特色自主学习模式"在自学和交流中得到了更好的发展。

校长档案

徐翔校长

  讲师,1966年3月生于江苏省响水县。中国名校共同体副理事长。1985年毕业于江苏省淮安师范学校,先后供职于小学、中学、教师进修学校和电视大学等。2001年辞职,创办新知学校,任学校董事长、校长,兼任灌南县教育局教科室副主任。2003年始,先后被县人民政府授予"十佳校长"、"创业之星"、"十大创业标兵"等称号。2006年被市教育局、市劳动和社会保障局评为"民办教育先进工作者"。

  2007年以来,和全校师生进行"自学·交流"自主高效课堂学习模式的探索、实践;就课堂、读书、管理等主题,应邀赴全国十余省的市县区作报告百余次。曾有《风雨人生——李健吾〈雨中登泰山〉的另一种读法》、《书·星空·世界——一个人的读书历史和空间》、《我们的"唯生主义"——我的教育信念》等发表。

  2007年,被《中国教育报》评为"中国推动读书十大人物"。2009年,被中国教育学会、团中央等评为"全国优秀校长"。

校长谈

我们的"唯生主义"
—— 我的教育信念

徐 翔

办学之初,我们曾郑重写下:"我们创办这所学校的目的在于:在人间构建传承人类进步文化的圣殿;给成长中的青少年一个最健康、最温暖的环境,带给他们梦想和力量;使学校少些浮泛、空疏和无益的劳作,多些有序、快乐和坚实的进步;从而使社会减少灰暗、烦苦和贫乏,增加光明、希望与和平,理性、文明与宁静。"

2007年,我们全校一到九年级全面进行课堂教学改革。之所以改革,是由于我们看到课堂上教师的"一厢情愿"不仅未能带给学生好的学习效果,而且也未能带给学生好的学习过程。学生的学习是被动的、无奈的、痛苦的和不知其所以然的。

经过两年的探索和实践,我们总结出"自学·交流"的课堂学习方式。自学,是最大限度地保证学生的思维,保证学生面对文本,面对课程,面对世界;这是一个无声的世界,也是一个执著的世界。交流,是最大限度地保证学生思维的过程和成果真实、生动地展现在同学和老师面前,保证学生面对"他者"的思维,面对生命;这时,学生之间、师生之间的横向碰撞,求证、纠偏或补充,质疑、丰富或拓展,欣赏、激发或鼓励……构成师生学习共同体,构成课堂生活的"狂欢"。

面对这样的课堂生态,我们对学校教育中的诸多方面和环节有了一些新的认知和理解。

关于课堂、学生和教师,关于课程、学校和教育,我们相信——

课堂,是学生学习行为得以进行和完成的地方,是学生学习生活得以实现的地方;课堂,四方的空间和45分钟的时间这一时空形式,在物质层面和精神层面,都完全属于学生;在课堂生活中,做什么、怎么做、做得怎么样,都应该倾听学生的声音;评价一堂课,完全看学生学得怎么样;一堂课上,学生"学到"了什么固然重要,但远不如在学习的方法、能力、习惯和兴趣方面"学会"了什么更重要;课堂上,教师是第 n+1 个学生,他带着他曾经的学习成果和学习经历融入学生的学习生活。

学生,是自主的人,是社会的人,是成长中的个体。每一个学生都是不同的;学生的每一个时刻,也是不同的。他走进校园时,已经拥有了自己的昨天,拥有了经验、记忆和习惯,学校教育,必须以此为基点。在校园里,在课堂上,在教师身边,一直在成长中的学生,只是继续成长;因为教育,他会更好地成长。我们只能给他环境,给他资源;成长,是他自己的事。学生的个体差异、发展变化和心灵世界的深微,使得学校教育复杂而艰辛,却也让教育充满魅力和趋于神圣。

教师,是以专业优势生活在孩子们中间的成年人,他帮助学生学习和成长。他爱学生,他珍视学生的生命和生活,他愿意而且能够面对学生的感情和感受;他还愿意而且能够面对世界,面对学生的学习。他的专业能力体现在有足够的耐心和能力发现学生的现实性,知道学生当下是怎样的;发现学生的可能性,知道他们可能怎么样。经过努力,他能达到什么水平?他的未来,会是怎样的一种生活?作为社会人,他将何以自存和自立?帮助学生从现实走向可能,就是教育,就是教师的职能。

课程,是生活之林的一棵树,是生活之树的一片叶。也许学生的目力只能够凝视一片树叶,但我们要让他知道这片树叶之所从来、之所从属,要看到树木,看到森林。世界呈现给我们的,是浑然的人、物、事。"仰观宇宙之大,俯察品类之盛",一切景象都依其天则产生、变化、发展、消亡。世界不是以语文、数学、物理、化学……的形态存在的。学科,是学科本身的需要,不是世界的需要,也不是学生生命的需要。丰富的生活、无数的人们、无数的事件,都是学生的课本。课程,可以最大化到整个世界。符号形态的课程,只是狭义的课程。

学校,是社会的一个部分,是社会本身,而不是自外于、独立于、凌越于社会的存在。只有当学校担当社会责任、具备社会职能、拥有社会的丰厚和深远时,才称得上是学校。较之校园外的社会生活,学校的特殊性体现在,它更有序,更纯美,更合理,从而,也更社会。对于每一个学生来说,校园里所有别的人(同学、教师和员工),校园里一切的存在(地面、墙壁、图书……),都是他学习、生活的资源。一群人共同学习、共同生活在校园里,是现代社会的需求,也是学生学习和生活的需求。

教育,应该让学生愿意并且能够自主地学习,自主地生活。学校,是学生学习和生活的地方。教师,是和学生共同学习、共同生活的人。

只有当学生把学习当做生活的一部分、当做生活本身时,才有理想的学校教育。这时,学生在学校好好学习,也就是,在好好生活。

不必描述当下中小学生对校园生活的态度和感受,不必列举社会对学校教育的质询和不满;从"误尽苍生"到"教育是没有用的",只这样的言语,就足以说明学校和学校教育、教师和教师工作的当下处境。

学校,依然是社会的需要,依然被关注和期待;依然会有一茬又一茬的学生走到这个"叫做学校的地方"来,度过他们最美好的青少年时代;我们依然会和孩子们在一起,继续我们的校园生活。我们应该为学生做什么? 我们能够为学生做什么? 我们将永远面对这样的自问。

学生,是各不相同的、不断成长着的个体;学生,是在学习中学会学习的。校园生活的一切存在和一切行为,都是为了学生,为了学生的学习,为了学生的生活。这,就是我们的"唯生主义",就是我们的信念。

从先秦、古希腊到如今,那些曾经解释过教育、改造过教育的人们,他们用文字呈现给我们的,是怎样的时光、怎样的场景、怎样的叩问、怎样的追寻?

从城市到乡村,从江南到塞北,在当代中国的中小学,我们的同道在各自的校园里怎样面对他们的学生? 那些孩子有着怎样的校园生活?

在我们自己的校园里,这一千多个孩子和一百多个大人,当他们面对文字、面对世界,当他们相互面对,当他们面对自己,在他们每一个人的心里,究竟发生着什么?

我们在了解;我们在实践和思索。我们会一直实践和思索下去。

关 键 词

江苏灌南新知学校历史导学案

课题：近现代国际关系史

年级：九

时间： 月 日

课型：自学＋交流

学习目标：1.知道近现代几次世界格局体系的变动。2.认识两次世界大战和它们对人类的影响,树立国际和平意识。3.知道影响世界格局的几次会议。4.能熟悉解决表格题、分析说明题的基本方法。

学习重难点：1.知道近现代几次世界格局体系的变动。

2.能熟悉解表格题、分析说明题的基本方法。学习过程：

一、自学

(一)归纳整理知识要点

1.世界格局的演变

格局名称	形成时间	主导力量
	一战后	
		美、苏
一超多强(未来:多极化)		

2.影响世界格局的主要事件

事件名称	时间	涉及国际组织
一战		
	1939—1945	
苏联解体		

3.国际关系变动中的主要会议

会议名称	时间	主要条约、协定
巴黎和会		
华盛顿会议	1922—1923年	
		"慕尼黑协定"
华盛顿会议		《联合国家宣言》
	1945年	"雅尔塔协定"

(二)拓展提升:

1.结合世界格局的变动,完成下面的表格:

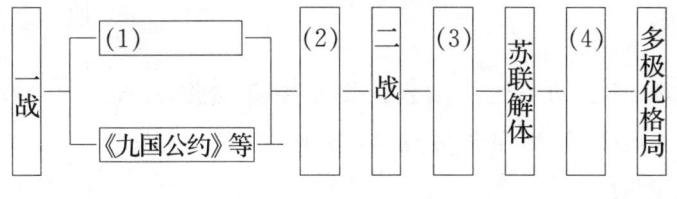

2.在团结合作中实现共赢是人类一直追求的梦想。"团结"是一种艺术,"团结"并不是简单地、毫无规则地组成一个团体、集团

贴士:
国际关系考察的是对世界上主要力量之间的分化、组合、斗争等历史事件以及问题的实质、走向等。

提示:
完成表格题,注意"上下左右",把各个格子间的因果、承接、并列等关系理清。

或组织。根据提示,完成下列有关"团结合作"主题的探究活动。

步骤一:回顾历史——了解国际关系中的不正当合作

(1)观察图一、二的世界形势,简要回答两图反映的不正当合作对世界产生共同的影响?

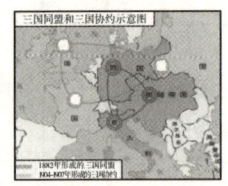

图一　对峙中的两大集团　　　图二　丑陋的"轴心"

柏林　罗马　　　东京

步骤二:史海寻贝——认识国际关系中的正当合作

(2)在人类面临生存和发展的挑战和危机时,各国之间的团结合作能有效地化解危机。请你结合二战中典型事例加以说明。

步骤三:知彼知己——知道我国在国际关系中的"合作"

(3)新中国建立后,在外交方面为国际关系的发展做出了积极的贡献。请你列举我国外交事业上能充分体现"团结合作"精神的事例或主张。

步骤四:总结反思——理解现实中合作的艺术

(4)当今世界格局下,人类社会的发展仍存在许多破坏和不利于团结合作的因素,为了国际关系的和谐,你认为世界各国的合作应遵循怎样的原则?

二、交流:

完成这个环节难度可不低,它要我们做到:主动、合作、投入,对有疑惑的及时质疑、有序(组合、小组、板书、移位),同学们好好展现你自己的精彩!

三、总结。

(一)

1.世界格局的演变

提示:
解分析题的一般方法为:
1.阅读问题,了解答题的方向。
2.带着问题阅读材料。
3.把材料和课本、已学知识联系起来。
4.再阅读分析问题,回答相关问题。

格局名称	形成时间	主导力量
凡尔赛—华盛顿体系	一战后	英法美
两极格局	二战后	美、苏
一超多强(未来:多极化)	1991年	中美日俄、欧盟

2.影响世界格局的主要事件

事件名称	时间	涉及国际组织
一战	1914—1918年	同盟国、协约国
二战	1939—1945年	轴心国、反法西斯同盟
苏联解体	1991年	

3.国际关系变动中的主要会议

会议名称	时间	主要条约、协定
巴黎和会	1919年	《凡尔赛和约》
华盛顿会议	1922—1923年	《九国公约》
慕尼黑会议	1939年	"慕尼黑协定"
华盛顿会议	1942年1月1日	《联合国家宣言》
雅尔塔会议	1945年	"雅尔塔协定"

(二)

1.(1)《凡尔赛和约》等 (2)凡尔赛—华盛顿体系 (3)两极格局 (4)一超多强局面

2.(1)加剧世界局势紧张,使人类面临战争的威胁。

(2)反法西斯同盟的建立,诺曼底登陆。

(3)提出"和平共处五项原则";"求同存异"方针;加入WTO。

(4)相互尊重国家主权;相互尊重别国利益;和平共处;共同发展;共同维护世界和平发展等(言之有理即为正确)。

翔宇教育集团江苏宝应中学

学校档案

作为翔宇教育集团的龙头学校,宝应中学系江苏省四星级高中。

学校目前有教学班99个,在校学生近6000千人,教职员工500多人。学校设施完备,教室均配有完善的多媒体设备。实验室、语音室、广播台、电视台一应俱全;学生公寓卫浴齐备、热水到房;运动设施全国一流,体育馆达国际标准,国内知名主持人、明星大多曾在此登台献艺。

近年来学校高考成绩一直稳居全市前列。夏平、周林同学分别夺得2004年、2006年高考状元,周林同学总分位列全省第四,创扬州状元在全省的位置新高。2007年高考,学校本二达线1201人,成为扬州历史上唯一一所本二达线人数超千的学校。2008年高考,学校本二分数线300分(不含附加分)以上1426人,应届生文化考试本二达线人数全省第一。

学校每年高考均有多名学子被北大、清华录取,有逾百名学生被南京大学、复旦大学、上海交大、浙江大学等国内一流名校录取。

学校为江苏省园林式单位,江苏省文明单位。近年来,《中国教育报》《中国教师报》《人民政协报》《中小学管理》、扬子晚报、江苏教育等多家主流媒体深度报道了学校的办学业绩。

课改档案

课改,翔宇的"二次"革命

——翔宇教育集团的"理想课堂"

在江苏乃至于全国,翔宇的知名度和美誉度是相当高的。这所目前国内最大的民办教育集团,现有 10 所子校,在校学生达 50000 名,教职工 6000 人。10 年前,翔宇靠"体制改革"而"名"动全国,从此走向了一条阳关大道。10 年后,当翔宇"抢"在江苏省规范办学之前,锁定课堂搞"二次"创业革命时,同样是疑问鹊起。有人找到卢志文说,翔宇一不缺好师资,二不缺生源,三不缺资金,旗下的老牌名校宝应中学,更是江苏省著名品牌学校,改什么改?尤其是听说翔宇竟要"不耻下问",借鉴杜郎口经验时,更是引发了"名校心态"下的哗然。

翔宇的"改"字诀

从体制改革中走来的翔宇,把"改"当成创业的精神传统。其实课改始终伴随着翔宇,并推动着翔宇的发展。

卢志文说,翔宇刚刚起步时,即便是处在高考竞争最前沿的宝应中学,也坚守着几条教育的底线,他们称之为"五个每":每班有一个图书馆;每晚有一次电视新闻;每周有一个名片剧场;每学期有两至三次名家讲座;每位同学有一份翔宇自己的报纸。而针对于课堂的,则是被他们视为教学秘密的"两项改革",即以"基础教案"、"基础作业纸"为载体,支撑自己的教学行走。

随着集团规模的高速扩张,尤其是后来"新教育"团队在集团的"落户加盟",为翔宇的"二次革命"提供了丰厚的土壤。卢志文说,真正的教育人,眼光应落在成绩之外,落在教育的缺失之中。由此,他开始思考翔宇的发展增长到底有没有极限,持续发展的空间又在哪里?

卢志文认为,所有教育的问题都能够从课堂中找到原因,也都必须经由课堂来解决,这个"经由"的过程就是"课改"。课改是"试对",而不是"试错"。一个学校无论多伟大,如果缺少有核心竞争力的课堂,仍然只能是行走在教育的边沿上。

为了翔宇的"核心竞争力",卢志文亲赴杜郎口考察。他说,杜郎口从改革课堂结构入手,给我们的启发更深。抓结构就是抓根本,把教育的"底线"和"理想"通过结构化的方式,在课堂中实现。

"访学"归来之后,从2008年5月起,翔宇发动师生转变教与学的观念,拉开课桌,撤掉讲台,四面架起了黑板,揪住课堂发力,拉开了二次创业的序幕。他们把这叫做走近"理想课堂",而把和传统课堂的决裂,叫做"归零行动",是一场严格意义上的"课变"。

宝应中学常务校长潘文新这样解释,理想课堂的前提是高效,首先是"效果",其次是"效率",根本上指的是"效益"。理想课堂一定是效果显著和效率很高的课堂,而且充满着人文情怀,闪耀着智慧光芒,洋溢着成长气息。

理想课堂的五部曲

翔宇的理想课堂,追求"三个效",即注重课堂的效率、效果和效益。为此,翔宇走出了"五部曲"。

首先是"回归"。把课堂还给学生,让学生成为课堂的主人;把班级还给学生,让教室充盈民主的气息;把创造还给师生,让课堂充满智慧的挑战;把发展还给师生,让课堂成为成长的家园。让课堂还归"本真",让课堂成为"课堂"。

第二是"甄别"。机械重复的课堂缺少灵气,墨守成规的课堂缺乏思想,人云亦云的课堂缺乏个性,浮光掠影的课堂没有实效,而理想的课堂应该是有导游参与的自助游,目标明确,过程精彩,随时有意外的发现和惊喜。

第三是"规划"。新课堂结构的构建,包括器物层面的变革;流程、方法层面的设定;理念、理论层面的更新。实现理想课堂后,教师的行为路径应是:从"执行"走向"领导",从"领导"走向"开发"。

第四是"考量"。理想课堂关注"四个度":目标精准度、精力流失度、时间利用度、效用达成度。

第五是持续不断地去"定义"。理想课堂与人一起不断生长与发展的过程,就是"定义"不断丰富发展的过程。

在翔宇人心中,理想课堂是预设和生成的统一,内容和方法的统一,主导和主体的统一,"开"与"达"的统一,"严"与"爱"的统一,"导"与"牵"的统一。

理想课堂应该是点燃学生智慧的火把,要教得有效,学得愉快,考得满意,获得幸福。一定要认识到课堂学习不仅是获取知识,增进能力,同时也是情感、精神发生、孕育的过程,学习着知识也就是学习着人生,创造着知识也就是创造着自己。它的高效益应该建筑在先进的教育理念支持上,建筑在科学的课堂结构上,建筑在有效的课堂组织形式上,而不是仅仅依赖教师个体素质的高低。

理想课堂的模式与评价

翔宇同样注重构建课堂模式,他们认为,课改的支持是理念,支撑是结构。卢志文说,课堂结构会转变学生的态度意愿,并通过学生的转变而发挥作用。课堂要高效首先就要"结构制胜",充分利用好"结构"这个基本资源,站在"结构"的肩膀上再攀登。因为自学、合学、群学、预习、展示、反馈等课堂构架,更利于调动学生的潜能,弥补教师教学的不足。

潘文新说,构建模式或结构的最主要目的,也是为了有效削弱与限制老师的"权力扩张",恢复和放大学生的"学习主权"。

翔宇理想课堂的基本模式为"六环节大课堂"：一是目标解读，引导学生解读目标；二是小组讨论，引导学生组内与组外交流，开展小组内外兼修式学习；三是分组展示（静态展示），引导学生上黑板展示本组的研究成果；四是互动质疑（动态展示），引导学生进行质疑、补充和评价等自我完善式学习；五是达标测试，引导学生进行课堂内容的总结反馈，达成自我消化式的学习；六是循环预习，分发下一节课的导学案，进入循环学习阶段。

目标解读，抓住的是目标精准度；小组讨论、分组展示和互动质疑则大大降低精力流失度；静态展示和动态展示则是考虑到时间的利用程度；达标测评和循环预习则考虑的是效用的达成度。

围绕着课堂效率的"四个度"，翔宇建立了一套与新课堂相适应的"监测"指标，更多地关注学生的参与度和精力投放度等标杆，而不是老师自身表演的精彩度。他们把学习交付学生，让学生自己去发现规律，总结方法，探索思路，解决问题。在翔宇的课堂上，学法、内容甚至教学进度都要让学生自己去"做主"。

有了高效的理想课堂模式，翔宇又打造了与之相匹配的教师评价体系，即"五维评价"：从"学生喜欢、家长满意、领导信任、同行佩服、自我认同"五个维度，对教师进行"间接的"、"定性的"、"动态的"、"过程的"、"基于发展的"评价。

"五维评价"帮助教师完成了角色转变，定位于做好"第三者"：学生"第一"，课程"第二"，教师"第三"。因为教师是引导者、策划者、参与者、追问者和合作者，要在幕后策划、指导学生去展示，将学生置于聚光灯下，不是自己霸占讲台说长篇评书。

卢志文校长介绍，"五维评价"让翔宇寻找到了教师专业成长的最佳模式，即实践——反思模式。开放课堂成为最简捷的方法，校本培训、校本教研成为教师专业成长最有效的途径。

翔宇在"归零思维"指导下的课改，"推手"是教师，"抓手"是课堂，"助手"是结构，而"舵手"却是学生。正是循着这样的教育本真，他们完成了翔宇办学史上的又一场飞跃。

校长档案

卢志文校长

  全国知名教育专家,翔宇教育集团总校长、翔宇教育集团宝应中学校长,中国名校共同体副理事长,新教育研究院院长,扬州市十大杰出青年,江苏省劳动模范,湖北省人大代表。

  他是教育部"全国中小学千名骨干校长研修班"首期学员,21世纪教育发展研究院常务理事,中国教育学会管理分会理事,全国学校管理体制改革专业委员会副秘书长,民办教育领域的知名教育专家。

  他曾连续四届荣获江苏省"五四杯"教育教学论文竞赛一等奖,发表教育教学及管理文章百余篇。教育在线网站开辟"卢志文在线"管理论坛,应邀于《现代教育报》主持"对话卢志文"管理专栏。应邀赴全国各地讲学百余场。《人民教育》、《中小学管理》、《学校管理》、《中国教育报》、《现代教育导报》等多家新闻媒体对其办学理念和管理实践作了报道。2005年被评为全国民办教育十大风云人物。

  有网民这样评价:"在教育在线,有三个最重要的人物,朱永新、李镇西、卢志文。没有朱永新,就没有新教育实验,就没有教育在线网站;没有李镇西,就没有在线的人气和活力;但如果没有卢志文,在线就没有吸引力,没有召唤力,没有魅力。把这三个人放一起比较,朱永新感人,李镇西动人,卢志文迷人。朱永新有非凡的学术成就,更有空前的勇气和精神推动了一场教育界的革命,其言其行,无不感人至深;李镇西是爱心大使,童心未萌,常常使人心底澄澈,常怀感激;而真正迷人的人,是卢志文。"

他主张用"脑袋"行走,做思考的实践者;用"脚板研究",做实践的思考者。他首创"化学 ADCI 教学法"。他巧妙地将传统文化与现代管理理念有机结合,张扬学校个性,熔炼品牌精髓,用生动的实践和系统的研究探索着一项民办教育平民化的现代学校制度,迅速提升了学校的办学质量与品位。

校长谈

关于高效课堂的问答

问:您所理解的"高效课堂"应该是怎样的课堂?

卢志文(以下简称"卢"):高效的"效",首先是"效果",其次是"效率",根本上指的是"效益"。

高效课堂要关注两个度:精力流失度和目标达成度。精力流失度考察效率,目标达成度考察方向和程度,即效度。

课堂的高效,始于教师,源于学生。高效课堂是一场"围绕学生、服务学生、激发学生、在于学生、通过学生、为了学生"的改革。

需要我们注意的是,高效只是理想课堂的价值取向之一。高效课堂不一定是理想课堂,但,理想课堂一定是高效课堂。

问:高效课堂某种程度上彻底改变了师生关系,高效课堂应该建立一种怎样的师生关系?

卢:高效课堂中的师生关系,较之传统课堂,发生了根本性的变化:

传统课堂中,教师和学生的角色是相对固定的,老师就是老师、学生就是学生;高效课堂中的教师,既是老师也是学生,高效课堂中的学生,则既是学生也是老师。他们的角色可以根据需要不断转换,从"官教兵"到"兵教兵",再到"兵教官",真正实现"教学相长"。

传统课堂中,教师和教材是学生唯一的知识源;高效课堂中,知识源变得非常丰富,除教师和教材外,每一位同学也都成了其他同学的知识源。

传统课堂中,教师依"教案"组织教学;高效课堂中,没有"教案",只有"学案",师生围绕"学案"共同探究问题。最好的"教案"就是"学案"。

传统课堂中,教师抱着学生走,或者牵着学生走;高效课堂中,教师激发学生自己走,或者相互搀扶着一起走。

传统课堂中,教师是"背桶人",学生是"敞口杯";高效课堂中,师生都是"挖井人"。

传统课堂中,信息传递的方式,是"一对多";高效课堂中,信息传递方式多元,既有"一对多",也有"多对一",更有"一对一"、"多对多"。

问:高效课堂上,教师的作用和角色定位(这一点对改革中的教师树立信念非常重要)如何,这种角色定位和教师专业化发展之间有什么关系?

卢:教师是引导者,策划者,合作者,服务者,开发者。

教师是导游不是领导,要引导学生作自助旅游,不是领着学生沿固定线路参观;教师是导演不是演员,要在幕后策划、指导学生去展示,将学生置于聚光灯下,不是自己霸占讲台说长篇评书;教师是朋友,既是精神的同道,亦是学习的伙伴,教师不是裁判兼警察左手握真理右手握大棒;教师是服务生,要俯下身子为学生服务,将姿态降低,将心胸放大,教师不是挂在墙上的圣人像,等着学子们来膜拜。

这种角色转变更有利于课堂形成这样的特点:由官教兵,到兵教兵、兵练兵;到兵带兵、兵管兵;再到兵促兵、兵强兵;最终走向兵教官,官教官。这就让我们寻找到了教师专业成长的最佳模式:实践—反思模式;最简捷的方法:开放课堂;最有效途径:校本培训、校本教研。

问:您认为,好课的标准是什么?

卢:好课应当有如下特征:

充满人文情怀,闪耀智慧光芒,洋溢成长气息。

《学记》有言"道而弗牵,强而弗抑,开而弗达"。我以为此乃好课的不二标准,古今中外,概莫能外。

好课应该是预设和生成的统一,是内容和方法的统一,是主导和主体的统一,是开与达的统一,是严与爱的统一,是导与牵的统一。

朱永新先生提出理想课堂六度——参与度、亲合度、自由度、整合度、练习度和延展度,可以作为好课的具体指标。

关　键　词

翔宇学生眼中的"理想课堂"

课改像一阵清新的春风,使整个校园焕发了无限活力。昔日沉闷的课堂如今已变得热闹非凡,开始还有些羞涩的同学们如今都练就了一副好架势,在讲台上口若悬河、神采飞扬。大家不再是被动接受知识,而是在知识的海洋中任意畅游。大家不再是厌学、惧学、死学,而是乐学、向学、善学。

——宝应中学　高二(17)班　张　竹

在新的课改模式下,全班同学对各学科的学习更加深入,表述能力也有进一步的提高。通过不停地学习、锻炼,同学们在讲台上的紧张程度明显下降,许多不良的学习习惯也在课改中得到了指正,学习能力也得到了提升。

——宝应中学　高一(2)班　顾　悦

自我在宝中第一次接触这种全新的课堂模式到现在,已经有一个半学期了,但最初的那种激动仍难以忘怀。它不仅让我们学得更加主动,更加自信,而且让我们变得更爱学习,更会学习。它激发了我们学习的探究欲,调动了我们的思维,提高自我展现的意识,培养团结合作的能力,让我们在各个方面都得到充分发展。我们已习惯大胆地表达自己的见解和看法,同学间的合作交流、鼓励评价也越来越多,老师们在评价我们时增加了鼓励与肯定,极大地调动了我们的积极性。现在的课堂,充满了活力,充满了思维碰撞的火花,这样的课堂,才是值得我们信任的课堂。

——宝应中学 高一(3)班 徐小雨

欣赏于台上同学的思维敏捷,敬佩于台下同学的勇敢质疑。所有的才思在此时聚集融会,每个人的思路如大道般不断延伸交汇。这是生命的狂欢,这是知识的超市。这就是我们的课堂!

置身于课堂之中,感受着轻松愉悦的氛围,体悟着各种思维的精妙,我不禁感叹:"课改真好!"

仍记得从小学到初中的课堂模式,"标准"与"规矩"限制着我们,思维单一,内容枯燥,我们总是被动地接受。如今,我们自己学,大家帮着学,学习就是一个主动探索的过程,关键时刻老师精准地点拨,更让我们拨云见日。

随着时间的推移,我们感受到自己的学习能力不断提高,思维愈加活跃,连表达能力也都大大改善,我想这对我们的未来大有裨益。感受着课改的美好,我坚信在宝中的课堂上,我们一定能实现自我的飞越!

——宝应中学 高一(32)班 沈 甜

江苏东海黄川双语学校

学校档案

位于东海县黄川镇驻地,始建于2004年,学生800人,18个班级,专职教师42人。

学校严格遵循教育教学规律和不同年龄段学生的生理、心理特点,注重激发学生学习兴趣和心理健康教育,设有电脑、英语、书法等兴趣小组,同时开设写作、棋艺、球类、舞蹈、健美操等选修课,充分体现学校的特色教育,让来这里的孩子有一个充分发展的空间。

经过全体师生的共同努力,学校办学条件不断改善,办学质量稳步提升,学校越来越为社会所了解、肯定和称赞。2008年下学期,黄川双语学校开始课堂教学改革,督查和课改考评工作成为亮点。

课改档案

课改"督察队"

——黄川双语学校课改透视

2009年下半年,江苏省连云港市在全市推进"三案·六环节"课堂教学模式。位于连云港市东海县的黄川双语学校则借此一夜走红,每天前来参观学习的学校一波又一波。

"我们也是从杜郎口学来的。"校长陈维光这样说,他说,两年前,通过《中国教师报》结缘杜郎口,从此开始了自己的课改长征。学校负责课堂"验评"的刁海军副校长也说:在今天看来,当时选择杜郎口是正确的。

抓课改不能手软

陈校长说,"抓课改不能手软"。在课改开始不久,他们就成立了课改督察队,并硬性规定:必须改!无论是谁,都必须按照模式去上课。尊重模式就是尊重课堂效益!

课改"督察队"共有5人组成,分别由一名校长、学科主任、年级主任、班主任和教师组成,陈维光亲自挂帅,并规定督察队属学校的一级权力部门,课堂督察结果直接与教师聘任、评级、奖金挂钩。他们不仅要"督",要"查",而且还要从细微处"察"出问题,并适时指导。为了充分发挥督察队的作用,他们制订了黄川双语学校"六环节"高效课堂评价标准。

"六环节教学与评价标准"分别从学习目标、具体内容、时间分配、学生展示的要求、小组学习、导学案的编写以及教师点评等作了具体而翔实的规定要求。督察队成为课堂教学的"质检组"、"电子眼"和"诊断处",他们成为黄川双语学校校园里一道别致的教学风景。他们采取不定时的方式对所有任课教师进行课堂抽查,或者推门任意听取某位教师的某一节课,然后随机予以打分,根据得分进行每周各天的"听课排序",排名靠后的直接处罚,排名靠前的当场奖励。

"查"什么

"查"的是"上课计划表"。

督察队主任胡波涛介绍,黄川双语学校的一大特色是有专门的上课计划表。这个张贴在学校办公楼点名室里的表格,集中体现了学校教学管理的条理性和计划性。

"老师第二天要上什么课,头一天是要做好计划的。也就是说你计划怎样上、如何上?这就杜绝了老师们以往上课的随意性,很好地规范了教师的教学行为。"当然,计划表和原来的教案是有区别的,教案更侧重于教师如何"教",而计划表侧重于如何教学生"学"。

在上课计划表上,笔者看到,年级、学科、课题以及课型选项中的预习、展示、反馈等一目了然、十分明晰。

督察队另一督察的重点是导学案。

如果说计划表是"督察"课堂的路线图,那么导学案则是学生学习的路线图。按照学校要求,计划表还要附上导学案,这样的"表"、"案"结合,才被视为是完整的。

黄川双语学校教师的导学案要求提前一周做出准备。他们一般采用个人单独提前备课的形式,等第二天上什么课时,由授课教师提前一天将导学案一式两份分别交给学科组和督察队。督察队则随时可以走进课堂予以督察。

导学案的实效性是督察的重点。他们围绕课堂是否严格按照导学案预设的程序进行,是否存在缺乏知识逻辑的跳跃性,是否有预设性不够的问题,拓展、提升、迁移是否到位、准确进行严格的考量。

按照课堂教学的"六环节"规定,黄川双语学校要求每一份导学案上,都要有"达标测评"的内容,在课堂的最后五分钟用以检测学生掌握知识的情况。在"达标测评"环节,黄川双语有自己的独创,先是由每个小组长组织本组测评,然后再由不同的小组对调,由不同组的组长评改。对于测评不过关的同学,教师要记录在"达标测评记录本"上,而这个本子也是督察组检查的重点。对于课堂不过关的同学,黄川双语要求教师要重点予以关照,并和其所在小组的同学一起研究如何帮扶,经过小组帮扶后,还要进行二次测评,坚决不让每一个同学掉队。

教师论坛是"督察"的又一个内容。

每两周,黄川双语学校都要根据课改中出现的问题举办一次教师论坛。论坛主要是由督察队围绕着课改困惑来选题。如教师如何做好即时性评价、如何激励学生发言、如何发挥小组每一个同学的作用等等。在"如何强化小组的作用"这期论坛里,督察队就是根据长期困扰老师们如何更好地发挥小组的作用展开的。

太"严"了

学校对督察队成员具有很"严格"的要求。

听课要求:每天至少听两节课,听课后与任课教师交涉并做好记录;每天早上把检查的结果公示展评,字迹工整,打出分数,列出优缺点;每天填写听课汇总表,每月对年级组、学科组的教师上课整体水平排序(跨年级跨学科取平均分),听课时必须认真负责,留有记录,作为依据。

他们甚至对导学案的收取都要"严"要求:每天"早点名"前后收取全体教师当日上课的导学案,根据上交的及时度打分记录;听完一节课后根据导学案实效性给本课导学案打分,做好记录;每月根据以上几点,给本学科教师的导学案排序。

而对于"课堂实效"要求，更是毫不含糊：每位教师必须制订出适合本学科的、切实可行的、具有实效性的加分等评价制度，教师间要互相借鉴。能让学生上课有精神、注意力要集中、要积极参与；学生分组合作中既要理清思路、知识点，也要完成分工的任务；小组展示中必须脱稿；小组展示时要有学生知识的生成、知识点规律的总结、合理的拓展，鼓励学生采用多种方法解决问题；教师在学生分组合作中一定要积极参与、指导；教师要变批评为鼓励性评价。评价要有导向性，要多采用即时评价。

督察队还要负责对学生常规检查，要求做到"四个每"，即每日公布"值日班"检查情况，每月汇总各班常规得分、排序；每月评选出文明班级、文明宿舍；每月给年级组常规管理排序。

他们还在教师管理中推行"月校会"制度。除了表彰月测评单科冠军、总分冠军、优秀年级、优秀学科组、每班展示之星、优胜小组、进步之星，以及下月活动安排、工作重点计划等之外，校长还要做上月总结，对不足之处，通过现象概括、典型实例、积极引导等。

民办学校要念好"改"字诀

在黄川双语学校，"改"几乎成为一种人人耳熟能详的口头禅。陈维光说，我们民办学校，正是靠这个字，从"夹缝"中走出来的。

他说，当初刚创办黄川双语学校时，学校的生源极差，我们是"捡"了别人不要的孩子，一方面，是条件逼迫我们"不得不要"，另一方面是教育的良知让我们"不得不要"。正是因了这样的"不得不要"，我们才敢于率先在东海县实行课改。

可课改怎样改？陈维光说，当时自己也很懵懂，但他认定，不管怎样改，都必须想法解决一个"学"的问题，但要让基础如此之差"不得不要"的学生学进去，就必须找到"适合他们的方式"。可这样的"方式"是什么样的？他说，就得"还权"，可让教师"还"，不"还"怎么办？如何"还"才能达到效果？

这时候，他们读到了《中国教师报》对杜郎口的报道，于是将目光聚焦到了山东杜郎口中学。黄川双语学校一位老师是这样描述杜郎口中学带给他的四个"震惊"的:一震惊于学生的字(在地板上写字板书);二震惊于学生的语言表达;三震惊于老师的干劲;四震惊于学校及时有效的反思体系。

语文学科主任刘洪菊老师百感交集,"课改不仅让黄川双语学校'脱胎换骨',也让我从此对教学真正有了彻底的'觉悟'。"

校长档案

陈维光校长

1962年出生,本科学历,1982年参加工作,任校长18年。

2003年创办东海县蔷薇初级中学,2004年创办第二所民办学校——东海县黄川双语学校,任董事长、校长。

热爱教育事业,打破传统的教学样式,大胆实施教学改革,狠抓素质教育,强力推进高效课堂模式。

校长谈

如何让学生想学

陈维光

商人追求的是高利润,农民追求的是高产量,老师追求的是高质量。怎样才能获得高质量呢?学生学习的时间是有限的,只有向45分钟要质量,提高课堂效率,打造高效课堂。

学生是学习的主体,课堂能否高效,关键在学生。

让学生想学。那些不想学的学生,大脑始终是关机状态,老师讲得再好,他也是听不进去的,收不到任何信息。因此让学生想学,让他们的大脑处于开机状态,能接收信息,愿意接受新知识,是我们要做的第一项工作,让学生对学习的态度是如饥似渴,像饿汉扑在面包上。

目标激励。让学生树立远大理想,有奋斗目标,如周恩来总理"为中华之崛起而读书",让每一个学生都有自己的目标,让他们都知道"知识改变命运"的道理,不学不行。

我们结合班级文化建设和小组团队建设强化学生的目标意识。让学生为自己的班级和小组起名,很多同学都积极动脑筋,结合自己的目标,起出很多新颖别致的班名、组名,比如班级,有英才班、卓越班、奋斗班、雄鹰班、奉献班等等。组名有:常胜组、和谐组、努力组、拼搏组等等。我们把班名与班徽制成彩色的牌子张贴在教室显眼的地方,让学生每天都能看到,以此激励他们努力拼搏,早日成才。

兴趣培养。兴趣是最好的老师,课堂变得生动有趣,能吸引学生,把难题变成乐趣,学生在学习中有成就感,感受到获取知识的快乐。在上展示课时,我们让同学围绕课堂的教学目标上挂下连,左顾右盼,或谈或说,或评或辩,或者以演小品、歌舞等艺术形式把自己获取知识的过程、收获呈现给大家,把死板的课堂上得生动活泼、妙趣横生。

营造氛围。山东昌乐二中教室的墙面都办成学习园地,跑操前都拿着东西在记、读，在浓厚的学习氛围中，不想学的学生都受到影响，变得想学了，爱学了，营造好的学习氛围是我们工作的重点。

我们学校也吸收了兄弟校的先进做法，投资近万元，打造文化校园。我们把墙裙变成"知识墙"，在教学楼的楼梯过道、墙柱上都贴上了名人简介、名人名言、古诗赏析、世界之最等知识，让学生在举手投足间就能学到知识。我们还开办班级图书角，每班有书架，为学生的阅读提供便利，让他们充分阅读，开阔视野，陶冶情操。

高效课堂，始于教师，源于学生，是一场"围绕学生，服务学生，激发学生，在于学生，通过学生，为了学生"的改革。如何让学生想学，打造高效课堂，全面提高教育质量，是历史的必然，时代的呼唤。

关　键　词

黄川双语学校展示课片断

主持人 A　同学们，你们是不是常常为记不住字词而苦恼呢？

主持人 B　那么就请你收看我们"字词一点通"节目吧。

主持人 A　它会交给你打开字词之门的金钥匙。

主持人 B　相信你会有很大的收获。

主持人 AB　下面有请我们栏目请来的文字专家陈子浩先生上台，为大家解读。

陈子浩　我认为学字词的方法很多，也很简单。我先听听大家的看法。

(学生纷纷举手,说出自己学习字词的方法。)

陈子浩　好,现在我来总结学字方法:①借助拼音,读准字音;②分析字形,弄清结构;③比较组词、加深记忆;④查字典,弄懂意思;⑤组词造句,学会应用。

主持人A　刚才听了专家的指点,现在大家是不是找到金钥匙了呢？请大家谈谈。

(同学们积极参与发言。)

主持人B　下面请词语博士孙子恒为大家介绍学词语,理解词语的方法。

孙子恒(略)

(一组其余四位同学分别上台展示,学字学词的过程,现场点名试读字词,指名领读,纠正读音,辨别字形,记字,组词,解义。"书法家"还就结构复杂的字作讲解并示范写法,关键部位,重点笔画还用红笔标出来,让大家注意。)

主持人AB　本组展示完毕,请下组点评并展示。

(二组展示)

主持人C　大家都知道生字词是阅读的"拦路虎",听了一组的指点,我们真的想通了,现在障碍扫除了,你们是不是有一"读"为快的冲动呢？

主持人D　请大家打开书,让我们走进"美文'悦'读"吧。

主持人AB　首先请双人组合上台,大家欢迎。

(双人组合阅读。)

主持人C　刚才双人组合怎么样？谁来点评一下？

(在大家充分点评后,主持人总结精彩处读精彩的要点:①读准字音;②语气适当;③注意自然停顿;④语速重音;⑤高低变化;⑥注意按提示语读出人物的感情。)

主持人D　接下来,请自由组合展示。

(读后主持人强调注意点。)

(二组朗读展示结束,其他组纷纷走上前台挑战。)

主持人C　怎样才能把文章读得更精彩？

主持人D　请朗读专家焦垚垚同学为我们讲解并示范指导。

(焦垚垚同学讲解要点,示范朗读。)

主持人CD　本组展示完毕,请听下组同学的点评和展示。

江西武宁宁达中学

学校档案

　　创建于2001年秋,占地面积138亩,建筑面积9000余平方米。是由张项理投资兴建的一所全日制民办初级中学。经9年艰苦创业,学校现发展至15个教学班、50多名教职员工、800余学生的规模。学校先后荣获"九江市优秀民办学校"、"九江市素质教育示范学校"、"江西省规范管理先进单位"、"江西省创新发展先进单位"、"全国教育改革特色学校"等殊荣。《经济日报》、《中国改革报》、《中国教师报》、《江西日报》、江西卫视等新闻媒体多次报道其办学成果。

　　秉承"科研兴校"的办学思想,现在的宁达中学正以课堂教学改革为突破口,驶入发展的快车道。2006年秋,在广泛学习国内外先进教育理念和课改经验的基础上,立足自身实际,学校开始了新一轮教学改革的序幕。这场自命名为"构建自主式、开放型课堂"的教学改革,变革的内容主要有两块:一是改革备课模式,由备传统意义上的教案改为备集教案、学案、资料、练习于一体的师生共用的教学文本——《课堂指南》;二是改革课堂模式,课堂改老师讲、学生听,老师问、学生答为学生自主学习、展示交流、反馈测评。通过备课模式和课堂模式的变革,把老师的主动权、出彩权放在了课前,而把课堂的主动权、出彩权充分交给学生,从而真正落实新课标"教师为主导、学生为主体"的理念,形成真正意义上的高效课堂。

课改档案

从"课改"到"教改"

——三访宁达中学

这是笔者第三次探访江西武宁宁达中学。因课改成名的宁达,如今,每天都有不少学校慕名前来参观学习。校长张项理对老师们说,宁达要忘记所谓的成绩,敢于"二次起跑"。

因此,宁达中学没有一味强调学生做题巩固、应付考试,而是将学生们放进图书馆,引到户外,从而开发出"大阅读"和"综合社会实践"两门校本课程。他们还揪紧"教与学"这个关键,围绕着"教师主导",出台了一系列规章制度,从而使主导和主体真正落到了实处。

在教学过程上,他们继续完善课改模式,形成了"目标教育—养成训练—教师指导—互助检查—总结评优"五个环节,把养成教育、班队活动、课外生活,融进课堂教学中,从而整合为一套"育人模式",完成了从"课改"到"教改"的飞跃。

黎刚刚同学这样说:"我们在课堂上唱歌、跳舞、演小品相声、绘画、朗读,快乐极了!"

张项理说,现在宁达的课堂真正体现出了"学习的狂欢"、"精神的成长"。

江西省"重点课题"——"自主式、开放型课堂研究"

付臻是宁达中学一位普通的化学老师,在2009年下半年的九江市说课比赛中,评委们对付老师呈现的宁达中学课堂模式评价很高。他一举夺得了全市比赛的最高奖特等奖,这在九江市各县的农村中学中是极少有的。

李玉琳老师现在是初一(4)班的班主任、英语教研组组长。在她的班上,潘朝宇同学开学一个月从未在班级上发过言。在学习小组其他同学的带动下,他渐渐跟上了"节奏"。在一次有20多位老师听课的公开课上,潘朝宇第一次勇敢地站了出来,响起的却是出乎他意料的掌声,这掌声不仅来自小组内、班内的同学,还有听课的老师们。课后,他兴冲冲地找李玉琳谈感受,言语中充满着对展示的向往和表现的渴望。

这是宁达中学"自主式、开放型"课堂的典型缩影。一年多来,宁达中学一方面把小组学习和常规管理中的小组联系起来,以小组讨论和合作探究的形式,挖掘每个同学的潜力,激励他们积极参与小组合作学习,一方面寻找并研究一种载体——《课堂指南》,引导学生投入到自主、高效的学习中。

2008年春,宁达中学的"自主式、开放型课堂研究"成为江西省中小学教育教学课题研究的综合性重点课题。2009年下半年,课题顺利结题。该课题从心理学的感知过程研究入手,将教育学的建构主义认识论结合到教学中——学习应该是一个主动地建构知识的过程。学生知识的重组、改造、丰富,是通过大量的探索和试验,自主建构而实现的;教师有责任创造一种良好的学习环境,在学生学习的过程中,向学生提供指导和帮助,使学生通过自主、合作、探究、交流等学习形式,完成新知的建构。

"课堂上,学生自己观察、表述、思考、动手、总结,由被动接受变为主动探究,不仅学会课本上、资料书上已有的知识,而且逐渐由学会达到会学,为终生学习打下了坚实的基础。"张项理校长向我们阐释和介绍了实施"自主式、开放型"课堂的意义。显然,在过去的一年多时间中,学校对课堂教学改革的认识更加深刻了。

宁达中学的"自主式、开放型"课堂,还围绕着"课堂模式",配套探索出了导学案式的"课堂指南"、课堂评价标准等,从而把课改引向了纵深,一跃而成为武宁县和九江市的课改品牌学校,江西省知名的课改学校。宁达还有另一个美称——"江南杜郎口",宁达师之杜郎口,一个在江北,一个居江南,课改双星闪耀,相映生辉。

2009年夏天的中考,受益于"宁达课改模式"的第一届毕业生,168名学生,全部升入高中,总平均分依然是全县的第一名,实现了中考的"七连冠"。

"三轮驱动"——薄弱地区也能办好教育

薄弱地区能否创办出好教育?办学8年,宁达中学的异军突起告诉我们:教育只要找到规律,抓住本质,不仅可以赢得生存,而且能够创造奇迹。在谈到从课改到教改的经验时,张项理形象地概括为"三轮"驱动:一是课堂教学,二是常规管理,三是校园文化。这也被形象地称之为宁达课改的"三驾马车"。

张项理时常和老师们讲三者之间的关系:如果把学校教育比做一棵大树,那课堂教学就是鲜艳的花朵、丰硕的果实;常规管理就是粗壮的茎干;而校园文化则是深入地底的根系。

"自主式、开放型"的课堂教学模式开创出了课堂的高效,使宁达中学飞速发展。课堂教学是学校教学工作的主阵地、主渠道,是学校其他一切工作的轴心,宁达中学坚持"没有教不好的学生"的目标,紧紧抓住高效课堂教学,把课堂还给学生,让学生真正成为课堂的主人。

常规管理是宁达中学一切工作开展的基础,是德育工作的主阵地,是学生学会做人的主渠道。因此,宁达中学在学校创办之初,经过反复讨论,明确提出常规管理要体现一个"细"字,包括"详细"、"精细"、"细节",抓好师生身边的小细节,解决教书育人的大细节。

从高处着眼、从细处着手也是宁达中学管理的特色。高处着眼,就是高标准。对学生成人,行为规范,道德标准要高,力争使学生成为一个有优秀品格、高尚道德的人;细处着手,就是制定制度要详细,发现问题要心细,管理手段要精细。抓住学生生活小细节,解决教书育人大问题。

张项理常说:"简单动作练到极致就是绝招,把常规管理做到极致即是创新,而让创新回归常态即为成功。"

校园文化——为每一个孩子创设展示舞台

道德有形,无处不在,养成习惯,重在过程。宁达中学在培养学生的行为习惯上,严格管理,重在细节,努力使学生在管理过程中由合格走向优秀,走向卓越。

宁达中学有一个初三年级的学生,全年级前五名的尖子,期末考试在考英语科目时,她将试卷主动给要好的同学抄袭,被发现后该科成绩判为0分,失去了获得学校奖学金的资格。张项理校长说:"虽然学校在中考中少了一名尖子生,但学生在校几年,如果'诚实'两个字都不能教给学生的话,那才真是害了学生。"

德育无形,重在熏染,环境育人,润物无声。没有文化的学校是浅薄的,没有文化的学校是没有灵魂的。

宁达中学在创办之初,张项理校长就提出了把学校办成"学园、乐园、花园"式的学校。因此学校非常注重校园环境建设。尤其是注重校园文化建设的品位。无论是自然环境还是文化内涵,都精心雕琢,细心美化,让学校每一个角落、每一块墙壁都能说话,努力让每一个置身于宁达校园的人,都能时时处处感受到绿色的启迪,人文的感染,书香的滋润,科技的熏陶,真正成为师生的精神家园。

宁达校园大门两侧陶行知先生的"千教万教教人求真,千学万学学做真人"楹联,让人体味到耐人寻味的儒雅书卷之气;"宁达之舟"的雕塑寓意宁达师生耕波犁浪,驶向成功的彼岸;人工湖清波荡漾,映衬绿树青山;长堤边垂柳依依,伴着碧荷亭亭,整个校园灵气涌动生机盎然;湖边有石桌、石椅、石凳,师生们小憩湖边,既可览湖光山色,又可以放松心情,还可品味湖边围栏上的文化长廊增长知识。

多给学生一个展示的平台,学生就多一条成功的通道。学校教学楼和综合楼,每层楼的墙壁上都悬挂了师生们对教学的探究,对人生的感悟;《远帆》文学社学子们的习作之花绚丽多彩；新闻采编组的小记者们用他们的眼睛去寻觅真善美，用他们的心灵去感受新生活；音乐教室传来了演唱英语歌曲的旋律；"小博士"信箱正引领着学子们去探求科学问题的答案；运动场上，孩子们生龙活虎，你追我赶；书画厅里，孩子们泼墨挥毫，意气风发；擂台赛中，孩子们八仙过海，各显神通……每学年的手抄报评比、书画作品展、校园歌手大赛、才艺大赛、朗诵比赛、演讲比赛、元旦文艺演出、田径运动会和球类运动会等都是孩子们自我展示的大舞台，张扬个性的练兵场，宁达中学处处都洋溢着浓浓的文化氛围。

正是由于宁达的这种时时讲文化、处处有文化的校园文化建设，使学生从进入宁达后，就变得越来越有礼貌，越来越有秩序，越来越有品位。在宁达，和谐校园已不是空话。

笔者在写稿时，宁达中学又报来喜讯：地理教师黄芬获得九江市初中地理优质课比赛第一名，将代表九江市参加江西省的比赛。

我们期待宁达的教改给大家带来更多的惊喜……

校长档案

张项理校长

1964年9月出生，华中科技大学研究生学历。曾在广州空军某部服役，其间曾担任连团支部书记、师宣传干事，后在武宁县教育局工作，后下海经商，2001

年创办武宁私立宁达中学。获得第四届全国十佳民办学校校长、第五届全国十佳中学校长。中国名校共同体副理事长,中国教育学会初中专业委员会常务理事,中国教育学会农村教育分会常务理事。

校长谈

张项理课改语录

* 多给学生一个展示的平台,学生就多一条成功的通道。

* 创办人人平等的普适教育,创造适合每个学生发展的教育,让学生成为最好的自己。

* 教育只要找到规律,抓住本质,不仅可以赢得生存,而且能够创造奇迹。

* 常规管理的最终落脚点是"秩序","秩序"的最终落脚点是让学生"成人"。

* 简单动作练到极致就是绝招,把常规管理做到极致即是创新,而让创新回归常态即为成功。

* 一片田园荒草遍地,最好的除草法是种起一片庄稼;清除人思想上观念上的荒草也是这样,最好的除草法,是建立起一种新的理念,这样旧的落后的观念就会被取而代之了。

* "问题学生"其实就犹如生病的孩子,只有用老师的爱心、关心和操心才能转化他们,让他们重新获得对生活的信心。

* 一个学生对一所学校来讲,他是几百甚至几千分之一,但对于一个家庭来说,却可能是唯一,放弃一个孩子就等于毁掉了一个家庭。

* 如果把学校教育比做一棵大树,那课堂教学就是鲜艳的花朵、丰硕的果实;常规管理就是粗壮的茎干;而校园文化则是深入地底的根系。常规管理让学生"成人",高效课堂让学生"成才",校园文化则是让学生"提高品味"。

* 教育博大精深,智慧浩渺,假如能把好的经验传承下来,然后在实践中再加以创新,那一定能找到发展的途径。

* 课堂唯一的主人是学生,校园唯一的主角同样是学生。教是为了不教,教是为学生的学服务的,教学就是"教"学生"学"。

＊没有形式哪有内容？不照葫芦画瓢,又怎么能学到杜郎口的精髓？要照搬照抄,唯有"继承"才能有"生成"！亦如学书法,必须先临帖,临好了贴才有可能破贴。

＊模式是课堂标准,就好比企业的产品标准,教育面对的都是人,符合人特性的教育哪里分什么乡下城里,分什么公办民办？

＊课堂上,学生自己观察、表述、思考、动手、总结,由被动接受变为主动探究,不仅学会课本上、资料书上已有的知识,而且逐渐由学会达到会学,为终生学习打下了坚实的基础。

＊假如开放是高速公路,那学习就是汽车,而自主性就是汽车的发动机。有了路,有了车,才有了路线图,宁达从此从传统课堂教学的低效、无效甚至负效里"驶"出来,走向了真正高效课堂的"知识的超市、生命的狂欢！"

＊高效课堂不仅是把时间还给学生,也是把个性和尊严还给学生,把质疑的权利和知识的迁移能力还给学生。

＊有些家长之所以反对"改革",是因为有些学校自己把"改革"和"素质教育"搞歪了。弄得家长现在一提素质教育就认为学生不学习了,一提改革就担心以学生的学习成绩为代价。在升学还如此重要的今天,家长重视成绩无可厚非。所以我想说,我们不要怪家长,只要课改改对了路子,真正尊重教育和学生成长的规律,家长肯定会支持。

关 键 词

宁达中学 2009—2010 学年上学期课改攻坚方案

(2009.11.16—2010.1.17)

一、攻坚内容

1. 改进《课堂指南》版面模块和内容。

2. 定型"自主式、开放型"课堂各学科操作模式。

3. 逐步形成"自主式、开放型"课堂教学理论。

4. 改革听课评价方式。

5. 调整课表编排,集体备课落到实处。

二、攻坚目标

1. 增强《课堂指南》的可操作性和实用价值,质量有较大提升,体现:

(1) 学习自主性强,练习针对性好,掌握巩固性牢。

(2) 展示学习内容要能突出重点和难点。

(3) 测评反馈题目难易适中,时间适合。

2. "自主式、开放型"课堂各学科操作模式和程序基本定型,教师能熟练运用,体现:

(1) 学生为主体,教师为主导。

(2)积极推进"自主、合作、探究"的教学方式。

(3)学生积极参与,真正进入学习状态,课堂活跃。

(4)形式与内容相结合、方法与效果相统一。

3.打造一批有"自主式、开放型"课堂教学理论又有学科实际教学能力的课改带头人。

三、领导机构

略。

四、实施步骤

1.第12周(11.16—11.22)

目标:各学科组明确本学科《课堂指南》改进方向和内容。

方法:各学科组集体研讨(学习其他学校的导学案、总结我校《课堂指南》的优点和不足),确定本学科《课堂指南》改进的内容和版面设计模块。各备课组按改进要求备课,在课堂实践中试用检验。

成果:各学科《课堂指南》改进计划方案和新版面设计模块的《课堂指南》初稿。

2.第13、14周(11.23—12.6)

目标:各学科新《课堂指南》基本定型,能较好服务于课堂。

方法:各备课组边实践试用边改进,学科组汇集各备课组改进意见,收集学生使用的意见,新《课堂指南》基本定型。

成果:各学科新《课堂指南》汇编(各学科每年级一份)。

3.第15、16、17、18周(12.7—1.3)

目标:"自主式、开放型"课堂各学科操作模式确立。

方法:各学科组织学习其他课改名校的资料、视频,学习本校优秀教师的课堂,加强研讨总结,在实践中改进,确立本学科"自主式、开放型"课堂操作模式。

成果:各学科操作模式说明,各学科组内交流课(每人一节)。

4.第19、20周(1.4—1.17)

目标:推出各学科课改带头人。

方法:校级赛课,每组不少于两人参加。

成果:成长一批各学科课改带头人即课改明星。

五、攻坚要求

1.听课真正达到学习、促进、提高的作用,攻坚期间每个教师每周听课不得少于3节。

2.领导小组成员要起带头作用,共同做好各教研组考评,教研组长做好各组内考评。

辽宁沈阳立人学校

学校档案

创建于1996年5月,是由李志信先生投资兴办的一所民办学校。学校占地面积5.38万平方米,建筑面积4.2万平方米,总投资5000多万元。现有60个教学班3600余名学生,教职工265人,专任教师165人。

学校以"面向三农,办平民学校,办优质教育"为办学方向,秉承"务实兴校,育人报国"的办学宗旨,以"超前的办学理念,优越的办学环境,卓越的办学特色,先进的育人模式,浓郁的学校文化"不断优化学校的内涵发展质量,增强核心竞争力,向创建"全国名校"的办学目标奋进。

学校全面贯彻教育方针,全面实施素质教育,不断深化课堂教学改革,汲取山东杜郎口中学等全国课改名校经验,结合学校实际,创立了"整体教学系统"。师生在课改的平台上,充分张扬个性,施展才华,学生的综合能力和教师的专业素质不断提升。

学校曾先后荣获"国家教育质量管理示范基地"、"中国教育学会初中教育专业委员会教育改革实验学校"、"中国教育学会初中教育专业委员会教育改革特色学校"、"辽宁省民办教育优秀学校"、"沈阳市民办教育优秀学校"、"沈阳市体育特色学校"等近百项殊荣。

课改档案

立人学校的"整体教学系统"

2009年8月10日至8月12日,由《中国教师报》联合辽宁省教育厅主办的"盛京亮剑"第六届中国名校长峰会在辽宁省沈阳市召开。众多来自全国各地的知名校长云集峰会,围绕课改话题,"煮酒"纵论。其中代表辽宁省交流的是沈阳市立人学校,他们的典型经验引起了与会代表们的高度关注。

近年来,沈阳市立人学校一直致力于课堂教学改革的探索,取经借鉴山东杜郎口和河北围场天卉中学,逐渐形成了一套较为完整的具有自主特色的"整体教学系统",被同行们赞誉为"辽沈大地上的杜郎口"。

不一样的"整体教学"

立人学校的"整体教学系统"从"知识导图"导学出发,大胆打破原有教材结构,进行重组,坚持学生的"学"为根本,从教学方式和学习方式的转变着手,构建特色育人模式。

几十年从事教学工作的李志信董事长这样介绍:"通过科学的手段对现有教材重新整合,从而形成一个全新的知识体系;然后经过学习过程的加工,让学生能够在课后通过知识导图与课前的导学案相互认证,真正实行了大循环教学。而且整体教学系统的构建,进一步明确了教师教学的责权利,更便于学校建立一切以教学为中心的管理体系。"

具体地说,立人学校的"整体教学系统"可以概括为"一、二、四"。

"一"是根据整合教材后的知识体系明确定位一节课的教学内容;"二"是用自学课和验收课两种课型完成教学任务;"四"是在教学中按照"目标明确、指导自学、合作探究、训练验收"四大教学环节操作,完成学习目标,实现课堂高效。

学校校长李洪江向我们介绍,"自学课"顾名思义就是让学生"自学",即自主合作探究,要求学生带着导学案中的自学提纲(分为学习目标、自学问题和学习方法),进行有序的独学、对学、组学;通过合作探究、展示交流、反馈测评、小结达标等操作过程,使学生对知识初步感知、认识、记忆与理解,从而掌握基础知识,形成基本技能,提升自学能力。"验收课"则是学生巩固提升所学知识,并应用知识解决实际问题的过程,以导学案为依托,以学生展示为主要形式,在教师的点拨、引领下,进行双基、拓展训练,让学生掌握解决问题的思路和方法,通过学生自主练习、小组合作探究、展示汇报、达标测评、训练验收,达成学习目标。老师们在设计训练题时,还充分体现出基础性、层次性和拓展性,满足各层次学生的需求,让学生们在不同的收获中都能获得提高。

先改教材

立人学校刚开始实施整体教学时,大部分教师都感到很困惑,无从下手。

"课改往深了做就得敢于给教材动刀子!"李志信董事长说,"谈改色变"视教材为禁区不利于推进课改,怎么办? 成立教材整合教研组!

他们将各年级组的教研组长组织起来,在现用教材的基础上,吸纳各地不同版本教材的优点,进行优化组合,打乱教材的排列顺序,进行科学的增减、重组和融合,形成学科系统的学科知识体系,进而绘出学科知识导学图、学期知识导学图、单元知识导学图和每节课的知识导学图。按照两年半的教学时间,制定出学年、学期、单元和课时的教学目标及教学进度,构建起整体的教学系统。

采访中,笔者看到了学生们正在使用的物理《信息的传递》一章的知识导图。在"信息的传递"大章节下,清晰地标注出需要11课时完成,具体分为《电话》、《电磁波》、《广播电视移动通信》和《信息之路》四个小章节;《电话》小章节下又分为《工作原理》、《电话交换机的作用》,《电磁波》章节下分为《产生》、《传播》、《波长》、《频率》、《波速》,《广播电视移动通信》章节下分《无线电广播工作过程》、《电视的工作过程》、《移动电话工作过程》,《信息之路》章节下分《为什么需要中继站》、《为什么要用卫星通信》、《光纤为什么能传递大量信息》、《什么是网络通信》。条目不多,看起来也极其简单,需要掌握的内容一目了然。在随堂听完的《广播电视移动通信》课中,同学们很快都掌握了需要了解的知识点。

知识导图与学习导图相互印证

立人学校"整体教学系统"的最典型体现则是知识导图,它包括每个单元形成的知识导图、节课知识导图等,立人课改的特色就是用这样的导图组织教学并给课堂做小结测评。

学校督导室副主任于淼老师向我们介绍:"根据单元知识的导学图,可以很容易引领学生对知识进行梳理,形成知识链,织成知识网。"

这还仅是立人学校的单元知识导图,学校还有学科知识导学图、学期知识导学图,甚至每节课都有知识导图。立人注重知识导图的编制要求,这就客观地促使教师既能把握知识之间的逻辑联系,还要注重对学生学习方法的研究,有力地转变了教的方式,转变了教师的课堂观念。

另一方面,从对学的要求出发,立人学校还大胆地尝试让学生使用习得的知识自己编制学习导图。学生们通过自学课和验收课完成学习后,利用自主练习、小组合作探究、展示汇报、达标验收、达成学习目标等流程,要求他们重新梳理知识点,形成自己的课节知识导图,然后与教师的知识导图相印证,以检验到底学得如何。不仅如此,他们还要把每节课形成的知识导图纳入单元知识体系中,也要求学生编制出单元知识学图。

前来学校参观学习的老师们纷纷表示,整合教材后形成的"知识导图"与"知识学图"实用、效果好。

整体教学的五个突破

李志信董事长自豪地介绍,立人学校的"整体教学系统",实现了五个方面的突破:

首先是在备课环节上有了突破,学校把教师备课变成学生参与、师生互动的合作过程,教师形成导学案,学生编制预习的"导学图",导学案和导学图相互印证,导学案体现出来的是教师的课堂"愿望",而导学图则是学生学习任务、学习目标和学习过程的直接呈现,从而实现了课堂教学从"导"到"学"的飞跃。

第二,特别注重知识本身的"整体性"、知识规律的"连续性"和知识点之间的"连贯性"。整体教学强调知识点的"源头"在哪,并努力让学生通过新知识和旧知识的"勾连挂接",促使新旧知识在学习过程中"发酵",以生成全新的知识体系和知识能力。

第三,注重对"每一个"学生学习能力的考察,要求学生在"经历"和"经验"中对学习成果进行加工,以小组为单位形成"知识树"。学生自己编制知识导图的过程即是形成"知识树"的过程,每节课、每一个单元都要有知识树,学生人人都要参与到这个过程中。

第四,进一步明晰了教师课堂教学的"责权利"。通过教师对同类教学内容的"包干"制度,从知识导图出发,他们实现了知识的上挂下联,相互联结,相互衔接,突破了传统的年级教学界限,让教师跨年级实现"贯通"教学。

立人学校的教师们充满感慨地说:学校的"整体教学系统"是从教材出发,对教材实行第二次加工,加强了教材各知识点之间的联系,形成系统的知识体系,最终又回归到教材本身,使教师对教材掌握于胸,课堂教学驾轻就熟,提高了教师的备课能力,提升了教学效果。

其实,立人学校运用"整体教学系统"探索教学改革的出发点依然是育人。董事长李志信深有体会:"我们的教育要为孩子的终身发展负责。我们的课改,关注了学生个性发展和能力的培养,可以说高分高能集于孩子一身。"

校长档案

李洪江校长

1999年毕业于中国刑警学院。毕业后,毅然放弃去公安战线工作的机会,将自己的人生坐标定位在从教的职业上。先后在沈阳市立人学校担任过团委书记、德育副校长、副董事长、常务副校长、校长等职务。

他的人生格言是:我愿用真情关注师生的成长,用爱心营造和谐温馨的校园,用真诚的信念拥抱如歌的事业,用毕生的精力打造特色名优学校,让自己的人生更加灿烂。

2009年,被评为"全国十佳民办学校校长"。

校长谈

新课改让学生生命狂欢

李洪江

课堂应该成为知识的超市、生命的狂欢。

"知识的超市"体现的是对"学生"和"学习"的尊重性、选择权和自主性。

新课改理念的核心是"一切为了学生的发展"。尊重学生的人格与差异是教育的前提，教师要深入研究学生，承认差异，尊重差异。教师要关注每一个学生，因为学生是具有主观能动的人，具有强大发展潜力的人，而关注的核心就是尊重学生的人格，关心学生的发展，激励学生成长。用丰富的知识尽可能地发掘每一个学生的才能，尽力捕捉闪耀在每一个学生心灵深处智慧的火花，开发每一个学生的个性潜能，欣赏学生，鼓励成功，让每一个学生抬起头来走路，增强自信，快速成长。

要相信学生都有明确的学习目标和自觉积极的学习态度，能够选择自己的学习方法进行学习。在教师的启发指导下，能独立地感知教材，理解教材，并运用于实际。教师的责任就是要在课堂上为学生提供学习方法和丰富的知识信息，让学生各取所需，就像超市里为购物者提供琳琅满目的货物一样，满足各层次学生学习的需求。

自主学习不仅能开发学生潜在的能力，而且能激活、诱导学生学习的积极性，养成良好的学习态度和习惯，在教师的指导下，根据自身条件和需要自由地选择学习目标、学习内容、学习方法，通过自主、合作、探究学习，完成学习目标。

每一个学生心灵的天空中，都飞翔着梦想的精灵。立人学校始终立足于为学生的梦想创建符合素质教育要求的高效课堂，为学生的发展搭建展示才能的舞台，促使每个学生的梦想变成现实，让学生的生命更加激扬。

传统课堂的最大失误就是用课堂禁锢学生的思维，用知识封杀学生的想象。一个个充满自信、富于想象、富有个性的学生，经过十几年的学校教育，一个个梦想在校园里破灭，变成了少数人体验成功，多数人体验失败的恶果。

而高效课堂是学生成就人生梦想的舞台，激扬青春活力的芳草地，放飞理想的广阔天空。让学生的智慧、能量、情感得到释放，让学生的人生态度的趋向、价值取向得到有效的整合。高效课堂是以培养学生创新精神和实践能力、提高学生综合素质为基本价值取向的教学活动，体现师生交往、互动、互惠、双赢的教学关系，构建充满生命活力的学习方式，促进学生成长，提升学生的生命质量，让生命绽放异彩。

关 键 词

立人学校语文整体单元教学案例

以诗歌《乡愁》为例，具体解析如何利用单元知识导图实施整体教学。

本课以诗歌知识点为起点，以写作为终点，根据现代诗歌的知识点绘制现代诗歌单元的知识导图。

现代诗歌
- 定义：现代诗歌是指五四运动至中华人民共和国成立以来的诗歌。以接近群众的白话语言反映现实生活，表现科学民主的革命内容，以打破旧体诗格律形式束缚为主要标志的新体诗。
- 特点
  - 形式是自由的
  - 内涵是开放的
  - 意象经营重于修辞
- 分类
  - 按表达方式：叙事诗、抒情诗
  - 按音韵格律和结构：格律诗、自由诗、散文诗
- 语言：精炼、含蓄、跳跃性
- 手法
  - 抒情方式：直接抒情、间接抒情
  - 表现手法：以静写动、以小见大、虚实结合
  - 比喻、拟人、夸张、象征、借代

写作指导

教学时,整体呈现单元知识导图后,了解诗歌这种文体的文体知识,初步掌握诗歌写作技巧。

然后在此基础上,根据单篇课文情况,结合学习目标、重难点,带着问题和学法制定较为详细的课节知识导图,把知识整体呈现给学生。

以下是《乡愁》第一课时知识导图:

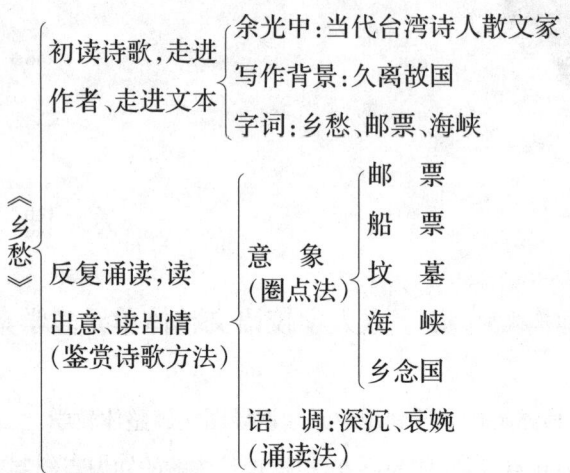

知识导图呈现给学生后,教师解读学习目标,让学生明确本节课的重点后反复诵读,在读中感悟,掌握诗歌学习的诵读法、圈点法等,然后带着这个目标、方法结合学案自学。

经过小组合作探究后,解决学案中的问题,进行展示汇报,达标测评,最后师生共同绘制出与知识导图相呼应的学习导图。下面是《乡愁》第一课时学习导图。

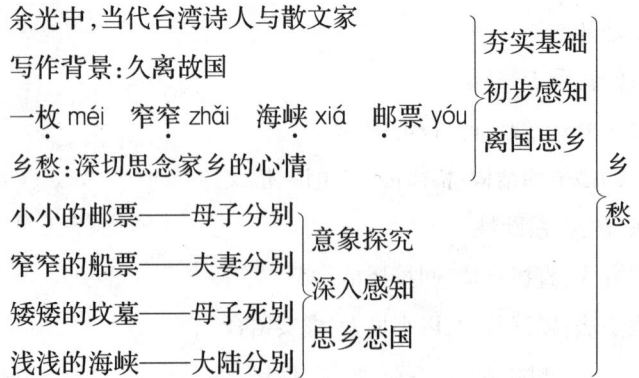

河北沧州派尼学校

学校档案

位于河北省沧州市运河区,占地135亩,规划占地面积195亩,由河北省青联委员、沧州市政协委员、运河区人大代表、沧州市十大杰出青年、沧州市十大科教功臣张润军投资兴办,现有建筑面积16,000平方米,是一所含幼儿园、小学、初中的民办寄宿制学校。

学校连续多年获市教育局的"社会力量办学先进单位"和区委、区政府"文明单位"称号。近年来,学校突出"快乐家园"工程建设,一切为了学生的发展,处处体现人性化的温情,在严而有序的氛围中,派尼学子性情得到了陶冶,潜能得到了充分发掘,个性得到了张扬。

课改档案

孩子"快乐成长"的家园

——河北沧州派尼学校的"读写序列化"

在武术之乡河北省沧州市,派尼学校最初是以英语特色教学成名的。能说一口流利英语的学校董事长张润军说,谁说小城市就不能拥有优质的教育?心高气傲的他,决定走高端化办学的路子。他给派尼定位在"不但要起点高、眼界高、质量高,还要处处走在别人的前面"。

"教育的终极目标是发展人,成就人,幸福人。"张润军说,真正好的教育必须能让学生实现"快乐学习、幸福成长"。因而他提出,派尼应该成为学生们的"家园"。

张润军提出要课改,他还在管理上重拳出击,对那些凡对课改持消极态度的人,无论专业水平多高,一概毫不含糊地予以辞退。凡此一年,派尼学校将课堂打造得有模有样。他还特意邀请杜郎口的老师来"验收"自己的学校,渐渐地派尼也因"改"而名。

快乐家园工程

张润军说,把学校建成"孩子快乐成长的家园",要求所有教职工都要树立学生即"我"的孩子的观念,这个孩子不是"人家的"也不是"大家的",在"我"负责期间就是"我"的。这就是派尼人的学生观。

派尼学校的老师们有一个共识,孩子的常态应该是快乐的,而快乐的常态建立在自我提升、感受成功的基础上。故此,学校要让每一名孩子体会到成功的快乐;要做到用孩子们的一个个成功,砌筑起孩子的成长;孩子们享受了在学校的成功与快乐,学校才能给孩子以家的温馨和留恋。

"孩子快乐成长的家园",既是给每一名学生创设的美好愿景,更是派尼办学的方向和目标。

围绕着"高效学习",他们从"临帖"杜郎口高效课堂模式出发,创设出"读写序列化"、"专题知识工程"、"9个1工程"等一系列的高效(教学)学习模式;围绕着自主管理,他们要求孩子每学期读一本名人传记、名著或其他美文,每学期读一本英语课外读物,每学期学会一首英文歌曲,每学期坚持做一件有益于班集体或小组的事,每学期改掉一个坏毛病,每月写一篇自己满意的习字,每人坚持一种自己喜爱的运动;围绕着"健康成长"、"快乐发展",他们创建出了以"快乐学习"、"绿色家园"、"艺术家园"为核心的"快乐家园工程",从构建学生"多元智能俱乐部"出发,让学生在寻找知识中拥有广泛的知识来源,学会学习、学会观察,读知识、读环境、读社会、读文化。

快乐家园工程,快乐的不仅有学生,还有老师。

张润军说,老师也是孩子。学校本身就是教师的家,教师是"家"的成员,教师是学校的合作者。这十年,学校一直坚持在岗培训。"学校有责任有义务促进每一个教师的健康成长,正如家长关心孩子的健康成长一样,校长也要关心教师的职业锻造。"

"读写序列化"

派尼学校的"读写序列化",将培养读和写的能力作为教育教学内容中的重点,并将这种培养方式做成了一个整体的序列,从小学一年级到六年级,分别有不同的训练要求、培养重点,并根据不同年龄段孩子身心成长的特点,循序渐进,不断由低到高。

派尼学校常务副校长吴学东介绍,创设"读写序列化"的灵感来自于多年的一线教学。从教授作文课开始,老师们发现,不同年级的学生适应作文教学的特点不一样,新课标对不同年级也做出了不同的要求。因此他们将作文按不同年级分层,还做出了各年级不同的写作重点和规定要求。

吴学东介绍,学校有针对性地做出一二年级重点"写话"训练、三年级开始命题作文训练的教学思路。学校教学副校长张亚芹进一步介绍,学校还重点让孩子们读精品文章,通过阅读、分析、感悟,一边感悟写作方法和技巧,一边获得知识,获得陶冶。

吴学东说,派尼学校的老师们还创编出有针对性的一整套序列化训练教材,规定了作文训练的"分步习作"型的训练体系,培养"观察—思维—表达"的能力。教材还明确了各个步骤:第一步,说话训练,先训练学生说一句完整的话,然后说几句连贯的话,中高年级不断提高要求;第二步,写话训练,借助现成材料写话,自己搜集材料写话;第三步,片段训练,针对环境、场面、细节、对话、心理、外貌等方面专项训练;第四步,书面作文训练,放胆练笔,启蒙开篇,分项训练,系统提高,综合训练,全面达标。

针对不同年级,教材也有不同侧重点。一年级,一句话训练,先短句,后长句;二年级,一段话训练;三年级,片段训练,分项进行;四年级,篇章训练,写放胆文(放开胆量大胆写文章);五年级,篇章达标训练;六年级,完善综合训练。

笔者随机走进了幼儿班的课堂,看到孩子们都在津津有味乐滋滋地看着彩图,一会儿又热烈地议论开来。任课教师介绍,幼儿班的孩子,既没有学习拼音做基础,又没有识字做基础,就引导他们从观察实物、图片开始,激发他们的学习兴趣,还可以采用贴图游戏,让孩子们把贴图过程写下来,这样就锻炼了孩子们观察、思考和动手的能力。

吴学东说,学校根据孩子年龄小的特点,先让他们游戏,再让他们说,再让他们写。"我能做,我能说""我会做,我会说",激发了孩子的表达兴趣、表达欲望,再由兴趣入手,进行系统训练。

专题知识工程

派尼学校的专题知识工程,就是通过让教师们、学生们自己搜集专题知识,无论是专业内或是专业外,以丰富知识储备,提高教学水平。

张亚芹介绍,很多教师面临的突出问题是知识面过于狭窄,极大地束缚了教师专业水平的提高。这也是学校开展专题知识工程的初衷。通过这一工程的实施,使每位教师、每个学生都在动手中起步。每位教师、每名学生都选择了自己关注的专题,自由搜集,自己整理,多多益善。

一段时间后,教师、学生整理的材料不断充实起来,既有来自教学一线的"语文教学修辞格简表",又有"诗句"、"名句赏析";既有"中国古今著名诗人",又有"五千年文明"、"中国世界文化遗产";甚至有"新交通法规知识"、"高速公路网规划"、"世界八大奇迹"……

张亚芹说,学校更看重老师和同学们搜集这些知识的过程,因为那是教师获得体验、不断提升的过程,也是学生们不断获得学习兴趣、充实知识的过程。为此学校还举行了以各种知识为专题的知识竞赛活动,引导、鼓励老师和同学们不断积极寻找专题知识。

张润军说,高效课堂学习模式,对教师的专业素养提出了更高的要求。教师每节课都要备学科知识(系统知识,包括学科外延和边缘知识等);备学生,要增加学生学习的内驱力,对方法的归纳、对规律的总结等。这些专题知识和搜集知识的能力对他们十分有必要。

"尽管我们可以简单地用课堂效率去评价一节课,用它去衡量教学目的的实现、教学目标的达成和学生学习实现的程度,但课堂效率不仅仅是一个简单层面上的问题。"张润军说,这些年派尼所做的不仅仅是完成学习目标的高效率,还把课堂作为培养孩子情感、态度、价值观的舞台,只有这样才能实现派尼人"教育为学生一生负责"的抱负。

"构建'学生快乐成长的家园'就是要为学生的终身发展奠基。"张润军说,这还仅仅是起步。

校长档案

张润军校长

1992年7月毕业于河北师范学院政教系,获法学学士学位,现为中国教育学会农村教育分会常务理事、沧州市第九届政协委员、运河区第八届人大代表、河北省民办教育协会理事、沧州市工商联执委、沧州市光彩事业促进委员会常务理事等职,先后被授予沧州市十大杰出青年、沧州市十佳科教功臣荣誉称号。

在他的积极倡导与具体运筹下,派尼学校以双语教学、培养"四有"新人为特色,擎旗开路,卓尔不群。2001年,派尼学校两名教师获全国教师技能大奖赛一等奖;2002年,在全国大都市青少年英语艺术大赛中,派尼学校参赛的12名中小学生全部获奖,其中8人获国家级银奖,为河北省最高奖项;2004年,他带领学校一举夺得全国首届少儿艺术节北部沿海地区一等奖。其主持的校本文化教研项目,也多次在市级教育系统获奖。

校长谈

一路走来

张润军

1998年,我儿子4岁,社会上有些儿童在参加英语培训班,我们也想让儿子报班进行学习。那时沧州市区有5所英语学校,我们逐一进行考察,最后得出结论:一个都不能上,否则会耽误孩子。原因很简单,这些少儿英语学校的教学方法明显地中学化,让孩子们抱着教材,听、说、读、写四种技能同时培养,不符合孩子的生理发育现状和认知规律。

回想起来,挺吓人的:三四岁的孩子笔都拿得不好,让他们坐着40分钟写英语单词,岂不误人子弟!

现有的学校不行,孩子又不能耽误,我想起了自己办一所学校。我们采用的教学方法是母语教学法,从听说入手,使学生在全英语环境中,自然而然地习得英语。对低龄儿童而言,这种方法不仅使孩子们保有浓厚的兴趣,更重要的是孩子们每天都能学以致用,很有成就感。由于我们的方法科学,入学一年后,当时小学三四年级的学生不仅口语对话很流利,而且当堂能完成400个单词以上的写作了。

1999年,沧州市区公办学校小学三年级以上开始设英语课,为使我们的英语教学能成体系地坚持下去,我把业余学校发展为全日制的小学,2002年又增设初中,派尼学校就这样诞生了。

我一直信守的理念是"教育为学生一生负责"。1999年我提出"培养什么样的人"的问题,并开始了"如何培养"的思考。我认为实现学校培养人的社会职能,有一个前提就是我们首先要明确我们培养的人是十几年后才走上社会、参与社会竞争的人,我们如何把学校办成人才培养的"中试工厂",让我们的孩子们会学习、会沟通、会解决问题、会自我约束和自我保护。这就要求我们从培养孩子们良好的生活、学习习惯入手,坚持把孩子们阳光心态、良好品质、坚强意志的培养贯穿始终。

教育的理想和理想的教育有很多共同之处,我想实现的教育理想就是使我们的学校成为"孩子快乐成长的家园"。

派尼课改的思路是以课堂为主线,实现教师、学生的两个提升,达成学校、家庭、社会三方面共赢。

我们的具体做法是:通过打造新课堂模式,实现"培养正确学习方法、固化科学学科思维"的教学思想。在这一思想的统领下,我校各学科在坚持学生主体性的前提下,根据相应的学科特点,创新地制定了不同的课堂结构。做到了:目标统一——提高学习力;形式多样——个体静思、小组交流、全班共享;课型完备——导学、共享、训练、提升,四课型环环相扣,步步为营;效果明显——学生从状态、到效果、从知识到能力到情感均有明显提升。

课改不仅要确立提升学生的目标,更要明确提升教师的思路。通过课改,我们基本实现了学校是"教师安身立命的家园、教师专业化成长的摇篮、教师施展教育抱负的舞台"的想法。随着课改的推进,教师待遇、社会名望等都相应提升,教师的职业幸福感明显加强。

关 键 词

派尼学校序列化作文教学案例：我们通过外貌来写人

刘晓蕾

小朋友,又到了写作时间了,你准备好了吗？让咱们快乐起航！

小游戏 猜猜他们是谁：

1. 只见他黑脸短毛,长嘴大耳,圆身肥肚,穿一件青不青、蓝不蓝的梭布衣服,提一柄九齿钉耙。（猪八戒）

2. 他有三头六臂,脖子上套着乾坤圈,脚踏风火轮,威风八面。（哪吒）

3. 他身穿金闪闪的战袍,头戴金冠,手持从东海龙宫掠来的金箍棒,显出一副威武霸气的样子。一对火眼金睛炯炯有神,透露出铲除一切妖魔的决心。浑身透露出一种天不怕、地不怕的精神。（孙悟空）

游戏小结：我们平时首先靠外貌把不同的人区分开来,因为不同的人在外貌上都有与别人不同的地方,即每个人的外貌都有自己的特点。同学们之所以能很快地猜出以上三个人是谁,那是因为他们的外貌都有自己的特点。而作者也描写出了他们外貌的特点。所以,我们在对人物进行外貌描写时,一定要把人物外貌的特点描写出来,使认识他(她)的人看到你写的内容能猜出他(她)是谁,不认识他(她)的人也能想象出他(她)的样子。

下面你也来写写你身边的人吧。

一、精彩放映室

妹妹赵津津今年6岁,那红扑扑的小脸,像个大苹果,一对乌黑明亮的大眼忽闪忽闪,叫人一看就知道她聪明伶俐。她走起路来总是又蹦又跳,一跳起来,扎着蝴蝶结的两只小羊角辫就一上一下地摆着,妹妹那天真活泼劲儿,真逗人喜爱。

二、名师来点评

这段通过外貌、动作描写展示了一个聪明伶俐、天真活泼的小女孩形象。写出小津津想唱就唱,想跳就跳,自由自在的天性,在描写上写了她的"红扑扑的小脸"、"乌黑明亮的大眼"、"扎着蝴蝶结的两只小羊角辫",通过这些描写写出了妹妹的可爱,那么你是不是也想试试呢?

三、超级模仿秀(外貌)

我有一个_____(朋友、小伙伴、同桌)叫_____。他很_____(胖、瘦、高、矮),眼睛_____(很小、炯炯有神、水汪汪),嘴巴_____(小小的、宽宽的),是我最_____(喜欢、佩服、要好)的_____。

四、老师寄语

希望同学们仔细观察,认真思考,把你们喜欢的人物写一写,相信你定会写出最棒的文章。加油!

小朋友们自己的文章(身边的人)

董至巧(9岁)

我的姐姐在石家庄读高中,学习非常棒,姐姐最突出的特点就是胖,她的体重相当于我的两倍。她经常穿着一件绿色的上衣,下身穿一条黑色的牛仔裤。小妹小,不懂事,经常叫她"绿乌龟、胖乌龟。"她不仅不生气,还装着绿乌龟的样子逗小妹,背着小妹到处绕。小妹常常被逗得直流眼泪儿。

姐姐每来一次,我们都带姐姐去柏林寺玩一玩。寺院门口,偶尔有一两个残疾人向游人乞讨。

这天,我们刚刚来到寺院门口,就见一个中年男子坐着伸手向人们乞讨,黑溜溜的脸,脏兮兮的手,他突然爬过来,抱住我的腿,嘴里还不住地哀求道:"给点钱吧,给点钱吧。"当时,我腿都吓软了,恨不得把腿拔出来踢他两脚。

姐姐好像看出我的心思,连忙掏钱给他。他对着姐姐说:"谢谢了,谢谢了。"这就是我的姐姐,一个善良而又活泼的好女孩。

点评:小作者写"我的姐姐",抓住姐姐的两个方面写——善良而又活泼,学"绿乌龟"跟小妹玩;同情残疾人,性格很突出,姐姐形象很可爱,其中对乞丐的描写非常到位,多动作,比如"伸、爬、抱、哀求"都写出了乞丐的特点,生动形象。

五、佳段欣赏

1. 大门开了,走进来一位年轻的邮递员。只见他全身衣服都湿透了,裤腿卷得高高的,从膝盖到脚全沾满了泥水,好像刚从泥地里爬起来似的。他手里捧着一包用油布包着的邮件,顾不上抹脸上的雨水,对屋里人说:"《儿童时代》来啦!"

2. 姐姐身材苗条,长得很健壮,比我整整高了一个头。她的脖子略长些,惹我生气时,我就会喊她"长颈鹿"。她剪着挺有精神的运动头,看起你来,两眼忽闪忽闪的,好像会说话。

3. 这个青年看上去不到二十岁,两条弯弯的眉毛下有一双机灵的眼睛,一看就知道是个能干的人。在一只挺标志的鼻子下面,却是一张大嘴,生得两片厚厚的嘴唇。人们常说:"厚嘴唇的人笨嘴拙舌。"可是他却能说会道,是个健谈的人。

六、超级练习场

我_____(爸爸、哥哥、姐姐)个子_____(不高不矮、矮矮的),皮肤_____(黑黑的、有些发黄),体形_____(偏瘦、偏胖),长着_____(细细的、弯弯的)眉毛_____,(明亮的、小小的)眼睛,非常_____(可爱、好看、帅气)。我很_____(崇拜、羡慕)_____(他/她)。

山东临沂四中

学校档案

创办于1973年,地处山东省临沂市北城新区,2003年以来,连续7年被评为教学先进单位,2009年被评为全国特色化高中。学校是全国"新学校行动计划"理事校、中国教育学会农村教育分会理事校、山东省规范化学校。、

多年来,临沂四中坚持"以成功的教育帮助学生创造成功的人生"的办学理念,以"培养有中国灵魂、有世界眼光的现代化人才"作为育人目标,不断创新教职工队伍管理与系列化的育人机制,探索全面质量管理体系,实行"三纵三横"的管理模式,以提高教育教学质量为中心,以新课改为契机,启动科研兴校工程,拓展育人渠道。

近年来,学校注重课程改革的多元化和发展性,不断拓展课程文化。近3年,共13位同学获山东省青少年科技创新大赛一、二等奖,90余人分获国家级、省级数学、物理、化学、生物奥林匹克竞赛一、二等奖。书法绘画班、文管辅导班、中学生艺术团等,充分满足了各类学生的发展需求。从08年秋以来,学校积极主动适应全国和山东省新课改形式,掀起了以高一为试点辐射高二高三的高效课堂探索热潮。在这种高效学习下,学生们充分展示自己的风采,大胆地质疑,自信地表达,愉快地合作,积极地竞争,为终身发展打下了良好的基础。

学校"低进高出,让全体同学合格;高进优出,使部分学生超群"的"四中教育

现象",受到社会各界的普遍赞誉,《光明日报》《中国教师报》《大众日报》《工人日报》《山东青年报》《临沂日报》等国内多家媒体报道了其办学业绩。站在新的起点,临沂四中正向建设"省内领先、全国一流、国际接轨的现代化强校"的目标迈进。

课改档案

课改是一门哲学

——临沂四中的"三五X"课堂模式

山东省临沂四中的课堂教学改革,从学习杜郎口中学开始,"课桌拉开了,把课堂还给了学生,课堂成为学生发展的智慧场、活动场"。不过也有部分老师担心课改会影响升学率。临沂四中李长青校长充满信心地说:"四中的改革可不是一时的冲动,而是适应素质教育的教育,不经历'凤凰涅槃'岂会有'重生',只有'变'才有出路。"

而学校的改革历程也证明了他们的"明智"。从课改出发,依据学科特点创设出来的"三五X"课堂教学模式,使四中的课堂教学特点更鲜明,也更具针对性、高效性。

"三五 X"教学模式的"X"

临沂四中的课堂教学模式概括为"三五 X"。

"三"指落实课堂教学的"三维目标——知识与能力,过程与方法,情感、态度、价值观";"五"指"五个贯穿始终",即情感教育贯穿始终,文化育人贯穿始终,"探究—体验"的学习方式贯穿始终,展示交流贯穿始终,学习习惯养成贯穿始终。

"X"则是临沂四中教学模式的突出特点和侧重点,它是各学科各种课型实施教学的基本环节,根据不同学科以及不同学科特点做出不同的调整,以保障课堂教学过程的完整性和实效性。

语文学科,"X"是六,即"三五六"模式。它的具体操作是"依案预习,自学质疑;课前活动,丰富积累;小组研讨,合作学习;积极探讨,展示提高;师生点评,总结升华;巩固落实,深入预习"。

数学学科,"X"也是六。针对新授课,它的具体操作是"自学,自纠,链接,展示,反馈,总结";针对习题课(临沂四中单列出来的各科均有的课型),它的具体操作是"自学,自纠,建构,展示,归纳,补偿"。

英语学科,尽管"X"也依然是六,但它的具体操作变为"依案自学,学情调查,信息反馈及解决方案,成果展示及精讲点拨,反思小结,达标评价"。

物理学科、化学学科的"X"也是六。物理学科的"三五六"模式具体操作为"课前板书展示,小组讨论,展示、探究＋点评提升,整理落实,当堂检测,布置作业"。化学学科具体为"复习巩固,目标定位;自学提高,合作探究;展示交流,体验成功;精讲点拨,提升规律;总结归纳,训练达标;预习导学,明确任务"。

生物学科,"X"是八,即"三五八"模式。它的具体操作是"复习巩固,学习目标展示,预习检查巩固,分组讨论,展示成果精讲点拨,小结,当堂达标,预习点拨"。

地理学科,"X"是七,即"三五七"模式。它的具体操作是"复习提问,温故知新;导入新课,重申目标;学习新知,展示交流;当堂检测,目标达成;科学评价,和谐竞争;学习反思,感悟提升;布置预习,自主探究"。

政治学科、历史学科的"X"也是六。政治学科的具体操作为"自主学习,成果展示,合作探究,教师点拨,知识整合,巩固提高";历史学科为"导入新课,重申目标,基础达标,迁移运用,反思总结,预习听课"。

为了更好地开展教学教研活动,临沂四中还把教科室设在了各个年级,让广大教师能够"天天干科研性工作,人人做科研型教师","问题课题化、科研过程化"。

语文教育专家李振村观看了临沂四中的高效课堂后这样点评:"我们看到临沂四中孩子的神情,非常的阳光、非常的自信、带着微笑、从容大方,感觉真好!孩子的神情折射了学校的氛围和状态,其他可以作假,但孩子的神情是掩饰不住的。"

假期也要保证学习效率

国庆节等节日怎么督促学生学习?周末、寒暑假在规范化办学后,必须全都还给学生,可是如何保证学习效率?这引起了李长青长时期的思考。

在山东省强力推行素质教育的大背景下,临沂四中千方百计提供多种多样的教育教学资源,通过构建最多元化的课程,来满足学生的课外需求,从而有效地将教育教学从课堂延伸至课外。

李长青介绍,学校开设的校本课程可以分为三类:学科适应性课程,如中华武术课程、希望心语行为训练课程、爱心体验课程、心理健康课程;学科拓展性课程,如疯狂英语口语训练课程、经典书法课程、科普系列课程;学科发展性课程,如小记者新闻采访课程、校园植物学课程、传统民俗文化研究课程、金银花采摘课程、学生小课题研究系列课程等。

在正在实施的几十门校本课程中,小课题研究系列校本课程特色鲜明,将课本知识引向社区,导向社会,既锻炼了科学探究精神,又提高了创新能力,体现了高效课堂的开放性和延伸性,将合作展示和探究贯彻始终,与课堂上的"三五 X"一脉相承。

尤志刚、朱秀林和姚亮三位同学主持了"茶山植物资源考察"小课题研究,后来成为学校组织实施的第一项大型课外学术创新课题研究,带动了更多的学生参与到学术创新课题研究中来。目前学校正筹建茶山实践实习基地,让更多的学生参与后续的创新研究,享受实践教育的乐趣。

张振等5名同学主持的蒙山植被考察研究小课题研究,被评为山东省科协学术活动重点项目。亓树财等同学主持的沂河流域水质考察小课题研究,吸引了501名同学参与到课题中来,先后获得全国青少年环保社团基金和国务院淮河流域水污染防治"十五"计划地方配套项目资助,是目前学校在科学研究领域获得立项资助级别最高的课题。

张建东、庄百娟、袁瑛三位同学科学评估了京杭运河改道对南四湖水体的影响,受环保部邀请,赴武汉参加第十三届世界湖泊大会,成为本次国际会议上最年轻的科学研究团队。

……

高中生物课程专家刘恩山教授这样评价临沂四中的学生小课题研究系列校本课程:"这是一个典型研究性学习的案例……相信学生,给学生探究和创造的机会和空间,学生的潜力不可估量。"李长青说:"正是有了这样内容丰富、贴近生活、多姿多彩而又紧密联系课堂教学的课外探究和研究,我们的孩子才能在假期也乐于学习,并且能够更加高效地学习。"

课改是一门哲学

临沂四中是一所规模庞大的学校,目前共有168个教学班。课堂教学的效果如何把握,成为许多前来参观的老师的关注焦点。

李长青从学校改革的实际出发,将之概括为处理好两个矛盾关系的问题。

一是要处理好"放"与"收"的关系。只有让学生成为学习的主人,才能让课堂焕发生命的活力。要把课堂的时间、空间、质疑权、评价权、学习过程"放"给学生,充分挖掘学生的学习潜力。同时,不能忽略教师的作用。学生的知识储备、生活阅历,以及尚未成熟的思维能力,都决定了他们对某些内容的理解是浅层次的。教师应该敏锐地捕捉教育契机,把学生的思考引向深入。教师在课堂上不仅仅是组织者,更是引领者和拓展者,需要站在比学生更高的精神制高点去引领学生。

二是要处理好"动"与"静"的关系。自主高效课堂中要有"动"有"静"。展示过程很多时候要"动",讨论、问答、朗读、争辩,等等,不断给学生以新的刺激,使其保持兴奋状态;有时要"静",观察、听讲、思考、默读、联想、书写、反思等,保持教学刺激的有效性和长效性。既要给学生充分展示的时间和空间,又不能忽视学生静静地学。

李长青校长说,其实课改就是一门哲学,当然,临沂四中参悟到的还依然很少,需要和全国同仁们一起努力。

校长档案

李长青校长

1985年8月至2003年6月在临沂九中工作,先后任教导主任、副校长、校长,2003年7月至今任临沂四中校长。先后带领团队打造了临沂九中学校品牌、创造了"低进高出,高进优出"的"四中教育现象"。

按照"学生的需要就是我们努力的方向"的教育理念,他带领学校创新育人模式,构建了以"迈好三个第一步"为主线的学生德育体系。完善了"合格+特长、能力＋选择、选择＋创新"的人才培养模式。

他率先推行了"全员育人导师制",落实了"关爱全体学生、特别偏爱后进生"的教育思想。拓展了育人渠道——开设了以"国学教育"为核心的人生营养课程,以"科学精神"为核心的拓展性实践课程。指导学生开展的"岱崮地貌"植被考察、沂河流域水质调查等多项科学研究,先后被《光明日报》《大众日报》、搜狐网、新浪网等媒体报道。

他善于促进学校内涵的发展,创新了"自主成功教育"的育人模式,提出了"以成功的教育帮助学生创造成功的人生"的办学宗旨,明确了"培养有中国灵魂、国际眼光的现代化人才"的学生发展目标。

校长谈

课改琐思

李长青

"高效课堂",应以尊重、信任和发挥学生的能动性为前提,以学生发展为本,让学生掌握学习的主动权,充分发挥学生的主体作用。

教师要从"任务关注"走向"学生关注"、"自我更新关注",尊重学生的个体差异,鼓励学生选择适合自己的学习方式,使每一位学生的才能都得到发挥。

传统高中课堂模式下,教师成为课堂教学的主宰:主宰知识,主宰学生,主宰课堂的每一个空间,忽视了学生创新思维、合作意识以及探究能力的培养。学生没有足够的思考时间和空间,在学习过程中参与的质量与程度较低,始终处于被动接受的地位,课堂教学效率低下。学生没有渴求上进的欲望,缺乏主动学习的动力。

在素质教育的新的形势下,特别是2008年山东省实施素质教育新政,要求教师转变教学观念,转变教师教的方式和学生学的方式,大力提倡自主、合作、探究的教学方式和学习方式,培养学生的创新精神和实践能力,全面提高学生的综合素养。

因此,我们开始改变传统的课堂教学模式,构建自主高效的课堂教学模式,让学生幸福快乐地学习,从而从根本上改变教师的教学方式和学生的学习方式,以人为本,关注生命,关注发展,真正以学生的成长和发展为中心。

在新课改推进过程中,我始终认为,一要处理好"入"与"出"的关系。刚刚开始的时候,我们应该向习字临帖一样不走样地学,深入其中,才能把握课堂的精髓。过了"临帖"的阶段要走出帖子,因地制宜,在紧紧抓住杜郎口精神实质的同时,富有创造性地建构属于我们自己的教学模式。

二要处理好"放"与"收"的关系。只有让学生成为学习的主人,才能让课堂焕发生命的活力。要把课堂的时间、空间、质疑权、评价权、学习过程"放"给学生,充分挖掘学生的学习潜力。同时,不能忽略教师的作用。教师应该敏锐地捕捉教育契机,把学生的思考引向深入。

三要处理好"动"与"静"的关系。自主高效课堂中要有"动"有"静"。展示过程很多时候要"动",讨论、问答、朗读、争辩等,不断给学生以新的刺激,使其保持兴奋状态;有时要"静",观察、听讲、思考、默读、联想、书写、反思等等保持教学刺激的有效性和长效性。既要给学生充分展示的时间和空间,又不能忽视学生静静地学。

大力推行的新课改,为我校教师的专业化成长提供了广阔的舞台。新课改也使我们取得了丰硕的成果,2009年以来,市、区级教研会上我校已有语文、数学、英语、物理、化学、生物、政治、地理、历史、信息技术等10个学科20人次举行公开课或做典型发言。

通过不断探索,老师们也将被动形式的模仿,自觉转化成了主动的内在规律探寻,通过不断的学习、反思、提高、完善,将教学模式以最优方式呈现,以最好的教育回报社会。

关 键 词

临沂四中课程开发范例

一、茶山植物资源考察研究

尤志刚、朱秀林和姚亮同学主持了茶山植物资源考察小课题研究。目前正筹建茶山实践实习基地,让更多的学生参与后续的创新研究,享受实践教育的乐趣。

茶山植被考察小课题研究是学校组织实施的第一项大型课外学术创新课题研究,极具启发性和代表性。学校及时对这项学生研究成果进行成果发布和推广报告会,从而带动了更多的学生以饱满的热情参与到学术创新课题研究中来。

高中生物课程专家刘恩山教授曾评价说:"这是一个典型研究性学习的案例……相信学生,给学生探究和创造的机会和空间,学生的潜力不可估量。"

二、五莲山植物多样性考察研究

学校组织实施的日照五莲山植物多样性考察小课题研究,开启了组织学生到外地考察研究学习的新思路。学生在实践中总结出"学术报告→激发思维→检索文献→确定选题"的科学研究流程。

三、蒙山植被考察研究

张振等5名同学主持了小课题研究。本研究课题被评为山东省科协2007年度学术活动重点项目。

四、沂河流域水质考察研究

亓树财等同学主持了沂河流域水质考察小课题研究,同时吸引了501名同学参与到课题中的水质分析和藻类观察环节。

沂河流域水质考察小课题研究先后被共青团中央全国青少年环保社团基金和国务院淮河流域水污染防治"十五"计划地方配套项目资助,是目前学校在科学研究领域获得立项资助级别最高的课题。

甘肃庆阳什社中学

学校档案

位于西合公路沿线,什社街道中心,前身是1923年当地乡绅创办的私塾。

学校现有建筑面积10155平方米,31个教学班,其中初中部20班,高中部11班,1560名学生,121名教师,其中专任教师108人。建有两幢教学大楼,另有综合办公楼、教职工住宅楼、多媒体教室、多功能厅、两个微机室、两个电教室、图书室藏书2万余册,配有教育卫星接收系统、计算机联网办公系统。校园环境幽雅,绿树成荫,花坛锦簇,群雕伫立,标语警人。2002年被西峰区委、区政府评为"信息技术教育先进集体",2004年,被西峰区委评为"校园文化建设先进集体",2005年被庆阳市评为"绿色学校"。

学校坚持"先成人,后成才"的办学宗旨和"管理兴校,质量强校"的办学理念。2001年,抢抓机遇,确定了"加强初中,扩大高中"的建校思路,使高中规模迅速扩大。积极推进素质教育,设立心理咨询室,举办心理教育讲座,加强对学生的正面引导。广泛开展读书活动,建设校园文化长廊,营造书香文化氛围。健全竞争机制和量化评价体系,多批次组织教师参观交流,重视对青年教师的培养,努力加强教师队伍建设。在学习借鉴的基础上,大力推进切合实际的课堂教学改革,尽力丰富师生的课余活动内容,全心全意为社会培养德才兼备的建设人才。建校以来,已为高等院校输送合格学生628人。2002年,学校被西峰区教育局、体委评为"体育工作先进单位",2003年,被西峰区委、区政府评为"教育系统先进集体",2007年、2008年在西峰区组织的两届读书标兵评选活动中获得集体奖。2007年,被共青团西峰区委授予"基层团组织建设创新奖"。

课改档案

什社中学的"两段式"课堂模式

2009年9月29日,甘肃省庆阳市"学习杜郎口构建高效课堂专题研讨会"在西峰区什社中学召开。什社中学是一所普通的农村完全中学。近两年来,学校通过学习杜郎口中学的课改经验,坚持深化课程改革,从而构建了"两段式"高效课堂模式。杜郎口中学崔其升校长对什社中学这样评价:什社中学的课堂改革走在了甘肃省,乃至于西北地区的前列。

要教改,先课改

什社中学偏居农村,办学条件相对落后,还有很多的平房,可每面墙都在"说话",而围墙呢,则是一道"中国历史文化长廊"。两座教学楼,每一层的空间都被他们巧妙利用起来了,"知识窗"、"加油站"、"诗文欣赏",什中人给每一处环境都安装了"心",浇注了"爱"。可校长王永锋仍然觉得还缺少些"东西"——育人的生机与活力。

　　他告诉老师们说,"咱得改!""再难也得改!"可改来改去,课堂并未见出现多大的改观。他在苦闷中终于恍然大悟,看来咱没抓到改的"关键"。

　　为了找到这个关键,他"南征北战"四处取经,直到遇见了杜郎口。于是,他巧妙地将自己对"自主、合作、开放"的教学理解与杜郎口的"预习、展示、反馈"结合起来,融合形成了什社中学"两段式"课堂模式。

　　他总结说,揪住了课堂也就揪住了"关键",解决了课堂问题,教育就会柳暗花明。今天的师生们早就苦不堪言了,教育需要的是"解放"——解放教师,解放学生。而学生的解放首先源自于教师的解放,要把教师从昔日繁重、原始、机械的劳作中"解脱"出来,校长的职责就是要给教师们一种新的教育理念,一套更好的教学方法。

　　为此,一年里,他们结合自己的模式,先后4次组织近百名教师奔赴杜郎口中学,"带着问题"拜师学习。"边干边学",什中的课堂也活起来了,"散发出生命的活力"。

"两段式"课堂教学模式

　　"两段式"课堂教学模式,顾名思义将课堂的40分钟分两个阶段,即第一阶段——检测、复习、巩固、归纳;第二阶段——生成、独学、合作、掌握。

　　王永锋校长介绍,什中的每一节课都是从"复习巩固"开始的。第一阶段是围绕"旧知识"循环记忆检测巩固,然后进入第二阶段,即由教师引导学生"自学"新授课内容。

　　在第一个阶段,要求教师围绕"检测旧知识",设计检测题,以小组为单位组织"演练",检查掌握每个学生的实际"学情",然后再从"学情"出发,及时作出相应的"处理",如对于学生们暴露出来的疑难问题,教师既可以交付小组予以处理,也可适时予以点拨甚至当堂训练加以强化巩固。什中的"两段式"模式,明确教学真正的"起点"问题,什中变传统教学以教学计划和进度为起点,以学生的学情为起点,最大限度地解决了如何真正实施"因材施教"和"分层教学"的两大难题。

在第二个阶段，要求教师从"导"出发，组织学生围绕"学习目标"自学新课。贯彻这个过程的是自学、合作、交流。他们通过"当堂作业"这种形式，检测学生是否都完成学习目标。

副校长张兴华说，"两段式"目的就是使学生对新课程涉及的基础性知识全部掌握。以数学新授课《一元二次方程》为例，也许上节课刚学的《因式分解》，但在这节新授课开始的时候，一定要求教师在课的前半段的时间进行《一元一次方程》课程的复习、巩固。

"巩固"解决了，却又带来另一个新问题。"影响教学进度了！"老师们纷纷向校长反映，不仅如此，课堂教学"时与效"的问题也摆在了每个人面前。教务处主任齐建伟提出了"六六"自主导学流程的设想，着重培养学生的学习能力，为自学"提速"。

"六六导学"包括课堂教学"六大环节"和自主导学"六大步骤"。"六大环节"与学生相关，包括：定向预习，独学内化，合作释疑，展示提升，巩固拓展，检测反馈；"六大步骤"则与教师紧密相连，涵盖知识储备、集体备课、师生同学、点拨拔高、评价引导和查缺补漏。

王永锋说，"两段式"课堂教学模式结合学校教学实际，遵循了"温故知新，循环记忆，循序渐进"的认知规律，形成了形式开放、过程自主、结果高效的课堂教学模式。

学校教研室副主任魏和珍说，"两段式"课堂教学模式培养了学生的独立性和自主性，教师在教学过程中与学生积极互动、共同发展，促进学生在教师指导下主动地、富有个性地学习。教师创设引导学生主动参与的教育环境，激发学生学习的积极性，培养学生掌握和运用知识的态度和能力，促使每个学生都能得到充分的发展。

初中部臧晨阳同学说："'六六'自主导学流程指引下的'两段式'课堂教学模式，最大限度地开发我们的潜能，发展了我们的智能，课堂上很好地训练了我们的归纳、总结、合作、探究等多方面的能力；培养了我们独立观察问题、发现问题、探索问题、思考问题、分析问题和解决问题的能力，培养了自学、实践和创新能力,使我们学会求知,学会做事,学会共处,学会发展,学会在合作中竞争,在竞争中合作。真正让我们在学习中体会到了人生的快乐,成长的幸福,实现了真正的终身学习。"

将课改进行下去

王永锋总结了"两段式"课堂教学模式实现的学校课改的几个转变。

学校教师角色发生的转变:变研究教法为研究学法;变修正型教学为指导型教学;变集中精力改作业为集中精力备课;变教师个体教学设计对学生群体学习需求,为教师群体教学设计对学生个体学习需求。

学生学习方式的转变:变听课为主的学习方式为自主学习为主;变复习巩固以作业练习为主为提前预习和独立思考为主;变教师上课忙学生下课忙为教师下课忙学生上课忙(课堂上学生要进行听、说、读、写、练、讲、演、辩、好问、多思、能言、善辩、归纳、总结、合作、探究等能力的训练);变教师讲我听的课堂为我做老师观看指导的课堂。

可以说,"两段式"课堂教学模式是什社中学在课堂教学中的"突围",是在杜郎口中学课改精神指引下在西北地区的突破性探索。

在深入进行课改的多年中,什社中学还始终坚持将学校文化建设放在师生发展的重要位置。他们加强图书室建设,开展校园读书活动;他们坚持要求学生"每日一句"、师生共晨读;开展"读书与感悟"、"空间与展示"、"课间与个性"等活动;同时学校重视熏陶浸染,"文化墙壁润物无声"、"校园广播示范引领"、"读书标兵培养与评选"、课题研究相得益彰。

王永锋说,课改,在西部地区显得十分艰难,除了更严峻的教师思想观念的保守,经济条件的落后,改革氛围的不足,还面临着诸多的困难和问题,如生源数量的减少、教师队伍的不稳定等,而且还要应付随时可能出现的新情况、新问题。但他的信心依然坚定,"课改在中国势在必行,教育人凭良知也要坚持"。

课改并不可怕,王永锋说,不论遇到再大的困难,面临再多的新情况,他都将和老师们一起不断坚持,"将课改进行下去,"也希望能够得到更多的支持。

校长档案

王永锋

原西峰区什社中学校长,现任西峰区教育局副局长。

1982年庆阳师范毕业后,步入教坛。1982—1994年,连续12年被学校评为优秀班主任,9次被评为校级先进工作者。1993年,他被西峰市委、市政府授予教育系统"先进工作者"。1995年,被庆阳地委、行署授予"优秀教师"称号。1994—1998年,任西峰市温泉初中教导主任期间,他积极认真组织开展了教学研究,使学校整体教育教学水平大幅度提高,学校连年荣获西峰市委、市政府表彰。1998年,调任西峰市什社中学副校长后,他倾力配合校长工作,积极协调各方面的关系,为学校恢复高中建制、教育教学改革和各项制度的完善与落实,做出了重要贡献。2003年被西峰区委、政府授予优秀校长称号,2004年荣获庆阳市"师德标兵"称号。

文伟校长

1967年生,大专文化程度,中学一级教师,现任什社中学校长。

1989年从庆阳师专物理系毕业后,分配至什社中学任教至今。曾先后担任班主任、教研组长、教务副主任、教务主任、副校长。在长期的教育教学实践中,善于因材施教,使滞者达蒙者明,工作精益求精,扎实认真,注意培养学生兴趣和能力。担任教研组长、教务主任以后,热情帮助青年教师,和他们一起研究教材,严格要求他们备好课,讲好课。他以严谨的治学、创新的风格,1991年被西峰市评为"优秀教师",1995年被西峰市评为教育系统"先进工作者",1996年荣获庆阳地区"优秀教师"称号,1998年被西峰市评为物理学科带头人,2007年被区教育局党委评为优秀党务工作者。

校长谈

我的新课改观

文伟

新课程改革,没有一种"定型"的模式,而是一个"框架",在一定意义上说它等待着教师在实践中使之更加完美。新课程改革是教育思想、教育理念的改革,绝不能"穿新鞋,走老路",更不是变换一下教室桌凳的摆放,添置几件现代化教学设施。它没有多少成熟的做法可供效仿,没有现成的经验可供借鉴。

强调以学生为主体,主体的情况是复杂的,那么新课改应怎样开展?在教学中如何联系实践?如何做才不是"教教材"而是"用教材"?如何上好实践课?如何开展综合实践活动?如何调动积极性,激发兴趣?如何对教学各方面进行评价?……这些问题只能靠教师在新课程理念的指导下,对自身的、学生的、学校的、所在区域的实际情况加以分析、研究,做出决策。

在新课程实施过程中,教师拥有了更多的活动空间和自由度。所以教师不应该寻求怎么样的做法符合新课程的要求,而应该主动地探索、研究怎样才能实现课堂的高效,怎样才有利于学生掌握知识、提高能力、培养终生学习的习惯。这本身正是新课程的基本理念,这场改革对社会发展和培养新世纪人才将产生不可估量的影响。但是,新课程绝不是尽善尽美的,不可挑剔的,新课程本身要在摸索,在实践、实验反思中不断完善,更趋合理、科学,达到培养合格实用型人才之目的。

新课程改革在课程理念上突出了以学生为本的价值观,关注了学生的全面、自主、有个性的和谐发展和终身发展;在课程目标上致力于打好基础,促进发展;在课程内容上更加强调基础性、实用性;在教学方法上主张研究性学习,自主探究与合作;在课程评价上主张建立多元化的评价指标,多样性的评价方式,既关注结果,又重视过程的评价体系。

新课程改革更加关注学生的个性和潜能的发挥,更加注重学生的创新精神和探究能力的培养,更加注重科学思维和人文精神的教育,给学生带来了崭新的学习方式,给教师和学生以更广阔的发展空间。

无论是教师与学校,还是学生与家长,在惊喜之余还要不得不面对更多的困惑和挑战,面临的许多实践层面的问题是我们始料不及的。作为中国教育史上的一次伟大的变革,在给我们带来前行的精神动力和美好的发展愿景的同时,更需要我们静下心、定住神,扎扎实实地依据规律、尊重事实走好改革的每一步。这其中至关重要的是教师队伍的专业发展,因为最终改革的成败取决于学校中每一位教师的课堂教学;科学的评价也将会推动改革,相反就会严重地阻碍改革的进展。

千里之行始于足下,我们要以严谨的科学态度,怀着对生命的关爱和敬畏,把握细节,抓住课改的实质,去努力实现这美好的理想。

关 键 词

什社中学预习、展示、反馈课堂流程

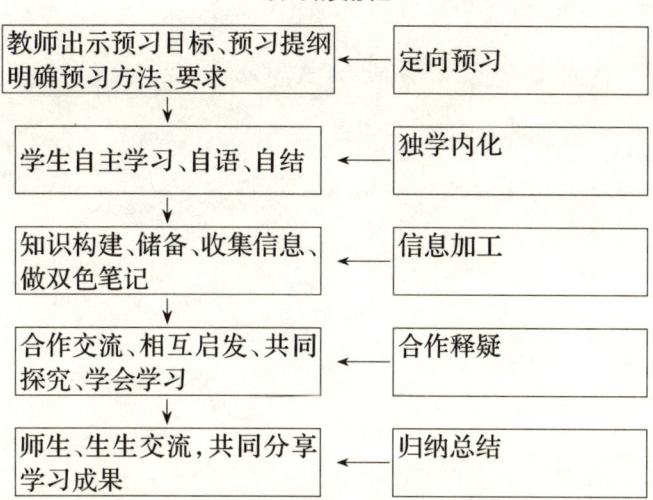

预习的流程

教师出示预习目标、预习提纲明确预习方法、要求	→	定向预习
学生自主学习、自语、自结	→	独学内化
知识构建、储备、收集信息、做双色笔记	→	信息加工
合作交流、相互启发、共同探究、学会学习	→	合作释疑
师生、生生交流,共同分享学习成果	→	归纳总结

展示的流程

教师解疑,学生归纳总结
↓
回顾检测　明确目标
↓
任务分配
↓
独立思考　自主探究

反馈的流程

反思总结,对预设的学习目标进行回归性的检测
↓
说、谈、演、写进一步检查落实
↓
结成对子、优生辅导、转化弱势群体
↓
达标测评
↓
检查学习任务、掌握情况

广西博白启德中学

学校档案

建于2003年,现有49个教学班2600多学生,专职教师175人。学校占地100余亩,建筑面积40000多平方米,理化生实验室、图书阅览室、多媒体教室、电脑室、报告厅和艺术中心、体育活动中心、运动场等一应俱全,是启德县教学条件一类的四所中学之一。

学校以"团结协作的师生关系,严格规范的科学管理,开放高效课堂"三面旗帜作为办学的指导方针,实施全面素质教育,严格规范各项管理。学校创办几年来中、高考成绩均居县前列,并连续被县委政府授以"文明单位"、"文明庭院"的称号,是玉林市教科所教育教学科研实验学校,玉林师范学院教育教学科研基地和教育教学实习基地。2008年被县教育局评为全县教育教学常规管理先进学校。

课改档案

课改要解答家长的质疑

2008年11月18日,广西玉林市博白县启德中学开始课改,"重组课桌,将课堂还给学生"。校长官英东说,要建立起一种学生喜欢、老师热爱的培养人的氛围,让学生乐学,教师乐教。

一年多时间过去了,官英东说:"学校的课堂发生了翻天覆地的变化,学生成了课堂的主人、学习的主体,学生自主学习的积极性空前高涨、自学能力得到初步增强,教师的教学和教研水平也有了很大的提升。"

课改从家长的"质疑"入手

在办学之初,启德中学的生源并不好,基本上属于别人不愿意要的"问题学生",即便是较好些的,也多半是些"留守儿童"。官校长对老师们说,教育就是在问题学生身上下工夫。围绕做学生的"服务生",启德从开展"构建和谐融洽的师生关系"活动入手搞课改。

一段时间之后,学生们不再感到孤单,生生和师生之间,彼此关爱。官校长介绍说,良好师生关系的构建改善了课堂氛围,而高效课堂中的"展示"环节,又反过来促进了师生和生生之间关系的融洽,真是一举两得。为了更好地服务课改,他们形成了"六大层面"抓质量监控的"课改措施",提出了以质量为生命的"四体一控"课堂教学体系——"和谐融洽的师生关系"、"严格科学的常规管理"、"民主开放的高效课堂"。

可启德的课改还是引来了家长们的质疑——"这是拿孩子'做试验'","把孩子交给你们本来是指望能把孩子教育好,可没想到……"

课改遭遇到了巨大的压力。个别老师也开始打退堂鼓了,"这么多公立学校都不敢课改,我们能行吗?"

在冯宝华常务副校长的一再坚持和鼓舞下,教师们的心才稳定了下来。他说:"如果仅关注学生文化知识的学习,而忽略了学生综合素质的培养,这样的教育应该反思。"

莫小副校长耐心听取家长们的意见,并苦口婆心地劝说,家长们的疑窦"化"了。但被一点点说服的家长,却又生出了另一个质疑:启德课改的决心有多大?

官英东直接作答:"突出重围——杀出一条血路——闯出一块属于自己的新天地——找到一片素质教育的绿洲!"

课改的"启德经验"

在课堂教学改革的探索中,启德中学的突出做法是充实教研员,落实岗位职责,使课改任务有效地落实到个人。

他们"聘任"课改中涌现出的优秀教师,充实到教研组,由教研组统一负责初、高中课改课堂的研究。这样,学校就将高效课堂的推广、备课组的建设、青年教师的培养、教研活动的组织开展有效地统一起来。

全面主持教研部工作的莫小介绍,许多优秀的年轻教师都有不同的"定点"班级,深入到班级进行课堂指导。

陈官金老师除了协助完成教研部工作外,主要负责高中课改课堂的研究,指定深入高一年级(4)、(6)班进行指导;同时负责高中课改的还有柯莉老师、刘向锋老师和秦春芳老师。他们分别负责高一年级(1)(2)班、(3)(5)班和(7)(8)班的课改指导。庞素柳、杨卫清、杨吉敏、祁林峰四位老师则负责学校初中部的课改课堂指导。

"启德经验"的第二点是落实好"推门听课"和考评制度。为此,学校下达"指标",除本科组教学研究外,要求一般老师每学期听课不少于15节,备课组长不少于20节,新入职老师则不少于25节。学校将考评组设在了各年级,各考评组负责组织各年级开展课堂考评。每天有专人深入班级了解该班当课学习情况,当堂评价反馈,促进师生共同提高课堂质量的积极性。

"启德经验"的第三点是课堂经验交流。他们通过开展研究课、优质课展示等学科开放活动,以学科相互听评课为载体,提升各科教师的教学水平。

"启德经验"还重视发掘学习潜能,分层次开发学生学习潜力。学校要求老师们创设各种机会,激发学生学习兴趣。学校在各年级各学科组分层次开展各科目的兴趣班、培优辅差班,教研员按照方案指导各年级各科组开展活动,教务部、教研部以监督员的身份保障各项活动的顺利开展和有效实施。

"启德经验"还重视利用课外活动带动课内效率。学校由教务部和教研部发动,各部门牵头,设立文学社、发明创造社、英语沙龙等学习社团,开展演讲比赛、地理知识竞赛等学科竞赛,让学生在丰富的社团活动和学科竞赛中激发学习热情,带动高效课堂建设。

"启德经验"的第六点是组织教研员、骨干教师研究课堂的"有用知识"。在教学上,学校坚持做好学生分类培养;在毕业班,他们坚持做好学生的学情调查,并进行分类,做出针对各类学生培养辅导的具体方案。

莫小介绍,启德学校实行小班制教学,因此学生的小组分配、小组合作学习发挥出了最佳的效果。学校的课堂教学改革也才能在不断摸索中走出来。

"四体一控"原则

"四体一控"是启德中学课改坚持的原则。"四体一控",即四个"体现":体现学生主体地位,体现教师主导地位,体现滚动性训练式主线,体现因材施教,全体学生都得到提高;一个"控制":严格的质量监控。

启德中学的课改,要体现学生的主体地位。在启德中学的课堂上,学生要有足够的时间和充分的思维空间思考问题、自主学习和合作学习;学生能通过自主学习、合作学习和展示掌握绝大部分的知识点,提升自身各方面的素质;学生能自主归纳知识、规律和方法,并形成能力。这是启德中学检验学生掌握知识程度的"标准"。

启德的课改,要体现教师的主导地位。他们要求教师精心编写适合于学生自主学习的导学案;教师要精心设计课堂,课堂的教学活动在老师的指导下有序进行;教师要精心析疑,及时解决学生学习中遇到的疑难问题。教师由教变成了"导",围绕着学生的学习开展教学活动。

莫小介绍说,启德中学一直把教学质量放在重中之重的位置,强调"严格的质量监控",把习题训练作为巩固学生掌握知识情况的主线。他们将知识问题化,让学生在解决一个又一个有梯度的问题的过程中不断掌握新知识。在课堂上,他们有足够的课堂练习,让学生在解决问题中形成能力;在课外,老师们也布置适量的课外作业,巩固知识,掌握知识。

启德中学的课改,还坚持因材施教、全体学生都得到提高的原则。一方面,教师的导学案中有适合各层次学生的问题设置,体现不同层次学生的需求;在教学过程中,教师充分发挥优生的带头和指导作用,重点关注学困生的引导和指导;而分散学习内容中的知识难点,鼓舞学生自信学习成为他们促使全体学生都得到提高的最典型做法。

启德中学把严格的质量监控作为学校课改工作的"龙头"来抓,全力保障每一节课堂的质量。"每节课都有反馈小测,检查知识落实情况";"每节课后教师均要反思,重点找问题,发现问题及时弥补、解决";"收缴和批改学生作业,及时发现问题及时指导";"每单元均设一节知识梳理课,并进行一次单元过关测试";"安排适当的综合性考试,进行知识的滚动训练"。

莫小说,启德中学不但对课堂有严格的质量监控,还从任课教师、班主任、学科组、年级、教务部、董事会等6大层面进行严格的质量监控,保证学校的教学效果,从而办出让学生和家长放心的教育,让社会满意的教育。

校长档案

官英东校长

1990年毕业于东北大学物理系,同年进入华南理工大学攻读硕士,1993年获得硕士学位。

他立足本校实际,借鉴国内外先进的教学理念,提出了"和谐融洽的师生关系,民主开放的高效课堂;严格科学的常规管理"的治校方略,在他的带领下全体教职工大胆开拓,勇于创新,教学成绩连创辉煌,学校的社会声誉日益提高,短短6年间,使启德中学发展成为玉林市具有较大影响力的学校之一。

校长谈

高效课堂是治校的综合工程

冯宝华

2008年11月,我校开展了以打造高效课堂为目标的课堂教学改革。这一改革虽然历时不久,但学校出现了很多可喜的变化。首先是各科的课堂,再不是过去那种教师拼命灌、学生被动地学、课堂气氛死气沉沉的景象。学生主体地位得到应有的尊重,积极性得到了充分发挥,潜能得到了很大挖掘,出现了一派生机。其次,无论课内课外、学生自觉、自主、探究、交流、合作学习的风气较前浓厚得多,绝大部分学生潜心求学。校园的文化气息有了较大的加强。三是课改的实施为广大教师特别是青年教师提供了一个很好的专业发展平台,全体教师的教研水平和教学水平都得到了较大的提高。他们感到高效课堂有奔头、有甜头、有成就感,工作的主动性和积极性大大提高。

不长时间的实践,使我们清楚地认识了一个道理,力行课改打造高效课堂不仅仅是学校教研、教务部门和全体老师的事情,其他部门的工作也必须切实改进,否则打造高效课堂的目标就会大打折扣。

一句话,打造高效课堂是学校治校的综合工程。各部门工作必须协调一致,全体师生必须团结拼搏才行。

首先是学校领导班子的成员,特别是校长一定要改变领导作风,深入教学第一线。因为任何改革都是走前人没有走过的路,不可能没有问题和困难,领导者只有深入第一线,才能掌握领导工作的主动权,才能找到解决问题克服困难的办法。我校打造高效课堂的工作能顺利推进,这是一条很重要的措施,应特别指出的是我校创办的投资人、董事长兼校长官英东先生本学期亲自任课,亲身实践高效课堂,对学校课堂教学改革起了很大的推动作用。

其次是必须强化教师队伍的建设。我校教师队伍的建设面临双重任务,一是稳定,二是提高。作为民办学校,防止教师队伍的流动,特别是防止勇于改革、善于打造高效课堂的骨干老师的流动,是学校重中之重的工作。我校采取了包括解决教师养老保险在内的很多措施,师资得到保障。高效课堂的一个重要目标是培养学生自主学习的能力,这一项工作对老师的业务能力有较高的要求,我校每个工作日均用研讨——实践——反思的形式提高全体教师的业务能力,效果也是很好的。

再次,就是必须强化学生思想教育和良好行为习惯形成的工作。围绕高效课堂的打造,学生思想教育的核心就是教育学生自觉学习的问题,重点是培养学生良好学习习惯问题。有了自觉学习的精神和良好的学习习惯,学生才会自主、探究、交流、合作去学习。必须建立民主平等、团结和谐的师生关系,这个关系一定程度上确定高效课堂的高度。教师必须放下架子,相信学生能行,尊重学生的主体地位,充分发挥和爱护学生学习的积极性和创造性,与学生打成一片,学生才能相信自己,主动自觉快乐地学习,才能最大限度地挖掘他们的潜能。

高效课堂是治校的综合工程。要建设好这一工程,学校各项工作必须切实改进。从我校的实践看,高效课堂的打造也将极大地促进了学校的各项工作。

现在,一个规范、团结、和谐、拼搏的催人奋进的启德在白州大地上大放异彩。

(作者系广西博白启德中学副校长)

关 键 词

启德中学教研部工作常规

一、开学工作常规

1. 充实教研员,落实岗位职责,使任务落实到个人。

2. 分年级成立考评组,将名单传送教务部。

3. 参考学校学期工作计划,拟定教研部工作计划。

4. 收集各年级小组组长、高效科研小组成员及科代表的名单,并召集培训会。

5. 针对高效课堂,对新入职的教师进行理论及操作的培训,主要涉及课堂教学、班级文化建设、班干及小组长的选拔和培养等内容。

6. 对新入学学生进行高效课堂相关培训,主要涉及如何预习、展示、反馈、巩固检测等内容。

7. 与教务部一起组织召开新学期第一次教学、教研工作会议。

二、日常工作常规

8. 落实好推门听课制度。从第二周开始全面实施推门听课制度,随时掌握课堂教学情况,要求一般老师听课不少于 15 节,备课组长不少于 20 节,新入职老师不少于 25 节。

9.组织各年级上好公开课,要求每位教师每学期上4节公开课(分前半学期和后半学期各2节),由考评组成员听课考评,并将考评结果上交教研部。

10.收集整理导学案,做好记录后分科类装盒存档。

11.收集有关课堂教学及教学研究的书籍资料,做好记录后分类存档,并制作表格记录借阅和归还情况。

12.定期登录博白教研室、玉林教科所、中国名校共同体网站,载录重要信息并向全校公布。

13.开展研究课、优质课展示等学科开放活动。以学科相互听评课为载体,提升各科老师的教学水平,要求初高中教研员和各备课组长从第三周开始安排好本年级本学科的开放课人员和时间表,上交教务、教研两部,由两部统一协调、监督活动的开展,并将较好的课堂录像刻录成光盘,作为本校今后培训或交流资料。

14.双周召开教研员和备课组长会议,了解课改进程及状况,组织开展小课题研究,并整理成册作为教研部教研成果存档。

15.组织、检查各年级课题研究活动,并协助做好结题工作。

16.收集各年级课堂考评结果,按月份统一公布。

17.组织编辑《课改通讯》,每两周一期,通报课堂改革信息。

18.收集有关教育教学的图片和录像,为学校文化建设提供素材支持。

三、期末工作常规

19.统计各年级考评组成员听课节数,传送教务部。

20.统计教师所上研究课的成绩,评出各位教师的高效课堂成绩分数,并将分数上送学校办公室。

21.组织备课组长整理一学期的导学案,并分类分年级存档。

22.回归整个学期,写教研部工作总结,上交学校办公室。

23.清点教研部财产,将借出的书籍、光盘等资料收回归档。

河南郑州第102中学

学校档案

郑州市示范性高中、国际夸美纽斯协会成员学校、教育部信息技术与课程整合示范学校、教育部中小学艺术教育示范学校、中央电教馆"交互式电子白板"示范学校、全国中小学计算机教育中心示范学校、全国教育改革特色学校、中国教育学会初中专业委员会常务理事校、东北师范大学信息技术与课程整合示范学校、河南省体育运动传统学校。

学校现有44个教学班,近3000名学生,教职工220余名,教学设施先进,拥有教学楼、办公楼、科技楼、艺术楼、实验楼、塑胶跑道和标准塑胶网球场整齐划一。

近年来,学校在实施高中新课程改革中,以先进的理念和思维方式指导改革,以科研推动改革,以特色促进学校发展,在创新实践中取得突出成绩。

学校管理倡导:尊重个性、培养特长。在借鉴杜郎口中学课堂模式的基础上,勇于探索,大胆创新,在郑州市教育局的大力支持下,巧借地处省会,硬件条件优越的优势,把"预习展示、调节达标"的教学探索和电子白板技术融汇,形成了具有自主特色的交互白板环境下的高效课堂。

用行动解读教育理念,102中学盘活了课堂。102中学瞄准课改突破口,强化校本教学研究,盘活课堂教学常规。目前已形成了"黑板"变"白板"、"课堂"变

"学堂"、"演员"变"导演"、"一言堂"变"百家鸣"的可喜局面。

国家副总督学、中国教育学会常务副会长郭振有先生在102中学调研后,欣然题词:颠覆旧课堂,创造新教育。

课改档案

网络环境下的自主课堂

——河南郑州第102中学的课堂变革

2009年11月23日,河南省郑州市的主流媒体齐聚该市第102中学。一所原本普通的城市中学缘何能吸引媒体的关注?刚刚当选为中国教育学会初中教育专业委员会常务理事的崔振喜校长说:"媒体都是冲着我们的课改来的。"的确,一年多来,郑州102中学在实施高中新课程改革中依靠"高效课堂",打赢了一场漂亮的翻身仗。

他们缘何要选择与课堂决战?他们与传统课堂到底又有着怎样的"仇怨"?崔校长面对众多媒体直言不讳地说:"传统课堂教学的低效、无效乃至负效,严重制约了课堂效益,而且钳制和异化了学生的个性和发展,在扼杀学生的天性,我们忍无可忍了。"

黑板变成了白板

郑州 102 中学到底有什么课改经验？据崔振喜介绍，早在河南省实施新课程之前，郑州市教育局就十分重视课改，并支持 102 中学要勇于开展课改探索。尤其是随着 102 中学和杜郎口中学的"联姻"，豫鲁两位"崔校长"从此携手课堂教学的改革之路，共谋高效课堂的发展。

开始时，学校只是复制杜郎口中学的课堂模式。但一段时间之后，102 中学有了自己的新思路。他们巧借地处省会、硬件条件优越的优势，把"预习展示、调节达标"的教学探索和电子白板技术融汇，形成了该校具有自主特色的"网络环境下的自主课堂"。

学校还针对在课堂教学中遇到的诸多问题，每周由备课组长把"问题"汇总至教科室，再整理分类，然后把梳理出的问题以小课题的方式分解到备课组，让教师在常规的教学活动中进行探讨研究，营造一个时时在教研、处处能教研、人人会教研的管理机制。

导学案的编制是高效课堂的方向盘和路线图，102 中学在探究的过程中总结出了自己的特色管理模式，即导学案的"三化"——层次化、多元化、人文化。层次化是让不同的学生都能完成自己的学习任务，享受学习的成就感和快乐。多元化是加入了学科之间的整合与渗透，提升学校的学科整合能力，培训学生的交叉思维方式与习惯。人文化是在知识中渗透人文背景和人文元素，让知识鲜活起来。

用行动解读教育理念，102 中学盘活了课堂。郑州市教育局这样推介 102 中学的课改经验：一是瞄准课改突破口，二是强化校本教学研究，三是盘活课堂教学常规。还介绍了学校的具体做法："黑板"变"白板"；"课堂"变"学堂"；"演员"变"导演"；"一言堂"变"百家鸣"。

给课堂插上腾飞的翅膀

开放的课堂教学模式需要学生有足够的展示空间。可102中学每个班70人左右,班额过大如何实施课改?

崔振喜说,有了"开放"的教育思想,未必一定要机械地模仿杜郎口中学的四面黑板。他们决定用交互式电子白板取代黑板。

"没想到,'白板'比'黑板'的效果好太多了!"崔振喜说,学生把预习好的导学案及课堂展示的内容课前上传,上课时就不用忙着记笔记和在黑板上临时书写了,挤出的大量时间可以用于师生之间、同学之间的交流互动,极大地提高了课堂效率,受到了师生们的欢迎。从而让师生的交互合作成为一种常态,人机互动、师生互动、远程互动成为现实,新课程倡导的自主、合作和探究的学习方式成为现实。

学校主管教学的副校长孙丽宏说,102中学引入交互式电子白板,表面上看分到每个人、每个小组展示的板面少了,但是借助白板的快捷、方便,展示过程依然十分紧凑、高效。而且交互式电子白板还有储存、记忆功能,自由调用,在学生的巩固、反馈中,变得十分方便快捷。

据学校刘可平主任介绍,102中学已经将教室内的交互式电子白板连通网络,每一节课后,包括老师的课件,学生的解答过程、修改过程,教师的讲解圈注等都可以储存下来,自动上传至校园网络,供老师、学生们调阅、反馈、总结、互动。

崔振喜说:"交互式电子白板就如同给开放式课堂插上了腾飞的翅膀。"

"课堂角色决定生命力"

经过近一年的课改探讨,102中学的课堂渐渐变得有声有色。可要继续向纵深发展,还必须彻底弄清楚,教师在课堂上究竟应该干什么,不应该干什么。于是,他们采用课堂剖析、教师论坛等形式,让教师们充分认识到自己的课堂"角色"。

"课堂的角色决定着课堂的生命力",崔振喜总结说,找到了关键便会一通百通。从此102中学的课堂发生了质变。

"课堂"变"学堂"。教师不再是按部就班地讲题授课,而是引导学生进行自主学习成果的展示或就某一疑点进行探讨交流。教师只是在学生遇到无法解决的难点疑点时,即时给予点拨。"演员"变"导演"。教师由课堂上滔滔不绝满堂灌的"演员"转变为策划组织引导学生自主学习的"导演",所采用的"剧本"即"导学案"。

经过半年多的探索和研究,学校提炼出了"预习、展示、调节、达标"的课堂模式。预习可以是个人,学习对子之间,也可以是小组学生之间,小组之间。展示是让更多的学生成为课堂的主角,教师让位于学生的自主学习。调节是课堂的杠杆,是高效课堂的成败所在。达标是课堂的结果,达知识标、达能力标、达情感标。

"一言堂"变成"百家鸣"。如今在102中学的课堂上,教师更加关注学生智慧火花的迸发、知识的生成和心灵的成长。学生的学习由原来的一言不发被动接受变成为情感态度价值观的探究、体验和感悟。

为把课改引向深入,学校还实施了"三步"措施:一是专家引领,依靠校内外的专家对教师进行教学的引领和培训;二是学校不断对教师和学生进行课堂技能培训,保证课堂教学的高效率;三是做好集体备课,在导学案的编制和设计上下工夫,备好课;四是上好年级的研讨课,学科组集中力量听课,指不足,定措施,帮助上课教师完善课堂设计。

"新课程改变了我的一生"

"学校的教室、书本、教学方式、校园环境……都是焕然一新。"初一(5)班的吴卿同学这样描述学校的变化。"我变得坚强,变得勇敢,变得更加有恒心,学会了坚持,学会遇到困难哭是没用的,还学会了去大胆尝试,只要有自信,就一定会成功!"初一(6)班的王宝意同学描述了学习环境对自己的影响。

初一(1)班的郑向宇同学也描述了自己的变化:"原来,我从来不敢上讲台讲话……但是老师让小组每个人都要上台去展示。第一次,我的声音小得像在说悄悄话,声音也很抖。不过,在老师的鼓励下,我提高了嗓门,全班同学用掌声鼓励我。就在一次次的尝试中,我胆子大了很多,在众人面前不再扭扭捏捏的了。一个月以后,我发现我变了,爸爸妈妈也悄悄地议论说我变了……"

期中考试,初一年级的作文中,刚入校的同学们不约而同地写到了高效课堂。这让七年级年级长何培谊欣喜不已:"我们的孩子居然有这样的认识和收获,确实让我们感到意外。"

崔振喜说,"把学习还给学生,把教室还给学生",彰显出民主的办学理念;"教育是理想更是生命"让教师时刻充满自信与快乐,有教育理想的人才能焕发出教育的智慧和动力;教育改革是学校发展的不竭动力,教育创新是教育品牌的灵魂。教育改革的路很艰难,但选择了就一定要走下去,因为风光总在险峻处。

校长档案

崔振喜校长

西南大学教育学硕士,中学物理高级教师,中国名校共同体副理事长,中国教育学会初中专业委员会常务理事,中国教育学会农村教育分会专家委员会教学专家,河南省教育学会理事,河南省素质教育研究会常务理事,河南省教育学会中小学心理健康教育专业委员会理事,河南省骨干教师,河南省素质教育研究会理事,郑州铁路局名优教师,郑州铁路局先进教育工作者,陕西师范大学兼职教授。先后有《素质教育呼唤什么样的教师》等20多篇论文发表在全国教育核心期刊上。

曾经主持教育部"十五"重点课题《基于现代信息技术环境下学与教的理论与实践研究》子课题的研究,2005年8月通过中央电教馆认定,主持中国教育学会"十五"课题《创新写作教学研究与实验》子课题《中学语文创新写作》,2005年7月通过了全国中语会的认定。

校长谈

教育就是解放学生

崔振喜

昨晚阅读《环球人物》2010年第3期(下),介绍了德国美女萨布瑞亚的经历,又一次让我受到感染。作为教育工作者,如何审视我们的教育,如何让教育走向真实,是我一直在关注的一个问题。

萨布瑞亚出生于1970年德国波恩的一个小镇,12岁时由于色素性视网膜病变导致失明,家庭并未放弃她,她随后被父母送到了盲人学校。在父母和教师的激励下,她凭借顽强的毅力适应了盲人的学习方式和生活方式,通过努力考入了德国波恩大学,并选修了中亚学,同时选择了藏、蒙学的研究。她依靠电脑听音乐分析器的帮助,专门学习了藏文。在学习的过程中,她发现世界上还没有藏盲文,并产生了开发藏盲文的念头,自己试着根据盲文的特点和藏文字的结构,经过不懈的努力,研究出了比较易学实用的藏盲文,填补了世界语言学的一个空白。1997年即将大学毕业时她主动到西藏进行考察,她租了一匹马,边走边调研,她发现这里的盲童由于受到世俗的影响,无法上学,生活十分悲惨,甚至连父母也歧视他们。当地还有个民俗,人们认为盲人是因为前世造了孽而受到了神的惩罚,因此在当地很受歧视。由此激发了她决心留下来,给雪域高原上的盲童

创造受教育的机会,改变他们的人生及生活。而且,1998年6月她成功地向德国政府申请到了西藏助盲项目的资金,在此后的12年里,她扎根西藏,不怕辛苦,克服了种种困难,从招收的6名孩子开始教育,不仅进行初步生活技能和初级教育的培训,还进行盲人按摩、音乐、美术、手工编织等课程的教学,还让有天赋的孩子学习医疗和护理知识,经过两年的训练,他们都可以进入常规学校学习了。最后她的学校招收到了96名学生,从4岁到17岁不等,尤其是他们进入正常学校后成绩非常优秀,深受老师和同学的喜欢,改变了盲人的整个家庭,培育出了西藏历史上第一批能够阅读的盲人。萨布瑞亚最终被入选2010感动中国十大人物。她的理念是"人类的幸福就在给予者与被给予者之间的转变"。她常常激励学生,"我们可以拥有人生的目标,不仅可以做成事,甚至可以做一些正常人做不到的事",这就是萨布瑞亚内心深处的信念和追求,也是给世界最有价值的财富。

读了这个故事,我在深思,到底我们的学校在做什么?我们的国家要培养什么样的公民?

萨布瑞亚的成功给了我几个大的启示。

一是要让每个孩子对自己的未来充满信心。萨布瑞亚12岁就失明,但是她的父母并没有放弃她,而是把她送进了盲人学校进行学习和训练,首先培养她的生活技能和学习方法,并激励她努力奋斗,实现人生的最大价值。但是她如果是生活在我们国家会是怎样的结局?

二是人必须要有爱心。人的一生并不只是为了享受,占有物质的多少,而是要有自己的理想和未来,学校和社会就是为每个人创造发展的机遇和环境,爱心是相互的,也是需要大家共同努力才能实现的一个境界。现在我们很多的父母都发现我们的孩子没有爱心,非常自私,我们为什么没有反思我们的教育方式和教育理念,特别是家庭应该拿什么给孩子更适合孩子的成长。萨布瑞亚的成功难道不值得我们借鉴和反思吗?为什么西藏的第一个创造盲文的人不是我们中国人?为什么关心西藏盲童的第一人不是中国人?为什么政府没有能够关注到弱势群体的人生与未来?

三是要解决好残疾人教育和人生问题。我国是一个人口大国,同时也是世界上残疾人最多的国家,如何解决他们的生存问题,正是我们必须要面对的。教育不是让所有的学生考入大学,接受所谓的高等教育,而是让人对自己的未来充满信心和自信。四是我们的教育必须回归人性的教育,尊重人、发展人、解放人是教育的真谛。

关　键　词

郑州第 102 中学"网络环境下的自主课堂"模式介绍

在新课程改革的大背景下,102 中学一直努力构建"把课堂还给学生,把时间还给学生,把能力还给学生,让课堂充满生命活力"的理想课堂模式。

依据郑州市"调节教学"理论,将现代信息技术与课堂教学实行有效整合,郑州第 102 中学形成了"网络环境下的自主课堂"。这种课堂模式的核心是"道德与自主"("道德"的涵义即尊重学生、相信学生、依靠学生,把学习的权利还给学生,让课堂充满鲜活的生命力;"自主"是让学生自主学习、自我管理,做学习的主人),价值是"安全和合作"("安全"包括心理安全、人格安全、话语安全;"合作"的涵义即教师之间、师生之间、生生之间合作共赢,共同成长)。

"网络环境下的自主课堂"突出"网络环境"这一特色。

学校地处河南省省会郑州,硬件条件比较优越,师生信息素养较高。近几年来,学校办过"网班",开展过"大教研"活动,承担过全国"十一五"课题——"信息技术与课程整合的教学策略研究",老师们利用多媒体技术整合教育教学资源的能力很强。如何发挥自己的优势进行课堂教学改革？学校从校情出发,提出了具有特色的基于网络和交互式电子白板环境的高效课堂,让高效课堂的每个环节与学生、教师的智慧和多媒体元素相互融合、相得益彰。

目前,102中学44个教学班全部安装了"班班通"提升设备。在网络环境下,备课系统使师生在开放的学习平台上共享备课的乐趣、浏览学习资源的快感及学习成就感;预习功能,提升不同层次学生的学习兴趣、学习能力与学习质量;展示功能,充分发挥学生的网络技能和信息素养,让学生享用丰富多彩的网络资源,展现学习成果;反馈功能,通过网络管理系统进行教学的即时反馈和矫正;评价功能,通过网络的评价系统进行学生实时评价及阶段性评价。同时家长和社会也可以通过视频随时观摩每一堂课的学习状态,形成真正意义上的开放课堂、人文课堂、安全课堂。

在交互式电子白板环境下,因白板具有倒计时、擦除、图层、透明、探照灯、幕布、书写、绘画、涂色、照相等效果和功能,可以设计出多种形式的学习活动。这无形当中增强了学生的学习兴趣,活跃了课堂气氛,调动了学生的参与热情。白板的资源库功能,也为师生的活动提供了丰富的素材。白板环境下的课堂,使师生真正互动,学生有了更多到白板前展示、表现、练习和合作的机会,这就在教学中更凸显了学生参与的主体地位。这种优势,即学生与白板的交互,有利于培养学生积极探索、主动建构的能力和意识。

在具体模式架构上,"网络环境下的自主课堂"由"预习、展示、调节、达标"四个环节组成。

预习:课前预习、课堂预习和释疑;

展示:组内的小展示与全班的大展示;

调节:利用郑州市教育局"调节教学"理论,提高课堂教学的效率与质量;

达标:当堂学习的小结、检测、知识达标和正向评价。

这四个环节在课堂上呈现的流程是这样的:

1.创设情境,引入新课。

2.明确学习目标。

3. 自主学习。

4. 合作探究(对学、群学)。

5. 展示交流。

6. 疑难点拨(调节)。

7. 当堂检测(反馈)。

8. 课堂评价。

江苏南京竹山中学

学校档案

创建于1991年3月,1999年11月通过首批江苏省示范初中验收,2000年4月正式挂牌,成为首批江苏省教育现代化工程示范初中。学校现占地亩63亩,校舍面积23000平方米。现拥有54个教学班,在校生2826人,教职工200多人,拥有市级以上名校长、学科带头人、青优10人,区级学科带头人、骨干教师64人,国家、省、市、区级先进51人,中学高级教师42人,硕士研究生6人,已经形成了一支以各级名师为主体的高素质师资队伍。

学校始终坚持正确的办学方向,规范办学行为,注重内涵发展,积极推进课堂教学改革,打造高效课堂,全面实施素质教育。出色的党建团队工作,良好的师德师表形象,和谐的人性制度管理,高质量的教育教学,使学校的综合办学水平连续多年名列全区前列,成为江宁公办初级中学的领头羊,在江宁区乃至南京市,都具有较高的知名度,每年向国家级示范高中、省重点中学源源不断输送了众多优秀毕业生。

学校坚持"为了一切学生,无论是城市的还是乡村的,活泼的还是文静的;为了学生的一切,无论是品格还是能力,生理还是心理;让学生享受学习的快乐,让教师体验育人的幸福,让家长收获成功的喜悦"的教育理想;坚持办有品性的教育——向上,办昂扬奋发的教育;仁厚,办仁心厚重的教育;和谐,办和合协进的教育;遵循"发展学生,使学生成才;发展教师,使教师成长"的办学目标,开展学生"五自"(自主管理、自主学习、自我服务、自我教育、自我发展)和教师"两师"(师德建设、师能提升)建设。

　　学校先后获得江苏省首批教育现代化工程示范初中、江苏省教科系统模范职工之家、江苏省总工会学习型组织示范点、江苏省党建工作先进单位、江苏省群众体育工作先进单位、江苏省青少年法制教育先进学校、南京市文明单位、南京市德育先进学校、南京市科技教育特色学校、南京市课堂教学先进学校、南京市校务公开先进集体、南京市教科研基地、中国教育学会课题研究基地、中国西部地区教育顾问单位、南京市首批素质教育示范初中等荣誉。

课改档案

竹山中学:为课改提供"文本"

　　早在2008年5月,江苏省南京市江宁区竹山中学就开始了课改的"破冰之旅"。他们以导学案为抓手,通过开放课堂教学来落实学生的主体地位。走班制、分层教学、互助合作,"竹中"妙招迭出。近两年时间,围绕高效课堂建设,竹山中学所规划设计出来的一系列制度性"文本",成为该校实现脱胎换骨的发展推手,为当下方兴未艾的高效课堂探索,提供了行业参考。

课改的"助燃剂"

校长笪鸿山认为,高效课堂能否得以顺利实施,关键看组织机制是否健全,制度是否执行到位。为此,学校专门制定了《推进教学改革实施方案》,成立了协调小组、学科指导组、教改科研组、督察小组和相关的培训机构(教师培训、班主任培训、学生培训和家长培训),统筹安排"高效课堂主题月"活动,全面引导学校教改工作循序渐进地开展。

他们还把想法变成了"文本",《导学案的编写及使用制度》、《学生学习规范要求》、《小组建设及评价制度》、《教学改革研究制度》等规范相继出台。对教学中发现的诸多问题,他们对照文本的要求进行修复和完善,然后再反过来对文本实施二次修订,正是通过这样的"相互印证",从而找到了课改的第一个"推手"。课堂、学生、教师、学校被激活了,竹山中学也借此一跃成为课堂教学改革的规范样板学校。

竹山中学的文本性规范,是从备课和上课开始的。该校成立中心备课组,两到三人间成立合作互助组,两组加强对备课的指导和研究,提高备课的质量和效益。《高效课堂备课要求》首先规定备课流程:教师要根据备课组"要求"独立备课;主备教师备好所承担任务的课,按学校统一格式,交给备课组长,备课组长提前一周发给组内教师,每位教师认真研读;备课组按规定时间进行集体备课,集中研讨;主备人说课,其他教师提供修改意见,主备人做好记录;主备人根据集体备课的研讨结果修改导学案,形成规范的导学案;备课组长审核导学案,审批后印刷;教师上课前进行二次备课后再使用。而《高效课堂上课要求》则规定了课堂教学的详细流程,教师上课由此有了依据。

竹山中学教学文本的出台,大多都是教师们基于自己的课堂实践操作,在经历和经验的基础上,经集体智慧反复提炼而成的,因而具有较强的针对性、实用性和指导性。如该校的《导学案的编写及使用制度》就经过了老师们热烈的讨论,集中采纳了杨兵、赵有明等四位教师的建议。《学生学习规范要求》的制定及使用同样也是参照了魏宏虎、张忠、刘晨等老师的意见出台的。

正是在这样的背景之下,竹山中学相继制定和出台了一系列的"规范",并以此为标志形成了竹山中学高效课堂的一套严谨科学的体系,成为整体提升教育教学质量的第二个"推手"。

问题即课题

2009年是南京市教科所推行的"教师教科研"年。竹山中学也在继文本出台和实施之后,把教师教科研作为学校课堂教学改革深入发展的第三个推手。

笪鸿山说,竹山的教师教科研,提出了"问题—课题"的方法,将教师引导到由问题出发深入思考形成课题的解决方法上来,并将课题研究形成系列化。

笪鸿山介绍,他本人就主持了三项课题,分别是《初级中学互助合作学习型班集体建设的策略与途径(初中专项)》《新兴城区初级中学学习型班集体建设的策略与途径》和《以学生为主体,以小组为单位互助合作学习研究》。

学校物理教师谢丽从物理课堂教学的实践出发,结合课堂教学的具体案例,将"物理学科课堂在高效课堂下怎样运用策略和方法"的问题"升格"成了《竹山中学物理高效课堂教学经验建构策略与方法的案例研究》的研究课题,这一课题还成为了"十一五"立项课题教育部规划子课题;陶宏霞老师是一位善于思考的英语教师,她从英语教学的实际出发,并利用业余时间深入研究任务型教学方法,创设出《初中段英语任务型教学过程的有效性研究》课题。

这样的课题还有很多,学校结合教改,以国家、省、市区课题为引领,以小课题为基础,积极开展教科研工作,目前学校有市级以上课题8个,区级以上课题42个,教师申报的小课题有169个,学校为此专门编写了教科研指导手册。由问题到课题,由课题解答问题,已成为竹中领导和教师的共识。

在竹山中学,几乎每一个教师都有一项课题,每一位教师都是某一项课题的负责人,课题的数量之多,研究方法之新,在全国初中学校中实属罕见。"问题—课题"的解决方法不仅大大促进了竹山中学课题的数量,也在很大程度上促进了学校教师教科研的推进和教师的培养。仅在今年下半年,就有鞠爱华老师代表江苏省在长三角"黄浦杯"论坛上发表演讲,刘晨老师的信息技术与学科课程整合的教改课获全国一等奖,潘森云老师二次入围全国教育教学改革优秀教师,胡雯老师在高效课堂下班主任工作成绩突出,被评为全国十佳初中班主任……

特色制度

在采访中笔者了解到,竹山中学创造出了许多具有"竹山"特色的教育教学方法,这其中实践较为成功的是"走班"教学、名师工作室。学校还通过人事制度改革、年级组主任负责制、教科研、学生"五自"发展(自主学习、自主管理、自我服务、自我教育、自我发展)等促教学改革。

竹山中学还设有自己的"教科员",成立教科研中心组,设立"教科员分工承包制度";为有效推广实施教师教研成果,竹山中学创造出"双向推广制度",即普及高效课堂教改理论与实践,传递教研教改信息,配合校内外专项活动,收集教改新资讯,有选择地印发相关资料,实现畅通的双向推介;依照高效学习小组模式和评价方式,在教师中建立"互助合作小组",采用自主、合作、探究的方法,建立各学科师徒队伍,组织新老挂钩,以老带新,以新促老,帮助新教师熟悉业务,徒弟研究师傅,协助老教师总结提炼教学经验,在推进教改的道路上同频共振,群体优化。

竹山的另一特色制度是"生生都是科代表,师师都是科主任"。各行政小组内部通过自主申报、竞聘,每名学生均担任1~2科的科代表,通过教师培训指导,让学生科代表承担起组织管理、补差培辅、检查督促的作用,让学生"人人有事做,事事有人做"。

对于教学经验的梳理,教学成果的总结,学校还设立了"特色总结制度":在走班教学、互助合作学习、友善用脑、教改高效能和素质教育的体现等方面,研讨方案,集思广益,提炼集体的智慧,形成办学文化,并向兄弟学校、教育主管部门和社会"取经"。

竹山中学还规定每一项工作都需要随时检查常态的执行情况,制定有效的考核制度,保证教学改革研究的质量,如学校教科员队伍实行常态的指标性管理,动态的集散沙龙管理;名师队伍实行履职目标管理;教师以所取得的教科研成果纳入学期教学质量综合考核;教学改革科研小组的工作需要学校教改工作领导组的综合指导和考核等。

在笪鸿山的带领下,竹山中学在高效课堂的快车道上不断向前。但他认为,对于课改的认识,课改要达到真正的高效,还有很长的路要走。

校长档案

笪鸿山校长

1980年7月南京晓庄师范毕业,2003年8月任南京市江宁区教育局普教科副科长,2006年8月至今,担任南京市竹山中学校长。

曾4次获得南京市江宁区先进教育工作者,先后当选南京市江宁区人大代表、江宁区党代表,被南京市人民政府授予"行知奖"、"南京市劳动模范"。获江苏省优秀青少年科技教育校长奖。

校长谈

课改改什么，课改需要什么

笪鸿山

台湾著名作家张晓风在送儿子上学的第一天，就向学校发出追问："我，一个母亲，向你们交出我可爱的小男孩，而你们将来还给我一个怎样的人呢？"这是一个母亲的追问，也是所有母亲的追问，更是一个国家和一个民族的追问！国运兴衰，系与教育，教育兴，才会人才兴；只有人才兴，国家才会兴。

国兴需要人才，人才哪里来？素质教育是人才成长的重要途径。实施素质教育，抓手是课程，重点在课堂，关键在教师。课堂上只有通过老师的组织、点拨、控制和激励，让学习的主人——学生自主学习，合作探究，找出解决问题的方法，才能实现新课程的"三维目标"，这样的课堂才是实施素质教育的有效途径，而这种高效课堂的途径和方法正需要我们去探究，去实践的。而"师问生答"、"师讲生听"的单一、被动的传统教学方式是有悖于新课改要求的。因此，必须要改，必须要变。

课改改什么？一是改观念，教师应该成为学生主动学习的推手，学生才能在获得高分的同时收获高能，从而为学生的终身发展奠基；二是改方法，教师只有减少对学生的控制，放开对学生的制约，学会真正地评价学生，学生才会有独立的思考，才会有更丰富的答案；三是改模式，高效课堂是最接近于理想课堂的教学形式，它以模式为驱动，以导学案为统领，以自主、合作、探究为核心，以"三维目标"为教学目标，以学生的发展为方向的一种新型教育思想体系；四是改评价，高效课堂的评价体系，以教师如何教会学生，使学生肯学习、会学习、能学习、爱学习，以及学生是否主动参与教学活动作为评价的核心和出发点，真正把关注课堂的着眼点从教师转移到学生，从知识的传授转移到学生能力的培养，这就从根本上解决了教与学的问题，解决了教师为主导、学生为主体等诸多问题，从而确保把课堂真正交给学生，实现课堂教学的嬗变。

课改需要什么？一是课改需要胆识，高效课堂作为一种新兴的教学模式，能否在知名公办学校顺利实施，面临着领导、老师、家长、社会的许多质疑，在学校高位发展的情况下，是否影响教育教学质量的提高，学校面临着巨大的压力；二是需要智慧，只有通过认真学习、精心研究、统一思想、加强培训，才能制定切实可行的实施方案，建立有力的保障措施，只有在制度和机制上予以保证，才能使课改之路越走越远，越走越宽；三是需要践行，必须通过不断的实践，不断的总结，实现不断的提高；四是需要坚持，改革过程中会遇到很多的困难和曲折，特别是改革初期会有各种不同的声音，会出现诸多问题，我们必须建立信心，积极实践不断探索，认真总结，不断完善。

泰戈尔曾说："教育的目的应当是向人传递生命的气息"，这是告诉我们教育是"唤醒"，教育应为学生的终身发展服务，教育成功了，民族的希望就实现了。

我很喜欢鲁迅先生的一句话，"学生是乔木，教师是泥土。"也送给大家。

关 键 词

南京市竹山中学导学案的编写及使用制度

一、导学案的编写

(一)导学案编写基本要求

1.容量要求：八开纸，页边距、中缝1.5厘米左右，正面导学，课后作业全部放在背面。

2.知识问题化。根据学生的认知特点，精心设计学案内容的结构，这样课上问题就较为明确且问题坡度较小，学生解决问题的过程就是完成学习的过程。

3.问题层次化。问题设计分为A、B、C、D四个层次，A为识记级，B为理解级，C为应用级，D为拓展级。

(二)导学案编写的基本原则

1.主体性原则。导学案设计不同于教案，必须尊重学生，注重充分发挥学生的主观能动性；必须信任学生，留给学生时间，让学生自主发展，做学习的主人。

2.探究性原则。使用导学案的目的主要是培养学生自主学习的能力,导学案的编制要有利于学生进行探索学习,从而激发学生思维,让学生在解决问题的过程中体验到成功的喜悦,所以一开始设计内容不宜过于复杂,要让导学案成为学生学习的路线图、方向盘、指南针,是学生学习的梯子、台阶。

(三)导学案编写的基本环节

1.学习目标。知识目标:学生需要了解、掌握、运用的概念、公式、要点等;能力目标:需要学生提升哪些能力;情感目标:仔细挖掘蕴含在学习材料中的道德情操、审美趣味和个性发展目标。目标要简洁、清晰、准确、全面。

2.重点难点。根据学生认知水平、知识背景,预测可能出现的难点;根据课程标准、考纲,确定重点,提醒学生要重点掌握的问题,激发学生克服困难、解决问题的信心。

3.使用说明。把本节内容融贯于该学科整个初中学习过程中,以往所学哪些知识点为本节铺垫,本节为以后的学习做了哪些准备(即助学资料),本节学习需要哪些其他知识。对当堂学习内容进行学法指导,或对某一环节的设置、某一问题的深入进行点拨。

4.自主学习:复习巩固的内容可以以少量的题目进行复习,导学部分的内容不能习题化,应将知识点问题化。

5.合作、探究与展示。

6.当堂检测。

7.课堂总结。有针对全堂课的反思,有针对某一问题的反思;有提示性反思,有个人反思。课后还要有教师的反思。

8.作业布置。

(四)导学案的编写过程

每周集体备课时间,组内成员集体备课,研究下一周的导学案并分配接下去一周的备课任务。修改后交给主备人,主备人再次进行修改、梳理后交给包科领导,包科领导签字后送油印室印刷。

具体流程为:主备人自主备课——包科领导审核——主备人修改——组内集体研讨——主备人再次修改——包科领导签字印刷。

二、导学案的使用

(一)新授课

1. 课前活动；

2. 导入、出示学习目标；

3. 自主学习；

4. 小组合作探究；

5. 高效展示、点评；

6. 巩固落实、检测过关；

7. 总结、评价课堂。

(二)讲评课

1. 反馈检查情况；

2. 研究错因、自主纠错；

3. 小组合作、探究；

4. 展示交流；

5. 落实、巩固；

6. 总结、评价课堂。

江苏昆山前景学校

学校档案

始办于2002年,下辖昆山开发区前景学校、昆山花桥前景学校及昆山蓬朗前景学校3所分校,共计6000余名师生,是昆山市规模最大的民办教育集团。

8年来,前景教育始终遵循"为每一位学生的发展提供合适教育"的教育理念,一贯秉承"不让一个学生掉队,不让一个教师落伍"的办学宗旨,牢固树立"质量立校、科研兴校、管理强校"的办学思路,大力提倡素质教育,努力培养学生的实践能力和创新精神。

前景教育集团十分注重学生与教师的终身发展,致力于具有前景特色的"组合式"大课堂教学模式的实践与研究,应用全新教育理念及教学方式激发学生学习兴趣,探索了成功的自主、合作、探究的学习方式,获得了良好成效。8年来,学校先后荣获中央教科所授予的"教改先锋,育人模范"称号,苏州市授予的"苏州市常规管理示范校",清华大学授予的"学生创造力培养实践示范基地"。

课改档案

课改的"前景"

——江苏昆山前景学校的"三环五步"课堂模式

2009年12月16日,江苏昆山经济开发区结对帮扶、送教到校暨外来工子弟学校一日现场展示活动在前景学校举办。昆山市教育局周雪明副局长在观摩了前景学校的教师反思会、"PST"高效课堂展示、课间操、教研活动之后,称赞前景学校"学生大方自信"、"教师朝气蓬勃"。

作为一所创办仅有7年的民办学校,前景学校如同飞速发展的昆山经济开发区一样,飞速地成长。而以招收外来务工人员子弟为主的他们,扎根于课堂教学,"不让一个孩子掉队",赢得了社会广泛的认可。清华大学心理学系主任彭凯平教授赞誉前景学校,是"创新教育的领跑者"。

"三环五步"模式

前景学校的课堂教学模式是"三环五步"。

"三环"是指课堂教学的三个主要环节,包括"预习"、"展示"、"测评"。"五步"是课堂三环节的具体实现过程,包括"明确目标任务"、"预习问题展示"、"小组合作交流"、"方法生成展示"、"当堂反馈测评"等学生在课堂中的学习过程。

张雷董事长介绍,"三环五步"教学模式其实是杜郎口中学"三三六"高效课堂教学模式在前景学校的具体应用。他说,学校以课堂改革为核心的教学改革持续了多年,但多年的摸索换来的依然是一派似新实旧的景象。学生仍旧学得累,教师依旧教得辛苦。

面对对传统课堂麻木、厌倦甚至反感的孩子们,张雷敏感地认识到,只有进行课堂改革,充分发挥学生的课堂主体地位,尊重学生的人格健全和精神的成长,才能彻底激发学生的学习欲望,从根本上扭转他们不端正的学习态度。

从杜郎口中学参观学习返校后,课堂应该怎样上?教师应该怎样做?学生该如何引导?该怎样展示?全校性的教师集体大讨论就此展开了。学校要求老师们大胆解放思想,进一步加强对杜郎口高效课堂教学模式精髓的理解。为此,学校也通过一边树立典型,一边稳步推进的方式,"稳抓稳打"。

张雷说,暑假的两个多月时间,学校中层以上的领导干部都没有休息,大家群策群力,在"四优"课堂评价体制的基础上,终于形成了具有学校特色的"三环五步"课堂教学模式(简称 PST 课堂教学模式),一系列相关的课堂教学评价制度也相继制定出来。

"落实"出前景

在"三环五步"课堂教学模式面向全校推广应用的过程中,张雷把"执行力"放在了首要的位置上。

首先是学校建立起 PST 高效课堂验收程序,保证课堂的达标。他们将课型分为组内把关课、组内达标课、校级验收课、校级经典课五大类,其中组内把关课由年级组长验收,组内达标课由学科组长验收,校级验收课由校级评价组验收,校级经典课由教科处、教务处联合验收。同时作为较高要求的校级验收课和校级经典课,学校要求它们的比例要分别达到 90% 和 50%,标准定在了一个较高的层次,对授课教师进行严格的要求。

在评价体系方面,他们通过教务处、教科处、德育处与年级组、学科组之间的协调,实现有效的捆绑式管理。教务处、教科处、德育处三处只对年级组或学科组进行团体总评,再由年级组长或学科组长对本组成员进行具体评价,每月一总结,月月作评比,月末有公示。学校教务主任徐维发老师说,这样捆绑评价的好处:一是充分发挥年级组、学科组长的工作主动性,提高了他们的责任意识;二是加强了团队成员之间的合作意识;三是增强了团队之间的竞争力度。

在摸索中,学校每天都要召开教师及学生的反思会。每天中午固定的时间,老师们集中在一起总结前一天下午及当天上午的课堂教学情况,采取批评与自我批评的方式,重点谈课堂教学中的不足,以便及时整改。发言人主要是上课教师、评价组成员、年级组长、值日领导等。

在教师反思的同时,各班学生也在教室反思。学生反思会由值日小组组长主持,各组学生总结自己一天各方面的表现,尤其是在课堂中的表现,以便扬长避短。

张雷说,前景学校的管理是高效管理,还体现在多元化和立体式上。学校领导班子是方针政策的方向盘,家长代表委员会是家校联系的纽带,学生自治委员会是学生全面自主的旗帜,班级小组轮流值日是锻炼班级小主人的熔炉。通过这些措施,学校建构起了立体式、多层面的监督和管理。

完善流程和职能是有效实现执行力的保障。课改要寻求家长的支持,前景学校及时将家长需求转化为学校发展的原动力,实现了与他们的"无缝"对接。如举办的PST课堂开放日活动,就是为了能让家长理解并更好地接受新的课堂教学模式。从完善职能出发,学校重点做好两个方面,一是完善教科处和教务处的分工和合作;另一个方面是加强年级组的建设,充分发挥其作用。

构建和谐的人际关系和校园文化是实现最大执行力的最佳方式。学校文化作为一种隐性的力量,在关键时往往能释放惊人的力量。学校文化是可以塑造的,它可以由学校的相关人员精巧设计,并通过一系列有效手段,有针对性地传达给学校的每个教师。

张雷说,在强调执行力的过程中,也需要做好诸多细节。在学校的课改刊物《解放》上,笔者看到了他写的《给领导、老师的十八条建议》:对上课来说,流程比进度重要;对评课来说,评意识比评问题重要;对反思来说,改正比纠正重要;对

组长来说,标杆比标准重要;对班主任来说,被喜欢比严管重要;对导师来说,指导比示范重要;对中层来说,解决比解释重要;对学生来说,调动比互动重要;对老师来说:高效比高分重要;对校长来说:发现比倾听重要;对问题来说:思想比方法重要。这是有效执行力的一个很好呈现。

"集团课改"谋略

昆山经济开发区前景学校是前景教育集团下属的三所学校之一,其他两所学校分别是花桥前景学校和蓬朗前景学校。

前景教育集团以"集团课改"为谋略,通过昆山开发区前景学校的带动和示范作用,推动整个教育集团的课改。在昆山前景的带动下,花桥前景也形成了自己的PST高效课堂模式,蓬朗前景则进一步制订了"堂优一二三"课堂评价标准、课堂教学激励措施、课堂展示标准等。三所学校之间互相学习,互相竞争。集团还经常组织三所学校之间的互动联谊活动、同学科"同课异构"活动等,组织教师之间的互相"串门",其目的则是互相学习、取经、督促。

张雷说,前景教育集团充分利用三校鼎立局面,最大限度发挥三校各自优势,形成了竞争浓烈的课改氛围,努力推行前景教室里的革命。三校经常联手举行教师高效课堂比武、教师"走校"上课听课等活动。正因为有了三校争先恐后的优越格局,前景教育的高效课堂改革仅用三个月的时间就驶入快车道。

前景学校在提出"不让一个学生掉队"的同时,也提出了"不让一个教师落伍"的办学宗旨,使教师们牢固树立"只有改革创新才能不掉队、不落伍,只有走科研之路才能兴校"的课改意识。

在谋略集团整体课改的目标指引下,张雷说,下一步要通过提高教师的专业化素养,打造名师团队,通过教师教学水平的进一步提升,推动集团课改向更高的层次迈进。

校长档案

张雷校长

沈阳师范学院政教系毕业,清华大学心理学系特聘教授,中国教育学会初中专业委员会理事,中国教育学会农村教育分会理事,新昆山人子女教育联谊会会长。

校长谈

以生为本,为每位学生发展提供合适的教育

张 雷

昆山前景教育集团始创于2002年,现有学生近6000名,接收来自全国20多个省市来昆务工人员子女,是昆山市规模最大的民办教育机构。

8年的教育历程,是前景人寻觅和探索教育本真的过程,是追求教育理想、实现理想教育的过程,是前景教育创新发展的过程,当然,也是前景教育工作者实现自身价值和获得职业幸福的过程,这是一个虽然不平坦但一定是一个快乐的过程。

前景教育的价值观决定了前景的办学目标,也决定了前景的办学特色。这些年来,前景办学虽然取得了很好的成绩,也十分注重学生的全面发展,但还绝

不能说就这些是前景的教育特色。前景特色是什么？我认为，前景教育始终秉承"不让一个学生掉队，不让一个教师落伍"的教育公平原则，通过创新课堂教学模式，让素质教育由空中落地，推进了校园里的教育公平，实践着前景人理想的教育。每一个前景教育工作者对理想教育追求的勇气和行动是前景教育最大的特色，而这些是当今教育改革最缺失和最首要的东西。

前景人常思考这样的教育原点问题：孩子为什么要到学校来学习？不在学校里学习难道就不能生存吗？回答是孩子们能生存，但孩子们是要通过学习知识使将来的生活更美好；再进一步思考的是，学到的知识如果不理解，不能应用于将来的生活生存之中，仅仅为了考试而学习，他们将来的生存会更好吗？那在学校学习的意义有多大？学校教育的价值有多大呢？所以现行教育一定是有缺失的，学校教育一定是有更大价值的事情可以做，这就是前景教育要追求的理想教育，而这一切必须从课堂开始，从老师开始。

前景学生来源，大多为来昆打工者的子女，学习成绩不太理想，学生之间差距较明显。更为严重的是学生的厌学。面对这样对传统课堂麻木、厌倦甚至反感的孩子，如果我们依然沿用陈旧的方式教学，势必难以唤醒他们已沉睡的学习兴趣。只有进行课堂改造，把学习的权利还给学生，相信学生，解放学生，利用学生，发展学生，使学生真正从教材和考试中走出来，给学生一生发展所必需的营养元素。

前景的课堂教学模式正是着眼于学生的长远发展，为孩子一生的学习、生活注入知识、能力和情感的养料。

我们已经看到了孩子们可喜的变化：学习知识已由死读书转向创新和实践能力，并渐渐内化为学生的行为习惯，他们的性格由羞涩、内向变得大方勇敢自信，情感也变得十分富有公益心和责任心；人格变得活泼、乐观、向上。"路漫漫其修远兮，吾将上下而求索"！前景教育一定要向功利和短视的教育说"不"，一定要坚持和坚守教育本真价值和理想。唯有如此，前景教育才是真正为国家为民族负责，才能为家长和社会负责，也才能为孩子们的一生负责！

关　键　词

昆山前景学校三年级语文学科导学案

| 课题 | 剪枝的学问 | 第1-2课时 | 主备人:李利 | 时间:2010年5月21日 | 学科组长:余启庆 | 课堂:合作展示 | (一审:合格 二审:合格) | 教科室签字:闫秀梅 |

学习目标:
1. 会读、会写、会背、会默本课生字词。
2. 能正确、流利地朗读课文。
3. 通过反复诵读,品读课文,明白"减少"是为了"增加"的道理,获取王大伯的果子丰收是为了来年能收获更多的果子、明白"减少"是为了"增加"的道理。

预习过程:
1. 找出文中带有生字的词语,在书上用"——"划出。
 (提示:通读课文边对照课后生字表)
 A. 写出生字的部首和组词。
 (提示:可查音序部首组词)
 B. 理解由生字组成的词语,也可查找资料书、工具书。

2. 重点词语
 (提示:联系上下文理解)
 剪枝 盼望 远近闻名 不禁
 红润 充满信心 拓摸 疯长

3. 能正确、流利地朗读课文,拓展:词语词组变化为线索以及联系上下文理解。

4. 本文是按照事情发展的顺序记述了"我"————→——→——的心理变化为线索,请读课文,不读破句不回读。

5. 精读课文
 (1) 朗读第一自然段,从哪些词语可看出这是一个大、那么甜呢?
 (提示:抓住重点词语来理解)
 过渡:如果此时王大伯出现在你眼前,你有什么问题问他吗?明们一起来看一看吧。
 (2) 朗读第二、三自然段,怎么他的桃子就能长得那么大、那么甜呢?
 (提示:从他们的对话中去考虑)

 (3) 你从王大伯的动作中体会到了什么?
 (提示:抓住重点词语来体会:看王大伯当时的表情,我为什么怀疑?从中你对王大伯的话产生怀疑吗?)
 (4) 为什么对王大伯的话还有点怀疑?(提示:从我们的话动来思考。)
 过渡:那么王大伯的话没有被证实,所以我活动未释疑。
 (5) 你们小组合集表演一下他们的对话以及情景。
 (提示:注意他们的语气以及心理变化。)
 (6) 品读第四自然段,从哪些词语可体会到桃园的美丽以及我的心情?
 (提示:抓住重点词语体会)
 过渡:我们已经见过了美丽的桃园,丰收的季节到了,请同学们和我们小伙伴一起看一看桃园丰收的景象。
 (7) 从文中哪里体会桃子丰收了?我"惊"的是什么?
 (8) "喜"联系王大伯当下,抓住重点句来理解,体会"我"还"将信将疑"吗?"我"明白了什么呢?
 过渡:证实了王大伯的话,让我们明白了什么?用我们家乡的果园丰收收的实际说一说。
 第3自然段中,王大伯对"我"说了两次话,第一次是( ),第二次是( )的意思是( )。

测评
一、看拼音写词语
 jiǎn fū( ) féng zhǒng( ) pàn wàng( )
 hóng rùn( ) huī wǔ( ) chūn zhī( )

二、读读文填空

基础部分
1. 1-10号同学应该全部达标,9,10号学生不下达标,如果组内人人达标给予奖励5分。
2. 1-6号同学全部能理解,7,8号展示时1,2号帮助理解,3,4号补充。其余同学
 拓展:这些词语的用法 1分
3. 1-10号同学预习展应该会读生字词,并能说出词语的意思 1分
 拓展:可由学生带读,其他补读 2分

(1) 9,10号同学能找出相应的词语,在7,8号同学带领下完成,5,6号同学主展。用自己的话语来理解。教师可在此点拨追问
(2) 有本组同学讨论交流,1,8号带领,7,8号扶,7,10号同学主展。根据提示 9,10号同学主展,其余补充 5分

(3) 1-6号同学帮能抓住重点词语体会出来。可以由本组的组长带领大家讨论完成,3分
(4) 这道题可由组内讨论决定谁来表演,同学讨论的表演可能不是很丰富。教师可在此点拨 4分
(5) 6,9,10号同学主展,7-10号同学讨论,交流完成,3,4号同学主展,其余补充 5分
(6) 可以结合身边的实例,说一说,各行各业都有值得我们学习的人。
(7) 这道题可由组内交流完成,3,4号同学展,其余补充,教师可在此点拨 3分
(8) 1-6号同学能在老师的提示下能这么回答。7-10号同学讨论交流完成 5分
拓展:用自己的话简单收到一说的句子实际,各行各业都有值得我们学习的人。

广东东莞康湖新乐学校

学校档案

广东省中南部的东莞市黄江镇,位于珠江口东岸,北距广州 50 公里,南离深圳 50 公里,水路至香港 47 海里,至澳门 48 海里,是广州与香港之间水陆交通的必经之地,康湖新乐学校就坐落于此。

康湖新乐学校是一所集幼儿园、小学、初中于一体的大型民办学校,学校环境优美,建筑布局合理,各类教学、运动设施齐全,具有现代气息的教学楼、功能室、餐厅等主体建筑错落有致,高标准配置的电脑室、实验室等一应俱全。多年的发展让学校成为了东莞市大型的民办学校之一,现有在校生 3200 余名,教职工人数为 209 人。生源主要为新莞人子女。

多年来,学校严格遵循教育教学规律和不同年龄段学生的生理、心理特点,注重学习兴趣激发和心理健康教育,奉行"以生为本,关注成长"的育人理念,不断探索,走素质教育之路,取得了一系列成绩,被评为"东莞市优秀民办学校"。

为了寻求学校从上规模到上档次的发展之路,给学生创造一个全新的学习环境,学校董事会、行政会各级领导,通过各种途径寻求着教改之路。2008 年,学校迎来校史上崭新的一页,全面推行"学习杜郎口,打造高效课堂"的课堂教学改革。

课改档案

康湖新乐学校的"三主课堂"模式

2009年12月16日,《南方日报》、《羊城晚报》、《广州日报》、《东莞时报》、《东莞日报》、黄江电视台等众多媒体齐聚广东东莞康湖新乐学校,对学校课堂进行了实地采访报道。

一所民办学校,缘何吸引媒体这样高度关注?

给学生"带得走"的东西

创建于2003年的康湖新乐学校,是一所民办学校。学生的学习基础参差不齐,尤其是因为户籍以及当地目前的中考政策等原因,很多学生中考时不得不返回原籍,导致生源流动性较大,这无形中为康湖新乐的办学带来了很大的难题。

学校领导们很快意识到,不解决学生东莞就读异地升学考试的矛盾问题,学校的发展将面临巨大的挑战。解决这一问题关键在于让学生养成良好的学习习惯,学会学习知识的技能与方法,让返回原籍就读或参加考试的学生,在很短的时间内适应生源地的教育特点,拥有主动学习的能力是最重要的。

新乐学校校长温建新说,新乐办学,应该定位在能给予学生一种可以"带得走"的东西,那就是终身的学习能力。

围绕能"带得走",他们率先在东莞市实施课堂教学改革。但学校想了很多法子,效果都不明显。直到2008年年底,温建新到山东杜郎口中学考察,杜郎口中学的课堂气氛让他感到震撼。

在他返回学校后,大刀阔斧的改革立即开展起来。经过不断地模仿,多次请进杜郎口中学名师手把手指导,学校的"三主"模式渐渐确立起来。

"学习是学生的事情,教师的职责就是充分调动学生的学习积极性,通过'三主'模式,让学生通过主动学习,成为课堂的主导和主体,锻炼学生的各方面能力。"

温建新说,临近中考时,正是学生"返乡"离校的日子,但他们带得走的是能力,留下来的是眷恋。他们在留言簿上写道:"新乐"让我们的每一天都是"新"的,每个人都是"乐"的。

"三主"课堂模式

课改多年,新乐学校在探索中逐渐形成了"主动、主导、主体"的"三主"课堂模式。

学校副校长邱洪超介绍,新乐学校的"三主",即主动、主导、主体。主动学习是模式的灵魂,主导体验出的是老师的课堂作用,主体彰显的是学生的课堂地位。

主动是灵魂,就是要充分发挥各种"动"的因素,充分调动学生的积极性,让他们在课堂上充分"活"起来;充分调动教师的积极性,就是要将教师由传统的"灌输"转移到"引导"上来,要引导学生自己学;强调学生的主体地位,就是要将课堂还给学生,充分发挥他们的自主性、主动性和创造性;而教师的主导作用,强调教师要成为课堂的"导演",利用静心编制的导学案,像放风筝那样"牵引"着"学习目标"。

"三主"课堂带来学校发展的变化。新乐学校马新平董事长说,学校第一年招生只有800名学生,3年后就达到了2400名,每年100%生源递增的背后,体现出来的是家长和学生对学校的认可。王乐副董事长说,办学初期我们提出办"让学生满意的教育",唯有让学生满意,家长才能满意,政府和社会才能满意!

王维同学在课堂上很活跃,她是今年9月刚从黑龙江转学来到新乐学校的,"在老家上学的时候,听不懂也不敢问,在这所新学校上课,我们都要参加讨论,做课堂展示"。七年级女生李一表达了对"三主"课堂的兴趣:"我每天都会在家准备好多的资料,这样在课堂上展示会有好表现,感觉有好多话要说。"

怎样实现"零作业"

康湖新乐学校是黄江镇第一个实现"零作业"的学校。

温建新说,只要课堂上教学目标达到了要求,就能实现"零作业",前提是课堂效率要高,学生自主学习的能力要强。为此,新乐学校对"学习三段"提出了明确的要求,即在学习活动之前,学生能够自己选择学习方法,作好学习准备;在学习活动之中,能够对自己的学习过程、学习状态、学习行为进行自我审视、自我调节;在学习活动之后,能够对自己的学习结果进行自我检查、自我评价和自我补救。

康湖新乐学校"零作业"的最重要载体是"导学案"。新乐的老师们亲切地将之称为让学生们"顺水行船"的载体,它可以理性、系统地引导学生的自主学习活动。

新乐的导学案通过集体备课产生,集教师教案、学生学案、评价卷案三案合一,是师生共用的课堂文本。

导学案把学习内容问题化、显性化,通过一个个具有探索性的问题,引导学生进入自主学习活动中。学生为解决这些问题,不看书不行,看书不细也不行;不思考不行,思考不深不透也不行;不联系不行,联系不广也不行。这样就真正做到有效地帮助学生进入学习情境,激发思考,引起讨论。

导学案还促使教师对教学内容进行优化整合。教师对教学内容的处理要更注重知识结构的内在联系,注重整体把握。学校还鼓励打破教材的编排顺序设计导学案。

导学案让学生单位学时的学习内容增大，并且让他们更容易掌握知识的内在规律，为提高效率奠定基础。

反馈是新乐学生实现"零作业"、高效学习的有效途径。

新乐的课堂，从及时反馈、多向反馈、充分利用反馈信息等三个方面对教学进行了优化、总结。

在新乐的课堂上，学生自主学习时，教师要进行紧张的巡视指导，搜集学生学习的信息，同时对获取的信息及时筛选、加工，有针对性地点拨，将反馈信息作用于学生，同时教师也要调整自己的教学策略；一节课后还要进行达标检测，对本节课所学内容集中反馈，学生当堂完成，教师当堂批阅，及时反馈学习情况，为下一流程的教学提供信息支持。

邱洪超说，反馈能使教师及时准确地了解学生的学习情况，有效地调整、控制教学，也能使学生更有效地学习；多次反馈能帮助老师有的放矢地调整课堂教学；多向反馈能面向全体同学，及时反馈缩短了反馈周期，从而更好地服务于学生的高效学习。

成了区域课改的"带头人"

"学生的学习状态发生了翻天覆地的变化，解决了上学目的不明确的困惑；教师的职业幸福感有了归属，减轻了负担；学生的综合能力得到了大幅度的提升，自主化管理能力得到很大锻炼；校风得到了进一步好转，学习氛围大大增强；学生的行为因课改得到升华，思想品德得到锻炼；家长满意，孩子快乐。"温建新全面展示了课改给新乐带来的变化。

更为重要的是康湖新乐学校正在成为黄江镇及东莞市课堂教学改革的一个"窗口"。通过这个"窗口"，全国各地一系列的课改专家、名师走进东莞，交流经验，先进的课改理念也不断输入。新乐学校成了区域课改的"带头人"。

东莞市黄江镇党委委员李权昆同志始终关心、支持学校的课改。他高度评价和肯定了新乐学校的尝试和探索：康湖新乐学校的课改取得了了不起的成绩。

康湖新乐的课改同样引来了邻近地区学校的关注。广州市第八十中学校长袁闽湘,偶然听闻康湖新乐学校的课堂改革,12月16日,他带着学校20多名教师专程来到黄江,向康湖新乐的老师取经。

康湖新乐的课改效果同样得到了黄江镇教委的认同,据悉,学校的"三主"高效课堂模式很快就要在全镇范围内推广。康湖新乐学校已经站在了一个新的起点上。

"作为民办学校,就要从对学生和家长负责出发,无论是当初的课改,还是今后学校的进一步发展,这都将是始终不渝的。而如何提高教育发达地区民办学校的办学竞争力,将是新乐学校和其他同类学校面临的课题。"温建新说。

校长档案

温建新校长

生于1975年,嘉应学院数学系毕业。小学高级教师职称。现任广东省东莞市黄江康湖新乐学校董事、校长。

1999年—2003年,在深圳市益民小学从教,历任少先队辅导员,教导处主任。2003年至今,创办广东省东莞市黄江康湖新乐学校,历任教导主任、副校长、校长。

人生格言:己所不欲勿施于人。

办学理念:以生为本,关注成长,办学生满意的教育。

邱洪超副校长

1980 年 3 月生于山东省聊城市,本科学历,汉语言文学学士。

2002 年—2004 年,在山东省莘县张寨中心初中任教。

2004 年—2006 年,在山东省教育学院脱产进修。

2006 年至今,在广东省东莞市黄江康湖新乐学校任教,历任班主任、教导副主任、督导处主任,时任学校业务校长。

人生格言:不做明天的我和下一个谁!

教育理念:让每一个孩子都得到最合适的发展。

校长谈

我们在行动

邱洪超

从感受高效课堂魅力所在的那一刻起,我的心里一直充满了激动。但凡课改的领路人和走在高效课堂上的同仁志士间或将来要走高效课堂之路的同志们,肯定也会有这种冲动,因为同为教育人,我们找到了真教育。

我们已经在行动。

2009年初春,高效课堂专家莅临我校实地考察,看课堂,听心声,访校长,找不足,通过对我校课堂的望闻问切,量身打造了一套可操作性和可行性强的课改方案。

现在我校学生的学习状态发生了翻天覆地的变化,解决了上学目的不明确的困惑;教师的职业幸福感有了归属,减轻了负担;学生的综合能力得到了大幅度的提升,学生自主化管理能力得到很大锻炼;校风得到了进一步好转,学习氛围大大增强;学生的行为因课改得到升华,思想品德得到锻炼;家长满意,孩子快乐。

现在我校的课堂,孩子们是学着乐、乐着学,孩子们展示精彩纷呈,孩子们的自信心、生活能力得到了很好的锻炼,孩子们的语言表达能力、团结协助的精神都比传统课堂上有了显著变化,学习成绩也有了明显的进步。

在对高效课堂的研究和实践过程中,我校结合实际情况,潜心研究,经过大力探索,我们形成了"主动、主导、主体"的三主课堂模式。主动学习是模式的灵魂,主导体现出的是老师的课堂作用,主体彰显的是学生的课堂地位。

主动是灵魂,就是要充分发挥各种"动"的因素,充分调动学生的积极性,让他们在课堂上充分"活"起来;充分调动教师的积极性,就是要将教师由传统的"灌输"转移到"引导"上来,上课不是一味地说教,而是要引导学生自己学。在这个"教的方式"的转变过程中,不是采用简单粗暴的手段"打压"教师的讲,而是将教师引导到对现代教育的认识上来。强调学生的主体地位,就是要将课堂还给学生,学生自己的事情自己干,充分发挥他们的自主性、主动性、创造性,充分还原课堂本来的面目;而教师的主导作用,强调在"三主"课堂模式下教师不是简单地"放手"不管任由学生折腾,而是要成为课堂的"导演",利用精心编制的导学案,像放风筝那样"牵引"着"学习目标"。

高效课堂的精髓,需要每一个有志向致力于高效课堂研究的教育人倾注汗水。康湖新乐学校正处于爬坡的关键时段,还需要我们新乐人不断地更新观念,最终达到办学生满意的教育,让每一个孩子得到最合适发展的理想教育。

关 键 词

新乐让他重新找到了快乐

——记703班邹家杰同学

甘结珍

703班的邹家杰同学在来到康湖新乐学校之前,就读于黄江镇中心小学,小学毕业后,本来应该进入公办学校就读,但由于他父母听说康湖新乐学校正在搞高效课堂教学改革,就抱着试试看的态度将儿子送到了这里。目的就是希望通过这种开放式的课堂,改变他儿子内向的性格。

2009年9月1日,报名之后的邹家杰被分到了现在的703班,班主任是一位年轻的女老师。初次接触到班主任,邹家杰及他家人都没有表现出太大的热情。没过几天,班上其他同学之间就开始慢慢熟悉了,唯有邹家杰独自一人在教室里。同学们发现邹家杰比较内向,基本上也不愿意与他交往了。

一个月下来,邹家杰没有太大的改变。

看着同学们活跃而快乐,邹家杰的心里其实也发生着一些微妙的变化。只是,他仍然很少上台展示,也还很少与老师、同学交往。

班主任刘老师安排了班上最活泼的唐林同学与他结成学习对子,每天他们一起学习、一起玩耍,交流学习上的问题及生活问题。此外,刘老师还有意把他安排在金少鹏同学任组长的小组,因为金少鹏同学特别有爱心和耐心,可以让更多的同学在他的带领下,帮助邹家杰进步。

邹家杰逐渐开朗起来,每天开始与同学们一起学习,一起讨论问题,一起展示。

开始的时候,邹家杰总是以各种各样的理由推辞不愿参加展示,在组长的不断鼓励下,他终于有了第一次展示。在一节常态课上,那是一道并不很难的题,上台展示前,他也和组员进行了充分的准备,并且还答应了组长无论如何要尽最大的努力展示完、展示好。但是到了真正展示时,他还是不由自主地紧张起来,

203

脸一下子就涨得通红,声音小得几乎连自己都听不见,最为要命的是,明明之前已经将思路想得非常清楚了,可一到了台上展示时,就感觉思维有点跟不上了。好在,每一次发生"短路"时,老师和同学们都能耐心地等待他,直到他重新将思路接上。终于将题讲清楚了,教室里顿时响起了雷鸣般的掌声。"邹家杰今天的表现是最棒的。"

第一次展示对邹家杰的触动非常大,这次他真真切切地感受到了老师、同学们对他的关怀与信任。正是这种感受促使他不断要求进步,不断超越自我。从那以后,他展示的次数慢慢增多,表现也越来越好。

2010年3月19日,东莞市副市长到康湖新乐学校调研课堂教学改革,刚好转到了703班。这时上的是数学课,面对副市长一行十几个领导,同学们都格外认真与投入。在大展示中,邹家杰主动申请上台。面对众多领导,他坦然自若,思路清晰地做出精彩的讲解。

邹家杰说:"高效课堂充满神秘色彩的正面效应,使我的心灵受到极大的震撼,内心的孤僻转化为一种乐观面对生活的决心,让我重新找到了学习的快乐。"

快乐永无止境,学习永无尽头,相信邹家杰同学在新乐这片热土上,必将以更加骄人的姿态迎接挫折的考验,享受成长的快乐。

河北武安六中

学校档案

创建于 2004 年,是河北省示范性高中,河北省普通高中会考考点学校。

近年来,学校按照"巩固、深化、提高、发展"的指导思想,遵循"为武安市普及高中打基础,让山区孩子享受优质教育,得到教育公平,培养顶天立地有本事的崇真人"的办学理念,大力倡导"尊重的教育",积极推进以"教会学生学习"为目标的教学改革。

目前,学校有专任教师 130 余名。其中,获国家级荣誉称号的 3 人;中、高级教师 8 余人;硕士研究生 4 人。近年来,学生在各类竞赛中获得邯郸市以上奖励 100 多人次,2007、2008 两年高考学校均取得优异的成绩。

一流的教学设施为学校办学规模的不断扩大提供了有力保障。学校先后建成了 7 楼、1 馆、2 室。现在教室都有 4 大网络覆盖,即智能广播网、多媒体教学网、微机校园网、教学观摩网,为每位教师配备了液晶显示屏电脑。

学校坚持教学为中心,大力度实行课堂教学改革。扎实推行新的教学模式,探索出"未教先考——自学自究——当堂练习——延伸拓展"的课堂教学模式。

办学以来,学校先后获得邯郸市"德育工作先进单位"、"体育卫生工作先进单位";武安市"教育系统有限目标考核先进单位、实绩突出单位"、"先进基层党组织"、"校园文化建设先进单位"、省级示范性高考质量先进奖等荣誉称号。图书馆被评为河北省一类图书馆。

课改档案

教会学生学

——河北武安六中"八环节学习法"

如何让山区的孩子享受优质教育,如何在薄弱地区办出强势的教育品牌?这是困扰很多农村学校的问题,也困扰着齐向东和他的学校。他是河北武安六中的校长,这所创建于 2004 年的农村高中,仅用了两年的时间就成了河北省示范性高中。

齐校长说,学校两年来积极推进以"教会学生学"为目标的高效课堂改革,在学校和老师们的尝试中,新的"未教先考——自学自究——当堂练习——延伸拓展"的课堂教学模式产生。很多人在看了武安六中的课堂后都会感叹,他们的课堂是从检测中开始的。而他们借鉴经验、探索出的"八环节学习法"则在无形中助推着这种教学模式走向更加高效。

赋"考"以新意

齐向东校长这样解释武安六中的"考",如何解决学生学习的内驱力,途径在哪里？在目前阶段，这都绕不开考试。于是，他"旧词新用"，赋予"考"以全新的内涵。

预习前置、学案前置，让学生们有计划地学习。业务论坛时一位老师不经意的发言给了齐向东很大的启发，"八环节学习法"应运而生。

学校教务处主任张广泽介绍，八环节学习法即是将学生一节课的学习分为八个环节：计划、预习、上课、学习、训练、总结、拓展、反思。学校还为此形成了一套学生学习活动规范化流程：计划导航、课前预习、专心上课、学案导读、规范训练、满分答卷、课外阅读、学习档案。

在武安六中，每个学生都有一个计划本，专门用来制订计划。学校要求，学生在预习中只找出问题还不够，教师要鼓励学生通过自我研究、查阅资料、同学讨论等方式来解除困惑，养成探究领悟的习惯。通过课前预习，学生形成了学习的良性循环，使学习变得主动，从而提高了学习效率。

课堂是学习的主要阵地。张广泽说，八环节学习上课的准备要从课间休息时就开始，从心理上调节好自己的状态，做到精神饱满；课堂上要以激发学生思考为主，记好课堂笔记，"口头练习"和"笔头练习"要兼顾；学生要充分利用老师留下的3—5分钟时间，做好小结并把课堂疑点记在"备忘录"上。

八环节学习，要求学生在教师的指导下充分预习，找出难点和疑点。教师通过检查学生的预习学案，了解学生预习情况，然后通过恰当点拨、师生互动、学生讨论等方式答疑。张广泽说，在学生掌握了知识点，学会了解题方法、技巧和规律之后，他们解决问题的能力和举一反三的迁移能力才会随之增强。

武安六中还在作业训练效率上下起了工夫。思考也是"考"，他们认为作业是思考的锻炼。所以，学生要在作业过程中养成多问几个"为什么"，多考虑几种新的解题方法，并将其独立运用到作业中去。一方面他们开设规定时间的限时训练，作业按时完成后，及时上交，通过强化时间观念，让学生养成更科学的思维步骤、思维方法，从而锻炼学生迅速、规范的思维能力；另一方面，学生人手一本"错题及典型习题档案本"，作业发现错误，都要记入错题档案，立即改正，并认真反思总结。

为提高学生阅读水平，学校还拿出专门时间开设阅读课。张广泽说，八环节学习法给了学生们学习的指导,把完整的一节课分成了各个细小的环节,通过每个环节的掌握,实现对整节课教学目标的掌握。对于教师的教学也通过分解,更易于分环节施教,客观上减轻了教师的教学负担。

"计划"人生

在武安六中,每个学生都有一个计划本——成长日记,由学校统一配备,这是学生专门用来制订每天的学习计划的。

成长日记有个"总目标",扉页上写着学生自己为之奋斗的理想大学。成长日记有每日计划。学校要求凡是学生自己支配的时间,都要做详细的安排,每完成一项计划,就用记号标出。学生在每日计划的基础上,还要求制订每周的计划和学期计划。

为了保证成长日记的效果,学校同时规定,在制订计划的过程中,班主任是具体指导者,要帮助和督促学生们,力求制订的计划具有持久性——要求学生必须坚持下去,直到形成习惯;具有有效性——计划的内容必须有利于学生知识和素质水平的提高;具有可操作性——计划忌大忌空,要切实可行,适合学生个性。学校同时要求,班主任要不断对学生计划制订及落实情况进行督促和指导。

对于学生的每一次成长,秦延涛老师都看在眼里。他说,成长日记就像孩子在长高的过程中在墙上划的刻度,每一点成长都能看得出来,每一点成长都能让孩子们感到喜悦。而一点一点地累加,将是一个质的飞跃。

邯郸市骨干教师、武安市"教学标兵"武俊霞老师说,每当看到自己的学生完成一个计划而开心的时候,自己会由衷地感到高兴,真正体会到作为教师的幸福。

从学情调查开始

武安六中创设的课堂教学模式将"未教先考"放在了课堂的第一个环节。

未教先考,就是在开始授新课前即进行检测。齐向东说,这样做就是为了调查学情,了解学生们预习得怎么样,通过自学学会了多少,基础怎么样,让教师授课时更有目的性和针对性。同时,武安六中课上用的检测试题还与高考紧密结合,让学生们熟悉考点。

对于检测题,学校还要求有一个进一步反思巩固的环节,他们称为"满分答卷"。每次检测完,发下考试试卷后,学生要根据自己的分析,对于主要失分的原因,制订相应的改正措施,随后,认真听老师讲评,并与其他同学积极交流,取他人之长,补己之短。

在此基础上,每一个学生接下来都要完成一张满分答卷——认真规范地在满分答卷上按要求进行纠错,每个错题都要注明错因并认真体会,对于和自己做法不同的优秀解法,也要认真整理并写到满分答卷上,最后写出后记。完成满分答卷后,要把本次考试后的感悟总结出来,并加以体会和反思,写出简单后记,供以后学习参考。

张广泽说,通过一次次检测,不但可以检测学生的学习水平,也可以促使学生明白学习的疏漏之处,在接下来的一段时间里,做到有的放矢。

学生有自己的"满分答卷",学校也同时为每一位学生建立起学习档案,具体是不同时期内学生学习情况调查的表格,涉及学业情况、疑难点、成绩和学习困难点等。

教师反思

为了提升教师素质,加强教师培训,提高教师业务技能,同时也为了更好地解决课堂中出现的实际问题,帮助教师有针对性地进行小课题研究,武安六中开设了教师反思业务论坛。

在《我是如何在课堂上组织高效展示环节的》业务论坛上,教师们畅所欲言,各抒己见,把自己的做法和困惑以及有价值的经验和教训毫无保留地介绍了出来。

学校教科处主任李玉峰说,业务论坛每周一期,明确主题。仅本学期,学校所开展的业务论坛就有《我是如何在课堂上组织高效反馈环节的》、《我是如何参加集体备课的》等十几个典型主题。学校正打算将各期论坛的典型经验汇集起来，集册出版。

2009年12月15日，武安市教育局副书记野庆文、教育局督学李魁林等到武安六中检查指导工作，在深入了解武安六中的课堂后，他们给予了高度评价。

齐向东校长说，在武安六中实施课改的过程中，各界对学校各方面的工作给予了大力帮助，学校有责任有义务做得更好，不辜负大家的期待。

校长档案

齐向东校长

河北师范大学中文系本科毕业，武安市优秀教育干部、优秀教育工作者，中学高级教师，现任武安市第六中学党支部书记兼校长。

先后被河北省教育厅授予"师德先进个人"、"三育人先进个人"；被邯郸市教育局授予"十佳青年班主任"、"德育教育先进工作者"和"优秀教师"、"骨干教师"；2008年被授予"武安市十大优秀青年"，"邯郸市劳动模范"、"邯郸市十大校园安全卫士"等荣誉称号。2009年荣膺"邯郸市五一劳动奖章"。

在实践中，他探索出"双自型教育教学"。先后三次召开"双自主"教学研讨会、"防辍保学"现场会，得到市教育局的认可，学生巩固率达到100%。参与立项论证邯郸市教科所"十五"规划重点课题一项，指导学生参加作文大赛，多次获一等奖。

校长谈

我们的高效课堂改革

齐向东

当前,新一轮基础教育课程改革正在全国范围内推广。顺应时代新的要求,适应教育新形势,创新性进行教育教学改革,成为每个中小学亟待解决的现实问题。

我校建校于2004年,在发展历史上也取得了昔日的辉煌。然而,在教育资源竞争日益激烈的背景下,我校发展也遇到了新的问题。

为全校师生切身利益,为确保学校实现可持续跨越发展,2009年3月,我组织全校教师赴山东杜郎口中学、昌乐二中和兖州一中等学校观摩学习高效课堂,并结合我校办学实际推行高效课堂改革。

课改以来,为有效有序推进高效课堂改革,我校采取了以下相关措施:出台制定一系列方案制度;加强对全校师生进行思想动员和高效课堂业务培训;积极开展教学反思交流心得体会;积极筹措资金添置高效课堂教学用品;及时组织教师深入课堂开展听课评课;严格导学案编制流程并进行评选;规范集体备课提高集备质量;分批选派教师到杜郎口中学等学校进行培训学习;开展教师高效课堂一对一过关比赛。

实施高效课堂改革以来,我校改变了传统课堂模式,代之以全新型课堂模式:教师由以往"霸占"课堂满堂灌知识变为退居后台调控课堂;教师由昔日学生心目中的"知识明星"变为课堂导演组织学生去展示;打乱了原来整齐划一的桌椅摆放次序变为圆桌式无固定摆放。不仅如此,实施高效课堂改革以来,全校师生都不同程度地得到提升:教师以往在传统课堂上忙碌着讲解一节课而干渴得喝水,现在教师从课堂中"解放"出来,有更多时间去研究教材、研究学生、研究教法,从而感受到生活和职业的幸福;学生从以往课堂上被迫忍耐听完一节课乃至课堂上睡觉,到现在从课堂中"解脱"出来,自主学习、合作探究、积极展示,从而感受到学习和成功的乐趣。

关　键　词

新课改"亮点":武安六中广播协会

2009年上半年,武安六中顺应教育新形势,抢抓机遇与时俱进,实施高效课堂改革。在高效课堂改革背景下,学生社团如雨后春笋迎来了崭新的发展时机。诸多社团中,最具亮点的是学校的广播协会。

为进一步做好宣传报道工作,加强对学生进行德育教育,2009年4月16日,校刊校报编委会主编秦延涛老师正式组建广播协会。2009年4月22日上午,齐向东校长亲自为广播协会举行授牌仪式。如今,广播协会在学校领导的大力支持下,在全校师生的关注下,在全体会员的努力下业已改选三届。

广播协会下设广播站、记者站和写作站三个部门,是实现学生自主管理的一个基层学生自治社团;遵循学生民主自治;践行会长负责制。

广播协会自组建以来,在齐向东校长的大力支持下,在会长的直接领导下,大胆探索创造性地开展工作,围绕学校工作大局,以校园广播和校刊、校报为平台,加强德育宣传,有力配合了学校管理,为学校改革发展营造了浓厚的舆论氛围。

2009年7月10日,广播协会被评为"优秀学生社团组织";广播协会会长李玲玲同学被授予"特殊贡献奖";李桂芳同学多次主持学校大型歌舞晚会被授予"学生党员积极分子"和"武安市三好学生"荣誉称号;张兰等代表学校参加第七届"孔子杯"全国中学生作文大赛获奖;广播协会秘书长秦延涛老师被授予市级"三等功",广播协会正以强劲的姿态引领武安六中学生社团的发展。

江苏泗阳众兴中学

学校档案

创办于1978年,2000年被评为江苏省重点中学,2004年转评为江苏省三星级高中。学校位于县城中心,濒临泗水古城,交通便捷,环境优美,众多建筑错落有致,浑然一体,散发出鲜明的时代气息。

学校现有教学班80个,学生近5000人,教职工330多人,其中中高级教师225人,省市县优质课教师145人。学校教学设施一流,基础建设完善,基本实现了校园环境生态化、办学条件标准化、常规管理规范化、学生素质优良化、教学观念现代化。

学校秉承"立志有为达材成德"的校训,"文明团结拼搏奉献"的校风,"严谨务实爱生善导"的教风以及"勤学善思好问进取"的学风,全面贯彻教育方针,大力推进素质教育,牢固树立"以人为本"的办学理念,坚持面向全体、尊重主体、发展个体,为全体学生负责,为学生全面负责,为学生一生负责,努力做人民满意教师,办社会需要学校。特别是近年来,学校坚持"错位发展,特色竞争,多极取胜"的办学思路,形成了"高效课堂,艺术教学,阳光体育"三大鲜明办学特色,在市内外产生了巨大的品牌效应。学校先后荣获国家级艺术教育实验学校、清华美院生源输送基地、江苏省基础教育课程改革先进集体、省艺术教育特色学校、省阳光体育先进学校、省全民健身先进单位、省绿色学校、省青少年媒介素质教育示范基地、市教育系统先进集体、市三星级高中教学质量一等奖、市规范管理样板学校、市文明单位、市安全文明校园。

目前,众兴中学正在以新校区建设为起点,奋力抢抓机遇,加快发展,力争在较短时间内,为把学校创建成高质量、有特色、现代化、示范性的能代表市高水平办学层次的窗口学校而奋力拼搏,为早日实现众兴中学六年振兴计划而不懈努力!

课改档案

众兴中学的教育理想

2009年11月26日,新华社记者采访团来到江苏省泗阳县,就县域创建"教育名县"工程深入细致地进行采访。期间,一所省三星级中学引起了他们的注意:学校以艺术教育见长,先后荣膺国家级艺术实验学校、清华大学美术学院生源输送基地;而学校近年来又扎实地推进文化课教育,以打造高效课堂为核心,创造出特色教学之路,成为宿迁市课堂增效的典范,每周都有众多兄弟学校前来观摩学习。

这所学校就是江苏泗阳众兴中学,泗阳县城内唯一的一所全日制公办完全中学。

课改受到市委书记的称赞

2009年11月3日,宿迁市教育现代化工作推进会隆重举行。市委书记张新实率领市四套班子领导、各县区主要负责人和分管领导、全市所有省三星级学校校长(园长)等共计178人,专门来到众兴中学观摩调研高效课堂教学情况。

众兴中学校长张文林详细介绍了学校的清华大学美术培训基地"清风艺苑"、"阳光体育课间跑操"等活动,对学校的高效课堂打造还进行了重点推介。张新实是闻名全国的博客书记,曾发表一系列教育方面的博文,每次都在社会上特别是教育界产生很大反响。他在当天的博客上,这样评价众兴中学的改革:实地考察使我们为之一振,这所学校地处县城,优质生源被其他两所名牌中学所吸走,入学学生的成绩基本是三流的,但他们坚持走"错位发展、特色竞争、多极取胜"的发展道路。学校坚持高效课堂为核心的教学改革,推行以"课前预习、小组合作、学生展示、教师点拨"为主的教学模式,一节课老师只讲15分钟,其余留给同学们讲,看到学生有声有色地讲课,使人耳目一新。

高效课堂三个"齐抓"

继2009年年初承办以"新课程与高效课堂实践"为主题的泗阳县教师寒假培训会后,众兴中学又于2009年11月底成功承办了宿迁市首届初中课堂增效教学论坛。160余名代表观摩了众兴中学的高效课堂,听取了张文林校长的课改情况汇报,一致认为众兴中学在实现课堂增效和实施素质教育上起到了很好的示范作用。一系列的大型活动,把众兴中学推向了课改的前沿阵地。

张文林说,众兴中学在课改的过程中,创造了三个"齐抓"的课堂教学特色。

首先是智力因素与非智力因素一齐抓。学校强势推进高效课堂,坚持把智力因素与非智力因素结合起来,积极开发、调动三个因素:领导的非权力因素、教师的非业务因素、学生的非智力因素,多方面激发学生的学习热情,促进教学质量大面积提高。

张红宇老师在高效课堂教学中,积极开发学生非智力因素,课堂上不仅有知识的传授,还有学生吹拉弹唱、小品相声、哑语歌舞等,真正让课堂成为知识的超市,生命的狂欢。为此,江苏省教育电视台专门前来拍摄了她的课堂。

其次是毕业班和非毕业班一齐抓。张文林说,推进高效课堂,是全校一盘棋。狠抓毕业班的工作,一直是学校工作的重点。但在导学案编写、学生展示等环节上,毕业班绝不搞特殊。在高效课堂教学中小有名气的冯莲老师说,学校对高一、高二两个年级的教学工作,始终要求紧紧围绕高效课堂教学环节,在学生学习方法培养、教师的教法指导上下工夫,这对进入高三后大容量复习,以及学生自主学习大有好处,使学校教学形成了良性循环的局面。

第三是坚持课堂与课外一齐抓。张文林介绍,实施高效课堂,必须实行开放型的教育方式,同时实行"五个结合":把课内与课外、校内和校外、书本与实践结合起来,把学校教育与社会家庭教育结合起来,把传统教学方法与现代化电化教学结合起来,把常规教育与特色教育结合起来,把学科课程与活动课程结合起来,让有特长的学生把课堂学习延伸到课外。

高效课堂与教师业务素质

两年前,众兴中学连学生都招不齐,步履维艰。经过全县选拔的张文林出任校长后,一方面积极推进教学改革,大胆引进并完善"高效课堂"教学模式,一方面以错位发展、特色取胜的办学思路,重点办美术特色班。目前,学校不仅招生不愁,还成了包括清华大学美术学院在内的诸多名牌高校的生源输送基地。

张文林语重心长地说,面对目前的教育形势,学校对教师提出了"全新的教育观念,广博的专业知识,过硬的教学功底,现代化的教育手段,较高的教育科研能力"五大新型教师的素质要求。这首先要培养教师的敬业精神。学校经常组织教师进行政治学习,定期举行师德问题专题研讨会,并结合定性定量的岗位考评,有效强化师德教育的力度。

另一方面,学校从加强"内功"训练、增长教学才干方面培养教师业务水平,以"功夫下在备课上,本领显在课堂上,效果显在学生素质上"为中心,认真组织各项教学教研活动。要求学科带头人上好示范课,骨干教师上好公开课,青年教师上好汇报课,教师的业务素质在教研活动中得到了很大提高。

为了让更多的教师尽快适应高效课堂教学,学校按年级分批组织教师大规模外出观摩学习,并选派一批优秀教师进驻杜郎口中学、昌乐二中、兖州一中等课改名校取经。学校依据高效课堂实施方案及有关规范文本,成立了高效课堂督查小组,制定了一系列规章制度,以此促进每位教师端正教学态度,提高教学水平。

学校每学期都深入开展高效课堂推进月活动,做到周周有观摩,月月有重点,努力优化高效课堂教学环境,通过常态性赛课活动,不断推出高效课堂教学能手,并广泛宣传,大力表彰高效课堂中涌现出来的典型人物,让一大批高效课堂佼佼者政治上提高地位,经济上得到实惠,从而引领更多的一线老师积极投身于高效课堂活动中去。

课改其实没有那么难

张文林说,学校还从更新教师课堂教学观念出发,全面推进高效课堂打造,强调"四个转变":由一般知识传播向能力培养转变;由面向部分拔尖生向全体学生转变;由追求共性向教与学两个方面都有个性转变;由侧重于课外素质教育向课堂素质教育主渠道转变。

在严格实施制度管理的同时,学校还积极开展能动管理,他们称之为"开发教职工的工作积极性和创造力的管理",在管理中突出两个核心,抓住三个要素。两个核心指:以人的管理为核心,人的管理以开发教师的积极性和创造力为核心。三个要素指:一是确立教师主人翁的地位,二是改革和完善学校的管理制度,三是建立有利于开发教师积极性和创造力的学校管理运行机制。

张文林说,课改关键是营造一个氛围,转变一个观念,教会一套办法,优化一支队伍,奖励一批骨干,推广一批成果。他坚定地表示,课改,其实没有那么难。只要扎扎实实地做好每一件小事,首先从转变教师观念开始,打造一批改革队伍,学习一套好的方法,营造一个有利于改革的氛围,搞好相关评价工作,并且坚持一以贯之，就一定能取得最终的成功。

一位县教育局负责人说，众兴中学的改革，其实赶上了很好的契机和机遇，一方面是有杜郎口中学的改革经验可以借鉴，另一方面江苏正在全面规范办学行为，深入实施素质教育。而且地方政府、教育局对学校的改革十分支持，学校还在摸索中组建了一批有思想、有力度的教师队伍，这样的改革，只要坚持下去就一定会取得好的成绩。

"全校上下一心，将课改引向深入，将高效课堂进行到底。"张文林说，这是众兴中学的教育理想。

校长档案

张文林校长

江苏南京人，全国优秀教师，中学高级教师，江苏省化学学会理事，宿迁市化学学科带头人，主持《现代合作式学习的研究》等5项省级课题，发表《发挥学生主体作用，鼓励发现自我价值》、《课堂问题设计与创新思维培养》等20多篇省级以上论文。

长期担任省四星级高中业务副校长，多次参加省、市组织的校长培训班学习，并远赴英国、韩国等国家访问学习。2008年8月起任众兴中学校长，坚持"错位发展、特色竞争、多极取胜"的办学思路，使众兴中学逐步形成了高效课堂、阳光体育和艺术教学等鲜明特色,在市内外产生了巨大的品牌效应,受到了上级领导和社会各界的高度评价和极大关注。

校长谈

我们推进高效课堂的几项主要工作

张文林

我校的高效课堂建设既是一个完整的理论体系,又是一个完善的系统工程。在推进高效课堂过程中,我们主要抓好几个方面的工作:

一是营造氛围,创设高效课堂文化。我们以"强势推进高效课堂,全面提高教学质量"为主题,充分利用校报、黑板报、宣传栏等广泛宣传高效课堂。各年级各班级积极行动,在教室外开设宣传橱窗,展示优秀导学案、优秀学生和优秀小组等,教室内则有"我的课堂我做主"、"我参与,我快乐"、"课堂因我而精彩,我因课堂而自信"等高效课堂宣传横幅、宣传口号,以此营造浓烈的高效课堂氛围。

二是把握环节,突出课堂重点。高效课堂的基本环节,包括预习、展示和反馈三个方面。展示环节是生生、师生、组组之间的互动过程,代表本组展示的学生要表情丰富、动作适度、声音洪亮、敢说会说。随后其他学生或小组补充完善、对抗质疑和知识生成,不断碰撞出智慧的火花,深化拓展知识。而教师则要善于倾听、调控节奏,在适度点评、追问、拓展、生成中,让学生掌握知识,更让学生提高能力。

三是小组合作,把握高效课堂灵魂。合作学习的基本形式是小组,建设、培训好学习小组,也就把握了高效课堂的灵魂。我们要求各班要结合小组成员的性别、学业成绩、智力水平、个性特征和家庭背景等因素,按照"组内异质、组间同质"的原则划分学习小组。每节课结束时,老师要对本节课各小组表现进行量化积分,表扬先进、鞭策落后。

四是加强督查,规范高效课堂程序。在实施高效课堂初期,我们规定动作不走样,严格按照高效课堂程序操作。我们依据高效课堂实施方案及有关规范文本,成立了高效课堂督查小组,制定了《高效课堂检查记录表》,加强了高效课堂的考核检查工作。

五是典型引路,优化高效课堂环境。针对学校实际情况以及各年级的特点,我们采用分层推进、分类实施、典型引路的方法,每学期都深入开展高效课堂推进月活动,做到月月有重点,周周有观摩,努力优化高效课堂教学环境,通过常态性赛课活动,不断推出高效课堂教学能手,并广泛宣传、大力表彰高效课堂中涌现出来的典型人物,让一大批高效课堂佼佼者提高待遇、得到实惠,从而引领更多的一线老师积极投身于高效课堂活动中去。

经过一年的摸索和打磨,我校的高效课堂已初具规模,取得了阶段性成果。首先表现在课堂效益显著提高,特别是高效课堂的展示环节,学生优雅大方的精彩展示,不时激起热烈的掌声,无不让人陶醉其中;其次是学生个性得到张扬,真正让课堂成为学生展示的舞台,成为学生成长的乐园;第三是社会影响日益扩大,我校通过强势推进高效课堂,在短时间内闯出了一条减负增效的新途径,社会影响日益扩大,县内外前来观摩学习的络绎不绝,约请我校高效课堂教学能手前去讲学上课也蔚然成风。

当前,尽管取得了一些成绩,我校的高效课堂探索还远未达到我们期望的目标。雄关漫道真如铁,而今迈步从头越,我们有信心,有决心,有恒心,高效课堂这朵奇葩,将会绽放得更加绚丽。

关 键 词

泗阳众兴中学高一数学一体化导学案

主备人:冯莲　　审核人:彭家志　　上课日期:3月20日

课题

3.4　互斥事件

学习目标

1.了解互斥事件及对立事件的概念,能判断某两个事件是否是互斥事件,进而判断它们是否是对立事件。

2.了解两个互斥事件概率的加法公式,知道对立事件概率之和为1的结论,会用相关公式进行简单概率计算。

3.注意学习思维习惯的培养,在顺向思维受阻时,转而逆向思维。

学习重点

互斥事件和对立事件的概念,互斥事件中有一个发生的概率的计算公式。

学习难点

利用对立事件的概率间的关系把一个复杂事件的概率计算转化成求其对立事件的概率。

学习过程

一、知识链接

如果一次试验的等可能基本事件共有 n 个,那么每一个等可能基本事件发生的概率都是_____;如果某个事件 A 包含了其中 m 个等可能基本事件,那么事件 A 发生的概率为 $P(A)=$ _____ 即 $(A)=\dfrac{\text{事件}A\text{饮食的基本事件数}}{\text{试验的基本事件总数}}$。

二、预习导学

体育考试的成绩分为四个等级:优、良、中、不及格,某班 50 名学生参加了体育考试,结果如下:

优	85 分及以上	9 人
良	75—84 分	15 人
中	60—74 分	21 人
不及格	60 分以下	5 人

问题:在同一次考试中,某一位同学能否既得优又得良?_____

从这个班任意抽取一位同学,那么这位同学的体育成绩为"优良"(优或良)的概率是多少?_____

体育考试的成绩的等级为优、良、中、不及格的事件分别记为。在同一次体育考试中,同一人不能同时既得优又得良,即事件是不可能同时发生的。

在上述关于体育考试成绩的问题中,用事件表示事件"优"或"良",那么从 50 人中任意抽取 1 个人,有 50 种等可能的方法,而抽到优良的同学的方法有 9＋15 种,从而事件发生的概率 $P(A+B)=$ _____

另一方面 $P(A)=$ _____, $P(B)=$ _____,因此有:_____

三、建构数学

1. 互斥事件的概念:_____

2. 互斥事件的概率:如果事件,互斥,那么事件发生的概率,等于事件,分别发生的概率的和,即_____

一般地,如果事件 $A_1, A_2, \cdots A_n$ 两两互斥,则:_____

3. 对立事件:两个互斥事件必有一个发生,则称这两个事件为对立事件.事

件的对立事件记为_____

对立事件 A 和 $\overline{A}$ 必有一个发生,故 $A+\overline{A}$ 是必然事件,从而 $P(A+\overline{A})=$ _____因此,我们可以得到一个重要公式 $P(\overline{A})=$ _____

思考:1.对立事件和互斥事件有何异同?_____

2.对立事件一定是互斥事件吗?反之是否成立?_____

合作探究:

问题1.一只口袋内装有大小一样的4只白球与4只黑球,从中一次任意摸出2只球。记摸出2只白球为事件,摸出1只白球和1只黑球为事件。问事件和是否为互斥事件?是否为对立事件?

问题2.若 A 表示四件产品中至少有一件是废品的事件,B 表示废品不少于两件的事件,试问对立事件 $\overline{A}$、$\overline{B}$ 各表示什么?

问题3.回答下列问题:

(1)甲、乙两射手同时射击一目标,甲的命中率为0.65,乙的命中率为0.60,那么能否得出结论:目标被命中的概率等于0.65+0.60=1.25,为什么?

(2)一射手命中靶的内圈的概率是0.25,命中靶的其余部分的概率是0.50,那么能否得出结论:目标被命中的概率等于0.25+0.50=0.75,为什么?

(3)两人各掷一枚硬币,"同时出现正面"的概率可以算得为 $\frac{1}{2^2}$. 由于"不出现正面"是上述事件的对立事件,所以它的概率等于 $\frac{1}{2^2}=\frac{3}{4}$ 这样做对吗?说明道理。

学习反思:_____

_____

四、数学运用

例1 口袋中有若干红球、黄球与蓝球,摸出红球的概率为0.45,摸出黄球的概率为0.33,求:(1)摸出红球或黄球的概率;(2)摸出蓝球的概率。

例2 某人射击1次,命中7—10环的概率如下表所示:

命中环数	10环	9环	8环	7环
概率	0.12	0.18	0.28	0.32

(1)求射击一次,至少命中7环的概率;

(2)求射击1次,命中不足7环的概率。

学习反思:_____

五、基础达标:

1.(A)抛掷一颗骰子1次,记"向上的点数是4,5,6"为事件A,"向上的点数是1,2"为事件B,"向上的点数是1,2,3"为事件C,"向上的点数是1,2,3,4"为事件D。判断下列每对事件是否为互斥事件,如果是,再判断他们是否为对立事件。

(1)A与B (2)C与A (3)A与D

2.(A)从装有5只红球、5只白球的袋中任意取出3只球,有如下几对事件:
①"取出2只红球"和"1只白球"与"取出1只红球"和"2只白球" ②"取出2只红球"和"1只白球"与"取出3只红球" ③"取出3只红球"与"取出3只球中至少有1只白球" ④"取出3只红球"与"取出3只白球"。其中是对立事件的有( )

A.①、④   B.②、③   C.③、④   D.③

3.(A)有一批小包装食品,其中重量在90～95g的有40袋,重量在95～100g的有30袋重量在100～105g的有10袋。从中任意抽取1袋,此袋食品的重量在95～100g的概率为_____此袋食品的重量不足100g的概率为_____,此袋食品的重量不低于95g的概率_____

六、当堂检测:

1.(A)某人进行射击表演,已知击中10环的概率为0.35,击中9环的概率为 0.30,击中 8 环的概率为 0.25,现在他射击一次,问击中 8 环以下(不含 8 环)的概率是多少?

2.(A)一架飞机向目标投弹,击毁目标的概率为 0.2,目标未受损的概率为 0.4,求使目标受损但未击毁的概率。

七、课后练习

1.(A)下列说法中正确的是_____
(1)事件 A、B 中至少有一个发生的概率一定比 A、B 中恰有一个发生的概率大
(2)事件 A、B 同时发生的概率一定比事件 A、B 恰有一个发生的概率小
(3)互斥事件一定是对立事件,对立事件不一定是互斥事件
(4)互斥事件不一定是对立事件,对立事件一定是互斥事件

2.(A)经临床验证,一种新药对某种疾病的治愈率为 54%,显效率为 22%,有效率为 12%,其余为无效。求某人患该病使用此药后无效的概率。

3.(A)某种彩色电视机的一等品率为 90%,二等品率为 8%,次品率为 2%,某人买了一台该彩电,求:
(1)这台电视机是正品(一等品或二等品)的概率;
(2)这台电视机不是一等品的概率。

4.(A)某市派出甲、乙两支球队参加全省足球冠军赛,甲乙两队夺取冠军的概率分别是 $\frac{3}{7}$ 和 $\frac{1}{4}$。试求该市足球队夺得全省足球冠军的概率。

5.(B)如图,直角坐标系中画一个直径为 40cm 的圆,以各象限的角平分线为对称轴分别画一个圆心角为 30°的扇形,并将这 4 个扇形分别涂以红、蓝两色,其余部分涂以白色。现在一支小镖投向圆面,假定都能投中圆面,求:

(1)分别投中红色、蓝色扇形区域的概率;

(2)投中红色或蓝色扇形区域的概率;

(3)投中白色扇形区域的概率。

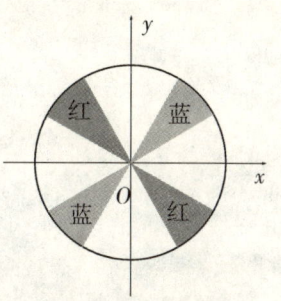

(第 5 题)

6.(B)经统计,在某储蓄所一个营业窗口排队等候的人数及相应概率如下:

排队人数	0	1	2	3	4	≥ 5
概率	0.1	0.16	0.3	0.3	0.1	0.04

(1)至多 2 人排队等候的概率是多少?

(2)至少 3 人排队等候的概率是多少?

学习反思:_____
_____

广东广州第八十中学

学校档案

原名番禺大同中学,始建于1947年春,现为普通高级中学,2003年12月被评为广东省一级学校,现有41个教学班,学生2200人,教职工177人,专任教师144人,本科学历144人,研究生2人,23位教师研究生课程班结业;中学高级教师39人,一级教师50人。有多名教师被聘为市、区特约教研员,并加入市、区学科教研中心组;派出了50多名教师参加国际、国家、省、市学术交流会或培训。

学校环境一流,漫步校园,层楼雅亭,小桥流水,荷塘鹤影,古木新柳,怪石奇葩,美不胜收。

学校坚持"以人为本,发展潜能"的办学理念先进,特色鲜明。确立了"让每个学生充分发展潜能,提高素质,适应未来"的办学宗旨;贯彻了"科学管理抓决策,全程投入抓调控,德育到位抓方向,教学为主抓质量,发展潜能抓特色"的治校方略;坚持"雅、信、绿、新"的校训;形成了"严谨、文明、开拓、进取"的校风,"严、爱、勤、巧"的教风,"勤奋、博学、求实、创新"的学风。摸索出了适合师生潜能发展的教育模式,突出了心理健康教育、环境教育的办学特色,成为一所独具特色的学习型学校。

课改档案

广东广州第八十中学的"改革文化"

"一旦打破枷锁冲出牢笼,教师重新获取的快乐将不仅仅属于一个人,而属于全体学生!"这是广州市第八十中学党支部书记袁成在做课改动员报告时送给教师们的话。

广州市第八十中学,有着悠久的办学历史,也是传统名校。学校地处广州市白云区,是广东省一级学校、广东省绿色学校、白云区骨干高中,现正创建国家级示范性高中。

"当发现自己落后了,我们就大胆主动地走出去,学习先进的办学经验,寻找改革的方式、方法。"学校校长袁闽湘说,围绕高效课堂,近年来,他们主动求变从而打造出富有八十中特色的"改革文化"。

管理:从公示到共识

"入木三分找差距,精益求精谋发展。"袁成鼓励所有教师主动在自己的课堂上去"找差",查"病因"。袁闽湘则介绍,一段时间以来,学校的课改正是通过这样的"找差",从"根"上转变了教师们的课堂观念。

为了提升教师的诊断水平，一个月中，学校两次组织教师前往山东杜郎口中学取经。两校课堂一经对照，老师们很快找到了真正的"差"，并且看到了"差"在何处。于是，领导班子决定，先从高一年级推行高效课堂模式。一个月后，在总结高一年级的基础上，在高二和高三全面铺开。

每天，学校发动全体师生，从课堂实践中"揪出"问题，然后把问题罗列公示，供老师们去辨识、争论、验证。每周，在全体教师大会上进行反馈，对课堂操作细节、教学行为进行辅导。他们正是在课改中实施这样的"行动研究"，才促使该校的课改，从一开始就行走在了一条快车道上，并且慢慢积累下很多宝贵的经验。

笔者参加了该校的一次学案专项研讨会。袁闽湘先"出题"，他问的是"在学案编制上，我们还存在哪些差距？"老师们七嘴八舌地热烈议论开了，袁成逐条归纳，形成了"五条不足"。老师们纷纷表示，这样的方式能让人"心明眼亮"，既解决了现实的困惑，又指明了今后工作的方向。

正是通过这样一次次的问题"公示"，学校达成了课改观念的"共识"——想让学生动起来，教师要先动起来！学校鼓励教师们"把问题当课题"，《如何让学生动起来》、《学生如何高效地动起来》等一大批"问题课题"纷纷解题、破题。

为了适应高效课堂教学改革，学校还淡化"科层"管理，设立了四个职能中心：课堂教学研究中心，班级建设研究中心，后勤服务中心，行政服务中心。

育人：环境课程激活学习兴趣

荷塘、月色、小桥、流水、竹影、曲径，四季鲜花盛开，美不胜收，置身广州八十中，美景与朗朗书声相映成趣，校园生活诗意流溢。

近十年来，广州八十中一直把环境教育作为学校的重要活动课程开设，环境教育课程目前已经成为该校的办学特色之一。学校大胆放手鼓励学生去做课题，并在做中学，做中思。为了让学生发挥自主性、主动性和创造性，学校多次与《羊城晚报》报业集团等媒体合作，联合当地政府共同举办"保护母亲河，保护我们的家园"系列活动；积极组织"世界地球日"绿色环保社区宣传活动，学生们还深入到区域内森林公园访问调研，进行环保调查，写出调查报告，同时将调研报告上报环保部门,反映环保情况。

学校环保社团的王易同学说,环境教育激活了同学们的学习兴趣。袁成表示,学生们又把这种兴趣实现了向课堂的"迁移",习惯了在基础知识课程上也要多问几个"为什么",探索欲望大大增强了,自主和合作意识也明显增强了。

袁闽湘说,学校希望通过这样的教育转变学生的学习方式,激活学生的学习兴趣,从而培养学生乐于学习的习惯,最终形成良好的学习能力。环境课程的开设,也为学校争得了荣誉,该校成为广州市首批绿色学校、广东省绿色学校、广东省环境保护先进单位、全国环境教育示范基地。

生活:把"情感"交给学生

学校管理的核心,一切围绕着"把学校管理权全面交给学生",其突出表现在"值周班制度"上。学校的值周班涉及的领域包括学生的一切常规管理,如两操、卫生、早读、晚自修、就餐管理及其他大小型活动等。每天课间操,值周班长向全校师生汇报存在的问题,并发出倡议;课间操后,值周班长向全校师生总结通报前一天的工作,表扬校园中的好人好事,批评不良行为,并就值周主题向全校师生发出倡议书。

他们还敢于把学生的"情感"问题也交给学生。笔者在采访中看到了一份学生自己拟写的倡导有关与异性正确交往的倡议书:一、提倡男女集体交往,不提倡男女单独私下交往;二、提倡男女生在校内交往,不提倡男女在校外交往,尤其是娱乐场所交往……学校还规定,值周班代表参加学校行政会,在会上汇报发现的问题,并提出解决建议,随后行政会研究解决方案,并落实到人。

袁成说,凡参加值周的同学,都会在值周结束后,写下值周感言。随后,学校会在校园网上公布,并在下周的各班班会上分享。这些感言,都成了珍贵的教育素材,促进了学生的自主管理、自我约束。学校将这种形式称之为"感动师生,化育灵魂"。据介绍,学校现在已经完全依托学生实现了自主管理,未来自主管理的程度和力度都将进一步加大。

课堂:"352"课堂模式

在课堂教学改革的过程中,广州八十中形成了自己的课堂教学模式,即"352"模式——"3",30%的时间,12分钟,引发意向(激发动机),小组交流;"5",50%的时间,20分钟,展示讲解;"2",20%的时间,8分钟,归纳总结与小测。

该模式具体实施步骤如下,首先,引发意向(激发动机),教师对完成学案、进步明显的学生进行表扬,让学生投入到积极的学习状态中,然后小组交流,先组内同质对子互学,再异质对子帮学;第二步,展示讲解,教师根据学情调查,分配展示内容,学生展示讲解、质疑,教师点拨;第三步,总结与小测,学生通过画知识图、树等对知识进行系统梳理,用小纸条的形式对当堂的学习内容进行检测,了解学生的学习效果。

"352"课堂模式主张三条原则:第一条,预习是关键,展示是提升,反馈是保障;第二条,独学重于对学,对学重于群学,群学重于教师讲,独立学习能解决的就不讨论,小组讨论能解决的教师就不讲,教师的讲,重在点拨,在全班没有任何学生能讲的情况下具体地讲;第三条,处理好小展示与大展示的关系,处理好"实"与"活"的关系。

另外,教师编制学案时,必须"留白",让学生补充学案或修改学案,编制出适合自己学习的学案。教师少设问题,学生多思,鼓励学生生成自己的问题。

袁闽湘说,352模式解决了长期以来困扰着学校发展的问题:一是课堂上已经基本达到了"上教不教"的境界,课堂上,教师把对知识的解释权、质疑权、自我评价权等还给了学生,学生的主动性、积极性和自信心越来越强;二是课堂充满了人文情怀,师生实现了真正的平等、民主与自由,学生同伴之间的帮助和合作学习也处处体现出真诚和高效;三是课堂里再也没有了"差生",学校也少了令人头痛的"问题生",每一位学生的个性在课堂上得到了张扬,都能体验到学习的成功感。于是,学校曾经面临的一系列教育问题在课堂教学改革中得到了根本性解决。

校长档案

袁闽湘校长

中学物理高级教师,广州市白云区享受区政府特殊津贴专家,广州市中小学优秀校长培养对象,广州市优秀教育工作者,广州市文明家庭,白云区优秀共产党员,白云区优秀教师,白云区政府嘉奖,记三等功。在"庆祝建国六十周年——全国名校长访谈活动"中,经广东省教育学会逐级审核推荐,获得"全国优秀校长"荣誉称号,担任《广东教育》理事会理事、中国教育学会《中国教育学刊》学术研究员、白云区中学物理教研会会长、白云区督学、广东省中学高级教师资格评审委员会评委。广州第八十中学"十一五"期间承担的国家、省、市各级课题研究工作的主持者。

校长谈

莫道耕耘苦,花开满园新

——写在我校课堂教学改革一年之际

袁闽湘

创新是一个民族进步的灵魂,是一个国家兴旺发达的不竭动力。对于一所学校来说，道理也是如此。当我们这所几乎全是四组生源的学校面临第一、二组的学校扩招时，学校发展的路在何方？

2008年3月，读完《杜郎口旋风》，我就跟随白云区教育考察团去了杜郎口中学这所刮起"旋风"的学校；2008年11月，我借到上海学习的机会，去了建平中学，再一次感受到了课堂教学的高效，课堂是一所学校生命力与活力的源泉。

课堂教学是学校教师开展教学的主阵地，是学生学习科学知识、掌握学习方法的圣殿，也是学校育人的关键组成部分。我明白，从这里开始进行改革，才是提高学校教育教学质量的关键。

2009年9月，我校开始向全国课堂教学改革先进学校学习，分年级推进课堂教学改革，从艰难的"临帖"到自由的"破茧"，到摸索尝试建立适合学校的"352"高效课堂教学模式和学生评价体系，再到创建与高效课堂相配合的班级文化和小组值周制度。这一学年，学校先后组织了科组长、级组长、备课组长、中层干部7次外出考察学习，邀请山东课改专家到学校进行了7次大型专题报告和培训，先后召开5次反馈会，教师写的学习反思文章达400多篇。这一年，我们没有节假日，全校教师在一次次培训、听课、评课、备课、反思中度过了一个个本该和家人休闲的美好时光。

辛苦的耕耘换来总是全新的惊喜！

在一次次课堂教学改革的学习反思与实践中，在"把课堂还给学生"的教学理念引领下，我校教师的教学理念发生了根本性的改变，导学案的设计从原来的注重教师个人理解转向重视教材文本和学生实际，更善于从统一的内容中梳理出适合学生的要点。课堂上从以往的灌注型授课模式趋向于开放型，更关注每个学生的发展。在改革实践中，我们的教师渐渐明白：高效的课堂不是教师给学生讲明白了多少，而是体现在引导学生想明白多少，通过学习，学生吸收了多少，又产生了多少问题，学生自己又能够提出多少问题，进而需要寻找怎样的解决办法，这才体现"思维效度"的高，才是高效教学的标志。我们的教师在一次次投入、艰辛的劳动中收获了专业的成长。

课堂教学改革带来的变化不只是我们的教师，学生的成长也让我们看到他们身上巨大的潜力。现在的课堂，是小组投入疑难问题的热烈讨论，是学生流畅整洁的粉笔书写,是学生大胆自信的问题发言,是小组间激烈的对抗质疑。从原是教师的专利品而现属于学生的黑板中,从原是教师"讲"为主而现在是以学生"学"为主体的课堂中,我们感受到学生自信成功的说、练、讲、演,感受到青春的朝气和生命的活力。学生的思维被激活,学习的兴趣增强,课堂效率明显提高,使得我们的课堂教学焕发出前所未有的勃勃生机。

教师、学生的发展促进了学校管理的改革。建立课堂教学评价制度,创建特色鲜明的班级文化,推行值周小组合作工作制度……现在我校的校道、教室、走廊、操场,干净整洁,文化气息浓郁。在学校,遵章守纪不仅仅是条文规定,更是付诸具体的行动体现。

当然,我们倡导自主学习并非完全摒弃接受性学习,我们极力避免从一个极端走向另一个极端。在改革探索的征程中我们还有很长的路要走。

关 键 词

广州第八十中学课改教师的"决心书"(摘录)

袁校:

您好!

本人可以参加任何一个中心,学校需要我去哪里,我都能胜任。

"三军未动,粮草先行",教学改革也需要默默无闻但脚踏实地的后勤工作者。我还是选择后勤服务中心吧。

我会改进工作方式,不断学习,努力工作,尽量让你在后勤方面少操点心。

×××

袁校:

您好!

自愿成为学校"导学案编写研究中心"的一员。导学案编写是高效课堂的关键,要选择对教育有期盼、对教材有研究、对教法有创意、对学生有爱心的教师,我会把自己对教育、教材、教法、学生的理解毫无保留地通过导学案编写展现出来，编写出适合八十中学情的高质量的产品。

或者自愿成为学校教学质量检测中心的一员，公正、严明，一定用心尽力、尽职尽责为我们的教学把好第一关。

×××

袁校长：

我是本校新老师×××，说自己是新老师，是因为本人觉得自己没有很专业的教学经验，但是真心希望在我们八十中锻炼自己，让自己也为我校做贡献。现在此向您报名加入导学案编写研究中心，愿您批准！

本人绝对是老实人、正派人、不巴结领导的人。平时也只是做事而不会张扬的人。正由于不太会说话，平时如果有冒犯的地方，敬请校长原谅。我担保，在日后的学习中，学会做事……

×××

尊敬的袁校：

看到您在平台上发的通知，我也有点跃跃欲试了，我想参加导学案编写研究中心及后勤服务中心。可能我的能力和精力有限，但有袁校您的正确带领，有这样充满改革创新的学校大环境，加之我自身也有想干事的决心，相信我不管能不能成为其中的一员，我都会把袁校的话作为自己的座右铭；用心尽力，尽职尽责，把自己的本职工作做好就是对学校的最大贡献。最后，祝袁校新年快乐，万事如意！

这个学期以来，我们学校进行了如火如荼的教学改革，在课改中，我们本着"以人为本，发展潜能"的办学理念，在课堂的教学方式上进行了前所未有的改革，"把课堂还给学生"，让学生自己合作学，自己展示。让学生在课堂上做真正的主人。但这个前提是，我们老师一定要认真研究编写好每一次的导学案。所以，我认为导学案的编写是十分关键的。

学校领导们这样的决心和行动让我们老师看到了希望，也给了老师和同学们课改的信心，我作为老师，也要积极地贡献出一份力量。踏踏实实干实事，干好事。我愿参加导学案编写中心，为学校的课改出一份力。

×××

安徽铜陵铜都双语学校

学校档案

创建于2000年,是安徽省铜陵市首家民办全日制学校,占地面积150亩,拥有小学、初中、高中三个学部。现有专业教师120名,学生1500多名。

近年来,学校把经营高效课堂作为教育教学的新增长点,坚持以改革课堂教学模式,改变教学和学习方式为突破口,在反思中致力于五环高效课堂标准化体系的建构。学校从课堂出发,"打倒传统课堂—构建有效课堂—经营高效课堂",成功构建起较完善的"自研自探—合作探究—展示提升—质疑评价—总结归纳"的"五环大课堂"体系。

导学稿是学校的特色,真正起到课堂学习路线图、导航仪的作用。它是"定向导学+互动展示+当堂反馈"的展示课型的主要联结点。导学稿的全面实施,实现了"三个合一",一是改革了备课模式,实现了以导学稿为载体的备研合一,二是改革课堂教学模式,实现了以导学稿为蓝图的优化课堂的导学合一,三是改革课后培辅模式,实现以导学稿为依据的查漏补缺的教辅合一。

突出的课改成绩,使学校有了课改"小岗村"的美誉。

课改档案

课改"小岗"

——安徽铜陵铜都双语学校的"五环大课堂"

坐落在古青铜之都、长江之滨的安徽铜都双语学校,尽管创办时间不长,但以其高标准的硬件设施,高层次的办学理念,高水平的教学质量,高标杆的教学特色,异军突起,成为铜陵市乃至安徽省民办教育的领跑者之一。

近几年来,学校把经营高效课堂作为教育教学的新增长点,坚持以改革课堂教学模式,改变教学和学习方式为突破口,在反思中致力于五环高效课堂标准化体系的建构,其原创性、前瞻性课堂经营之道,使学校"名校效应"显现,成为人们争相学习的典型。因为与农村经济改革的"鼻祖"小岗村同属于安徽省,学校又被人们亲切誉为"教学改革的小岗村"。

五环课程

铜都双语学校改革初期,有专家曾温婉而不乏尖锐地提问:你们是寄宿制学校,如何才能消除学生与社会的隔阂,如何做好素质教育呢?面对疑问,铜都双语学校选择了从课堂入手。

学校董事长盛国友说,铜都双语学校的改革依据人的能力结构,从人与社会生活之间的联系和需要出发,完善和创设课程类型,设立了教材学习课、校本研习课、个性展示课、行为养成课、社会实践课等"五环课程"。

学校校长汪兴益介绍,"五环课程"由五类课堂模式来实施落实。

一是以学科教学为主的教材学习课堂,让学生积极主动地学习,掌握基础知识和基本技能,形成良好的学习品质和学习能力;二是以校本研习为主的研训课堂,着力从民主自治型班级管理、民主自主课堂管理两方面强化规则及程序的培训与落实,完成从高效课堂到高效学习的提升;三是以个性发展为主的特色课堂,开设各类个性选修课,重在发展学生个性和特长,培养学生创新意识和创造能力;四是以学生心理、人格养成为主的行为养成课堂,让学生学会生活,学会做人,学会合作,建立完美的人格品质;五是以实践活动为主的社会实践课堂,学校在校外建立实践基地,有计划、有目的地组织学生开展实践活动,实现从校园课堂向社会课堂的延伸。

五环大课堂

"经营课堂是校长的第一要务,教师的第一要务,学生的第一要务。"盛国友说,从课堂出发,"打倒传统课堂—构建有效课堂—经营高效课堂",这是铜都双语学校经历的三段推进式课变之旅,现在,学校从"五环课程"出发,已成功构建起较完善的"五环大课堂"体系。

汪兴益说,学校将预习、上课、训练、培辅、反思等常规项目整合成工厂流水线式的学科导学流程,命名为自研课、展示课、训练课、培辅课、反思课等,并进入日常化、生活化、制度化、精细化管理之中,让师生的教与学有章可循,有规可依,有的放矢。

学校的自研课型类别有晨读课、阅读课、预习课、自练课、活动课等,每类别均明确时段安排、达标要求、导学方式、检测手段。展示课型按"三模五环六度"的课堂运行机制进行操作,充分体现自主、导学、互助、展示等课堂元素,操作时要求能落实"三主",即教为主导、学为主体、练为主线;倡导"三自",即自主学习、自主探究、自主交流;鼓励"三动",即动脑、动手、动口;实现"三会",即学会、会学、会用;发展"三维",即认知、情感、技能。

他们的训练课型按照目标性、启发性、分层性原则,精心设计训练题,以"做题—反馈—评析—拓展"为导学流程,使学生完成知识的迁移和运用,达到举一反三,触类旁通的目的。

培辅课是教师主导作用发挥最为突出的课型。教师要及时搜集整理学生学习信息,及时对学生学习中出现的错误或遗漏进行更正或补缺。搜集信息,对学生学习中认识有偏差或错误之处进行整理归类。汪兴益说,学校教师们特别注意区别个性化和倾向性的问题,个别问题个别辅导,倾向性的问题,集中解决,辅导及解决途径一定是先兵帮兵,后教师帮扶,这样才能起到好的学习效果。

学校的反思课型是对课堂学习的延伸和超越,它以日、周、月为时间段,让学生对学习态度、知识达标、能力形成等情况进行反思小结。

三模五环六度模式

近年来,学校围绕着"结构"和"方法"两大原点自主构建起"三模五环六度"高效课堂模式,既保证课堂导学的紧张有序,又彰显出开放性课堂的生动活泼。

"三模"是指"定向导学、互动展示、当堂反馈"三大导学模块;"五环"是指导学流程中要经历"自研自探—合作探究—展示提升—质疑评价—总结归纳"五大环节;"六度"是要求教师导学设计及课堂操作过程中要重视学习目标的准确度、自学指导的明晰度、合作学习的有效度、展示提升的精彩度、拓展延伸的合适度、当堂反馈的有效度。

那么该课堂模式实施的有效载体是什么?答案是师生共用的导学稿。铜都双语学校的导学稿,是展示课型的主要联结点,学校要求教师高度关注展示课型的"三模五环六度",着眼于"自学指导"、"互动策略"、"展示方案"的精心设计,日导学稿同时也是五种课型当日实施的纸质载体。

导学稿的形成过程体现教师对教材的透析,对学情的把握,对五种课型的认知,对导学行动的设计,对高效训练的预设,对日培辅与反思的关注。汪兴益说,导学稿的全面实施,实现了"三个合一",一是改革了备课模式,实现了以导学稿为载体的备研合一,二是改革课堂教学模式,实现了以导学稿为蓝图的优化课堂的导学合一,三是改革课后培辅模式,实现以导学稿为依据的查漏补缺的教辅合一。

一位年轻教师说,这一模式让刚走上工作岗位的年轻教师很快领会到高效课堂的要旨,并能很快地从技术层面掌握课堂操作要领,而且这种共享式课堂能让师生共同成长。同学们也纷纷表示,日导学稿让大家知道每堂课、每天要学习什么,怎样学,它是学习真正的老师。"导学稿的使用,培养了同学们良好的自主学习习惯,锻炼了我们自主学习的能力。"

"五环"校本管理体系

在实施改革的过程中,学校也建立起了一套五环节、重标准的校本管理体系,多方面保证了改革的顺利推行。铜都双语学校监评室王思民督学介绍说,学校的"五环"校本管理体系具体包括:落实三定备课制度,夯实高效课堂的基础;建立课堂监评系统,保证课堂教学的高效;构建培优帮困机制,实现全面发展、全面提高;完善反馈检效策略,加强管理的目标性和针对性;明晰绩效考核评定方式和途径,彰显优劳优酬的激励功能。

王思民说,铜都双语"五环"校本管理的标准化体系和一流的执行力,使广大教师找到了实现幸福与职业发展的途径,从而进入专业成长的快车道。教育专家评价,"五环"管理体系将教育教学过程管理(预估和监测)推至可操作的程序化状态,其核心关键词"标准"、"执行力"值得基础教育界思考并关注。

"五环"校本管理体系同样得到了教师们的认同,学校优秀学科长光敏老师说:"在管理体系标准的指引下,当我们的付出收到成效时,我们会有情真意切的感动,也有挂在眉梢会心的微笑。"基于"五环"校本管理体系的构建和实施,铜都双语学校"经营课堂"短短几年便取得了突出的成绩:学校连续6年中考毕业率、合格率100%,省市级示范高中达线比率、人均总分、单科各项成绩指标均居全市前列。

铜都双语学校的"五环大课堂"是一套体系，是一种探索，是将教育理念"落地"的措施。盛国友说，当然这套体系还只是一次启程，必将随着教育理论的探求和教学实践的深化而实现嬗变。

校长档案

盛国友校长

安徽枞阳人，大专学历。

个性特征：求真务实、求异反思。

兴趣爱好：喜爱与人进行有思想的交流。

人生信条：与人为善。

教育信条：每个人都是同样重要的，每个人都是应该得到发展的，每个人都有巨大的创造潜能，每个人都有自我实现的良好愿望。

治校格言：经营课堂，是校长的第一要务，教师的第一要务，学生的第一要务。

校长谈

我们的经营课堂理念
——对新课堂教学方法的理解

盛国友

我们的课堂究竟迷失在哪里?

学生的主体地位没有得到真正的发挥;课堂效能低下,主要表现在教学内容的零碎、无序,教学方法的陈旧、单一,教学过程的平庸、随意,教学评价的模糊、弹性。

于是,我们要寻找适合新课程的课堂教学方式。突出学生在学习中的主体地位和方法意识,从"培养方法意识"到"掌握解决某一类问题的思维方式";突出过程与方式,注重建构知识的意义,为学生的思维训练创建条件;突出合作和探究的有效性,树立促进学生可持续发展和使之养成终身学习的理念,把过程与方法视为课堂教学的重要目标,使教学过程真正成为学生主动参与、自主探究、构建意义的过程。

于是,我们要寻找课堂的支点,给课堂一个支点,我们会走得更好。

课堂教学的原点在哪里?在"方法"二字。围绕这一原点,我们在课堂教学过程中紧紧地抓住这几个关键词:一是"结构",新课程强调对知识的深入理解和灵活应用,而影响学生理解新知、掌握和运用新知的最重要因素是知识结构,即学生头脑中已有的知识结构;二是"方法",以学生是否真正掌握解决某一类问题的方法为标准,来衡量教学的有效性,以教师是否能够站在知识的逻辑体系上,教给学生真正有用的策略性知识,来衡量教学的教学水平,让学生在"会学"的同时"愿学""乐学";三是"变式",不断创设问题情境、活动情境,让学生在问题探究中、活动参与中,学会方法,探究规律,达到举一反三、触类旁通的教学目标,培养学生的问题意识和探究意识。

在这样的课堂上,师生之间以"教材知识"为例子,可以开展真实有效的对话,围绕"方法"的掌握和认知结构不断丰富,学生的学习始终处在能动状态之中。教师、学生、教材三者之间的关系更加趋向合理,学生在课堂上掌握了更多的话语权。

课堂的改变,会带来什么?

课堂的改变,带来了师生学习、生活方式的改变。教师的专业发展,其根本动力和凭借载体,应该是促进课堂教学的变革,在以改变课堂为主线的校本教研和校本培训中,提升自身的专业素养,提高教师学习的自觉性。真正的课堂教学改革实践研究,会对教师专业发展造成强烈的激励作用和助推作用,若"教研活动走过场,仓促上阵进课堂",教师心里就会发虚。教师们应把学习当成自己的一种生活方式,充实自己,享受教师职业的幸福感。

课堂的改变,是教师的原动力。授人以渔,方为人师。教师在于给学生以方法引领和人格熏陶,在于帮助学生建构一种优良的思维品质和学习习惯,使之终身受益。经营课堂的教师站在讲台上,底气更足,教法更活,他们的课堂里始终渗透着强烈的方法意识,他们能够灵活自如地处理教材知识,为使学生掌握方法而服务。有了经营课堂这一思想就会催生出一大批真正意义上的名教师、好教师。

关　键　词

铜都双语学校的"五环节"学科质量预控体系

教学过程的随意、教学评价的模糊,是导致课堂效能低下的原因之一。那

么,建立一套多环节、重标准的学科质量监测体系,显然是提高教学质量的良性对策。铜都双语学校立足自身的教学实践,借鉴他校的成熟经验,结合铜陵市教育主管部门出台的《铜陵市中小学教学常规实施条例》,大胆探索,求实创新,成功构建了"五环节"学科质量预控体系,优化教学环节,调控教学质量,将教学效果的预估和监测推至可操作的程序化状态。

铜都双语学校的"五环节"学科质量预控体系,主要由五个环节策略组成:一是在课前准备阶段,以周前预习和日前预习为方式,让学生在独立探求的过程中完成认知准备和情感准备。二是课堂导学阶段,以定向导学、互动展示、当堂反馈为方式,坚持"以教师为主导、以学生为主体,以训练为主线"的原则,合理安排"学"、"教"、"练",积极引导,提高课时效益。三是在课后训练阶段,以晨读、课外阅读、日日清检测、大自习自练等为方式,让学生将知识转化为能力,并适当拓展训练的广度和深度,促进学生知识巩固,实现"知能转换"和"知能并举"。四是在课后培辅阶段,以自主反思、个别培辅、集中培辅等为方式,以"面向全体,尊重个体"为原则,做好培优辅差。五是在课后检效阶段,以单元自测、周清过关检测、培辅绩效月验收、月度考核验收等方式,对学生进行过程性评定和结果性评定,加强目标管理。同时,结合"五环节"学科质量预控体系,学校还推出了自研课、展示课、训练课、培辅课、反思课等五种自主导学式课型,对教学程序提出了规划性要求。五种课型的实施依托的是"学科日导学方案"这一载体,实现师生当日教学活动的安排流程化、精细化。日导学方案是供师生共同使用的学案设计,是一种在教师的科学指导下帮助学生制定有效的学习计划和学习策略的方案。是对学生学习活动的预先指导,它既是导学的路线图,又是学习的路标。日导学方案的编制是教师备课中的一个重要部分,编制的过程是突出个人能力和发挥集体智慧的过程,它必须在同级同科集体备课、集中研讨的预习设计、正课设计、训练设计等成果的基础上,由学科任教教师根据班情、学情执笔编制出来的,其内容大致包括统一题头、自研课设计、展示课设计、日训练课设计、日培辅安排、日学习反思、教师寄语等组成。师生运用日导学方案要做到精选、精讲、精练、精批。学科日导学方案的全面实施,使教学常规项目有机整合形成体系,并进入日常化、制度化、精细化管理中,避免了教学活动的随意性、盲目性、无序性,使教学活动走上了科学、规范的轨道。

经营新课堂，不只是"解放学生"让学生体验到学习和成长的快乐，也是以新课堂模式对教师专业成长进行定制和助推。而对教师而言，经营新课堂不只是在新课堂教学模式下的自我成长，也是将教学科研当做大课堂的学习过程。因而，经营新课堂会为学校源源不断地推出具有学校风格的良师名师。

河南南召现代中学

学校档案

始建于2005年,是河南弘旭教育投资股份有限公司与南召县人民政府联合创办的一所民办公助学校,位于县城黄洋路南段开发新区。学校当前办学水平为南阳市示范性高中,建设目标为河南省示范性高中。

学校占地421亩,依山临水,环境清幽。目前已完成建筑面积80000余平方米,教学楼、实验楼、图书馆、阅览室、学术报告厅、综合办公楼、学生餐厅、学生公寓楼、教工宿舍楼和健身活动场地等硬件设施齐全,"四化"(文化、硬化、绿化、美化)建设规范有序。学校教学设施严格实行高标准配置,软件建设也达到河南省内先进水平。

目前,学校有教学班60个,学生3400余人,教职员工256人。专任教师全部为大学本科以上学历,省市级学科带头人、骨干教师占30%。随着学校4年多的发展,教师业务水平不断提升,校本研修日益深化,教学成效日渐突出,学校在教育教学、科研方面共获得100余项成果及奖励。

学校管理坚持以人为本,坚持"会通古今中外文化,致力中华民族复兴;砥砺健全品格,造就一等才学"的办学理念,努力创建优良的文化环境,积极推进素质教育,引导学生逐步实现全面而有个性的发展,让学生快乐而又健康地成长。

课改档案

"现代"课改思路

——河南南召现代中学的"五步三查七遍学模式"

在同时拥有商圣范蠡、医圣张仲景、科圣张衡、智圣诸葛亮"四圣"的"灵秀卧龙之地"河南省南阳市,南召现代中学是新近涌现出的课堂教学改革的典型。

学校从课堂教学变革的规律出发,遵循高中阶段学生发展的特点,创设出"五步三查七遍学模式",有效地提高了课堂效率,又将学生课下的学习通过课前预习和课后巩固,统一到了课堂上,实现了课下课上的双高效。

办学要为谁负责

办学初,现代中学在制定办学理念时产生了分歧,大家对"对全体学生负责"和"对每一个学生负责"产生了热烈的争论。董事长张海清坚持说要"对每一个学生负责","有了每一个人的成功,自然就有了全体学生的成功"。她说,办人民满意的教育,其实就是办让"学生"满意的教育,"得学生者得天下!"

在南召,流传着不少关于张海清的故事,比如说她天生是个教育"疯子";说她对那些贫困家庭的孩子,不但不收学费,还发补助;说她善于学习,短短几个月,谈起课改就如数家珍,俨然是专家了。

她说:"智者创造机会,能者利用机会,弱者等待机会,愚者错过机会。现代中学不会让学生做弱者和愚者。抓住机遇实施变革是现代中学发展的正确方向。"

透过她,我们看到的,是现代中学课改的"现代"思路。

课改要有团结的领导班子

2005年初,南召现代中学筹建,"外乡人"张海清来到了南召,与南召县政府联合创办现代中学,担任董事长。

张海清最佩服山东昌乐二中的高中课堂教学改革,为了弄清楚该校的"真相",她曾经"化妆"成学生家长去昌乐县走访小卖部老板、出租车司机、在校学生等。她报名参加昌乐二中的高效课堂研修班,和一帮学员争当"小组长",并按时完成"作业"。研修期间,她听说昌乐二中校长赵丰平在郑州有一场讲座,立刻星夜从昌乐赶去,听完课再急匆匆返回。

学校全面进行课改的初期,她也随同进入了"角色",白天钻进课堂跟着听课,夜里挑灯开会,以多年做企业得来的经验"执掌"学校课改,逐渐建立起一支团结的领导班子。

邱显东是南召现代中学的校长,在教育战线工作30余年,有着丰富的教学管理经验。面对教育教学的现状,他非常苦闷,希望寻求到一种途径,将更多的时间和空间还给孩子。为此,他曾多次带领老师们去外地名校参观学习。

经过认真分析,邱显东发现课改最大的阻力来自于对教育理念的理解,即什么才是"真正的教育",怎样做教育才能真正实现"生命的狂欢"。在张海清的支持下,他开始与学校各层交流、座谈,一一做思想工作。最多的时候,连续两周半他们一共开了27场会,平均每个年级都有3次以上的课改动员。

为了帮大家解开心结,张海清亲自带着中层以上领导外出参观、考察、学习,逐步帮大家更新观念,统一思想。"我带着他们参观考察,开阔眼界,告诉他们现在已经不是大鱼吃小鱼的时代,而是快鱼吃慢鱼的时代了。效果很明显,他们的触动很大。"张海清说，推进课改的基础是团结的领导班子，"只要思想不滑坡，方法总比困难多"。

做好老教师的观念转变

许富立是现代中学的副校长，学校最年长的教师，1970 年开始从教，2006 年退休后被返聘到现代中学。"我不是不赞成改革，我是怕改不好折腾学生。"从多年的教学经验和自身的认识出发，许富立认为，"教改步子不能太大"。于是，张海清拉着许富立来到了山东昌乐二中，既参观、听课、参加研修，又参加座谈，了解经验。

在昌乐二中，许富立受到了孩子们带给他的巨大震撼。首先是做课间韵律操的情景，孩子们脸上洋溢着的笑容，"这是无法装扮的"。但他心中始终怀着疑虑：这样的学习方式果真高效？

为了查探昌乐二中的"虚实"，他躲开了众人，拉住一个小女孩。"你适应这里的教学方法吗？""当然适应。""和以前的那种上学方式相比，你更喜欢哪一种？""现在这种。""为什么？""我哥哥也在上高中，每次周末回家后，父母都让我们一起做同样的试卷，现在，他不能做对的我都能做对了。您说，这样的学校和教学方式，我能不喜欢吗？"

在昌乐二中研修的一个傍晚，学校短时停电了，许富立发现孩子们都自觉地站在窗户边或者走廊上看书，当时没有任何老师组织。高效课堂教学模式的效果真有这么大？现代中学的学生会不会在不久的将来也像这里的孩子一样有信心，有能力？"这个教学模式确实是切实可行的，高效的。"返校后，他主动找一些思想转变慢的优秀教师谈心得，讲体会，还召开全校教师座谈会，把自己曾经有的困惑和置疑毫不隐瞒地讲出来，还介绍自己的认识和思想转变过程。他说："我要把耽误的时间补回来。"

"五步三查七遍学"模式

在不断借鉴、探索和总结经验中,南召现代中学的高效课堂已经初步有了"模式"的思考,他们称之为"五步三查七遍学"。邱显东详细阐述了该模式。

"五步"即为展示课课堂的五个环节,分别是预习整理、交流合作、规范展示、点评质疑和检测反馈。"三查"即教师围绕课堂进行的三次学情调查:一查预习效果;二查自主合作学习的效度;三查达标程度。"七遍学"即学生在高效课堂学习过程中对知识进行的七遍学习,包括课前预习、课堂上的预习整理、合作交流、规范展示、质疑点评(老师根据学生需要进行的总结、点拨等)、课堂检测、课后总结反馈及纠错。

邱显东说,课前预习过程,学校要求教师了解学生学情,确定分层达标设计;合作交流,要求教师关注学生知识的运用情况,逐步锻炼学生发现问题和自主解决问题的能力,同时教师要了解学生的疑难所在,指导学生规范解答,在此基础上学习小组合作推出展示内容;规范展示,学生小组合作展示的过程是发现问题、合作解决共性问题的过程,在这一过程中,学生达成解题共识,提炼、归纳学习方法,同时展示也要解决学生的规范和个性化特点;点评质疑,学校严格规定,点评要注意度的问题,始终把握不偏离教学目标;检测反馈,则是要注意目标的达成,就是检验学习一堂课的学习效果,检测学习效率的高低,为后期引导学生系统整理巩固学习内容、调整学习方法提供参考。

邱显东说,实施课改之初,有些老师经常问,通过"五环三查七遍学",课后是不是还需要布置书面作业?"我告诉他们,要根据目标达成的情况来决定是否留作业。如果目标达成率高,完成了预定教学任务,就要大胆地不布置作业,留下更多的自由时间让学生自主学习。"

他说,从"五步三查七遍学模式"出发,学校要求教师们从知识传授者的核心角色中解放出来,成为学生人生路上的引路人,成为学生学习的促进者,强调"为每一位学生的发展和幸福奠基",强调对学生尊重、欣赏。

此外,学校还从导学案上下功夫,从编制更为有效的导学案出发,在整个高效课堂课前、课中、课后的实施过程中,实现教师精力的合理分配和学生学习的有效引导。邱显东认为,师生关系以生为本,教学关系以学为本,教师本就应该成为学习的组织者、参与者和引导者,而导学案能实现很好的教学功能牵引,实现这些目标的"落地"。

校长档案

邱显东校长

1957年10月生,河南大学数学系本科毕业,中学数学高级教师。兼任南召县政府督学,南召县教师进修学校编外教师。

长期从事高三数学教学研究和高中行政管理工作,获得省级数学优秀辅导员,市级数学学科优秀辅导员,市级优秀教师,市级优秀班主任等多项荣誉。曾任南召县教研室副主任,主抓全县高中教学业务,多次参加省、市组织的教学和学术交流活动,为全县高中教育的发展作出了突出贡献。

2005年7月调入南召现代中学任党支部副书记。2006年9月任副校长,主持学校全面工作。2007年9月至今任校长,为学校教育教学事业持续健康发展作出了重要贡献。

校长谈

感悟课改

邱显东

我校推行高效课堂改革已有近一年的时间了,最突出的感受就是课堂"火"了,学生"活"了。学校的各个层面都发生了质的变化。

一、课堂"火"了

课堂是学校开展教育教学活动的主阵地,是教育成果诞生的重要场所,是学校发展的关键所在,历来都被作为关注的焦点。作为一个有着30多年教学经历的"过来人",尽管对自己的课堂有诸多的不满,毕竟对课堂有着深深的情感,希望学生成为快乐而又能创新的"完人"。当我第一次把"高效课堂"带到南召现代中学,并在课堂上作尝试时,就体味出"高效课堂"的魅力所在,这就是救孩子的教育,这就是为孩子一生着想的教育,这就是中华民族希望之所在的教育。

课堂"火"了,学生以往被压抑的神情舒展了,由"被"学习变成了要学、乐学、主动学。课堂上笑声、掌声、辩论声取代了老师的单独表演,冲淡了以往沉闷、压抑的气氛,为学生营造了一个轻松、愉悦的学习环境,师生的精神风貌彻底改变了。

二、学生"活"了

"高效课堂"实施以来,师生的精、气、神都发生了质的变化,少了木讷与呆板,多了开朗与灵动,校园内闪动着一张张活跃的面孔,涌动着勃勃的生机。

学生积极主动的态度由课堂逐步延伸到课外生活中,提高了自律性,增强了自信心、团队精神与协作意识……在"高效课堂"模式下,学生由形到神全面"活"起来了,校园内外处处洋溢着力量与智慧。

三、"高效课堂"带来了教育的希望

"高效课堂"为处于困顿中的南召现代中学带来了希望,我们探索的路由盲目变得清晰,由坎坷变成坦途。在近一年的课改中,由理念到实践,一步步在探

索中发展,我们的改革已初步取得了成效,新的教学模式已被周边的各界人士认可,在革故鼎新的过程中,我们收获的是自信,收获的是喜悦,收获的是骄傲。我们坚信,为学生一生发展和幸福奠基这一办学理念的兑现,是一种自然而然的事情。

在"高效课堂"改革中,南召现代中学只是一个蹒跚学步的后来者,还有相当多的问题阻碍着我们的发展,需要我们不断地探索,不断地完善,逐步形成适合我校发展的教学模式。

关 键 词

南召现代中学高效课堂理论与实践培训导学案

编制人:邱显东　时间:2010年元月　日编号:001　学科:方法培训课

使用说明:

1. 依据导学案提出的问题,结合4周来的工作实际,思考梳理高效课堂的相关知识,认真审题、解答,不能解答的题目用红笔画线标注。

2. 用时不超过45分钟的时间来解答前三部分的题目,最好能独立完成。如果有困难,可在规定的时间内和你的其他5位组员协商解答。

3. 认真书写,规范作答,按时上交。

学习目标：

1. 知识与技能目标：深刻领会高效课堂的有关理念，熟练掌握操作流程及相关指导语，能初步组织和控制新模式下的课堂教学，并不断地提升教学水平。

2. 过程与方法目标：认真思考、回顾，仔细审题，搞清楚问的方法和内容，积极讨论，踊跃展示，完成对整个高效课堂理念的理解。

3. 情感态度价值观目标：理解教育战略地位的重要性，正确把握教育形势，积极投身教学改革，真正兑现为学生一生的发展和幸福奠基的理念，办有尊严的教育，做一个有品位的教师。

导学过程：

一、自主学习

认真回顾培训内容，结合教学实际，完成基础知识梳理。

1. 在高效课堂上导学案的作用主要是什么？

2. 编写导学案的主要步骤有哪些？

3. 在课前指导学生预习时的要求是什么？预习的内容有哪些？时间怎么分配？

4. 请指出高效课堂的环节(步骤)有哪些？各个环节教师所应组织和控制的主要内容是什么？

5. 课后需要布置书面作业吗？为什么？

6. 在整个高效课堂的实施过程中(课前、课中、课后)，教师在精力分配上应关注的几个关键部位在哪里？为什么？

二、交流、合作探究

对学后群学，认真思考后形成文字答案，为课题交流做好准备。

7. 新课程理念要求：师生的角色发生转变。你认为应该怎么转？

8. 高效课堂流程要求的"五步三查"，你认为这三查分别放在什么时间段去查最合适？为什么？

9. 简述课堂上学生"展示"的价值。

10. 试述编写导学案时预设问题的依据。

11. 课堂上对学生的即时鼓励所起到的作用是什么？我们老师该怎么做？

12.无论什么样的课堂都要求培养学生优秀的习惯和良好的行为规范。你在课堂上怎样做好这些工作?

三、当堂检测:

13.你认为一节好课的标准是什么?为什么?

14.课堂"火"起来是个好事,但一个人的最重要的素质是学习的能力和较高的知识水平,这就涉及一个"实"的问题。在课堂上你如何兼顾这两点,使课堂真正地生产"高效"。

15.我们说高效课堂为让每一个学生各取所需而准备"知识的超市",让每一个学生都有一个展示的平台而获得"生命的狂欢"。你是如何理解这个命题的,请谈一谈你的观点。

16.一节课上围绕课堂的主题学生爆开了思维的火花,生成了较多的问题,如果让学生展开话题,时间可能远远不够。面对这种情况,你感觉应该怎么办?

四、探讨研究题

1.在高效课堂上如何做到关注每一个学生?

2.为什么说我们学习引入的高效课堂具有很强的生命力?

3.余文森教授的《教育的三条铁律》:一是先学后教——以学定教;二是先教后学——以教导学;三是"温故知新"——学会了才有兴趣。这三条铁律矛盾吗?它们的内涵分别是什么?在实际工作中你如何运用相关理论不断地提升自己的专业化水平?

河北邢台二十九中

学校档案

　　始建于 1984 年，2003 年由煤矿企业划归社会，是一所九年一贯制学校。学校占地面积 50 亩，建筑面积约 1 万平方米。现有教职员工 109 人，在校生 1100 余人，建校 20 多年来奉行严谨治学、服务矿区的办学思想，培养输送了大量人才，享有很高的社会声誉。

　　学校是河北省德育先进集体、河北省义务教育工作先进集体、河北省煤炭工业厅办学条件标准化学校、邢台市示范性学校、邢台市精神文明建设先进学校、邢台市教师专业发展示范学校、邢台市电化教育先进集体，课改组连续 3 年被评为邢台市"巾帼建功示范岗"。

　　近年来，学校致力于高效课堂的建设与实践，逐步完善了高效课堂操作，建立了教师课改档案，设立了"学科日"、"读书日"，坚持了课堂反思，提升了点评质量，形成了"自主学习—合作交流—探究展示—巩固检测"高效课堂四环节模式。

课改档案

课改要"回头看"

——河北邢台二十九中的四环节模式

近日,河北省邢台市高效课堂"途径与方法"专题报告会在邢台二十九中召开。会上,二十九中向来自全市各学校的700余名教师代表展示了一年多来打造高效课堂的成果。在参观完学校的课堂,聆听了学校详细课改历程的报告后,大家对学校的课改给予了高度评价。杜郎口中学校长崔其升则评价:"二十九中的课堂,课堂上生龙活虎,学生激情奔放,互相质疑,相互点评,学生的心智被启迪,同学们的潜能被唤醒。让我振奋,让我感动。"

位置偏僻、规模不大的二十九中,缘何能走在全市课改的前列?由矿区学校合并、"整编"而来的薄弱学校,如何依托课堂变革脱颖而出?在学习杜郎口模式的路上,他们又摸索出哪些可资借鉴的经验?

四环节模式

在临帖杜郎口中学高效课堂模式的基础上,邢台二十九中逐步形成了"自主学习、合作交流、探究展示、达标检测"的高效课堂四环节模式,构成一个课堂的循环。

该校的自主学习以"案"为纲。学校校长康凤瑞介绍说,"案"指自学导案。教师依据自学导案点拨指导,学生依照自学导案静思自学,或推敲,或演算,或熟记,自学导案真正成了师生共用的学习"脚本"。

他们的合作交流以"活"为要求。合作学习,首先由学科教师或学科组长将任务分配给合作组长,合作组长进行再分配。他们提出合作学习的"五有",即有对合作技能的训练和培养、有强烈的合作渴望、有适于合作的探讨内容、有充裕的合作时间、有对合作状况的评价。

四环节模式的探究展示,重在生成。康凤瑞说,学校在引导学生展示的过程中,非常注重展示的效果性问题。为此,学校出台了《小组探究展示基本要求》,从展示前准备、展示内容的安排到展示形式的选择、展示要求等方面进行规范,学生用最适合的方式展示出自己感悟的、自豪的、生成的、规律性的、方法性的、提升性的成果。

康凤瑞介绍,学生的分工解答、点评归纳、探究拓展、迁移生成,应有尽有;图示解读、列表说明、情景表演、观点辩论,无所不包。在课堂上,教师或组织,或引导,或点评,或追问,或提升,或总结,很好地引发了学生思考,引领了学生成长。

四环节模式的达标检测则重在运用。学校高度重视发挥组长的榜样、组织、引领等作用。他们通过运用各种方式,检查本组成员的学习情况:口头检测、上黑板检测和试卷检测,组内学习小对子对测、组组互测、教师抽测、随机检测和学科统测,等等。为了保障学生学习效果,他们要求学生检测后及时进行反馈整理。合作组长、学科组长、任课教师、班主任、年级主任等还要从不同层面对小组、班级、年级的学生反馈效果进行监测。以学校层面的监测为例,学校就提出了达标检测的"五要":要关注学生学习能力、要照顾不同层面学生、要深入研究学科规律、要灵活进行穿插巩固、要及时进行检查验收。

康凤瑞说,通过达标检测,在教与学的过程中能发现问题点,总结规律点,找到突破点,研究提升点,大大提高教与学的效率。

"3H核心"与"二三四"文化

康凤瑞说,在课堂教学改革中,文化的引领和润泽作用是无声的,但其产生的效果却十分显著。因此,学校注重紧抓学校文化。他介绍,该校的文化内核概括为三个字——"活"、"和"、"合",简称"3H核心"。

"活"寓意活跃、活泼、活力,课堂活起来、学生动起来、效果好起来。"和",寓意平和、和善、和谐。做人温和平静、交往与人和善、校园温馨和谐。"合",寓意合度、合作、合力。行为制度合乎尺度,课堂内外合作竞争,全体师生凝心聚力、团结一心。

围绕"3H核心",邢台二十九中重点从课堂、点评、自觉、国学和环境等五个方面进行文化建设。课堂上注重学习氛围的营造,课堂环节注重激励性措施的感染,形成良好的学习风气。同时,他们引入国学经典课程,提升文化底蕴;他们还从校园环境着手,构建"积极促高效"的气息。

为了更好地推进高效课堂改革,学校还提出了"二三四"目标文化。他们将之概括为两个出发点、三个方向点和四个衡量点。具体来说,两个出发点是指从有利于学生的终身发展、遵循教育教学规律出发;三个方向点是指以蓬勃的生命活力、强大的团队合力、长远的发展潜力为方向;四个衡量点指从社会的认可度、家长的满意度、学生的快乐度和教师的幸福度来衡量。

康凤瑞介绍说,在目标文化的引领下,学校老师们逐渐坚定了课改的方向,理清了课改的思路,开始愉快地致力于高效课堂的建设。

课改要"回头看"

走进邢台二十九中的课堂,展现在眼前的是一幅幅师生互动、生生互动、生动活泼的教学画面:学生的集体展示,不拘一格,个人展示,独具特色,即兴表演尽情发挥,说学逗唱,竞相辉映。学校教务主任任力介绍,如果要倒退到大半年前,这可是难以想象的情景。

他说,刚改革时,老师们的压力很大,突然不让多讲了,学生能学成啥样子?怎么可能学会?可是在不断的摸索中,老师们都渐渐发现,学生们学习变得主动多了。原本要叮嘱好几遍的知识,甚至不用说了,因为大家都会;原本要点名让某个同学发言的问题,现在大家争着抢着站出来。

在课改的过程中,学校发明了一项新举措——"回头看"。

康凤瑞说,很多学校在做教师思想工作的时候都让教师们向前看,要看到改革的前景和未来,二十九中在课改的过程中却反其道而行之,让教师们"回头看",事实证明,"回头看"往往比向前看的目标激励效果更好。

学校一位执教初一年级的老师说,原来老师们对改革都很有情绪,不理解,一段时间后回过头看,大家才明白了,过去学生为什么不愿听课?改革后,学生由被动学习变成自主学习,教师引导着学生挖掘自身的创造力,让学生在探究展示中幸福地成长着,也促进了教师自己的成长。

采访中,马子寒同学告诉笔者:"实行这样的改革,我们都积极多了,思维活跃了,自学能力也提高了。"

四级点评

为保障和推进高效课堂改革的顺利推行,学校把发现的问题当做增长点,充分发挥点评的力量,并在此过程中探索创设出"四级点评"的有效形式。

任力说,学校考评组每日都要抽查课堂并录制下来,他们的课堂规范点评、学科组在"学科日"(类似学科论坛的学科交流活动)后的提升点评、学生课间操后的自主管理点评和课堂内生生、师生间的随机点评有机融合,现已促使学校形成"班子点评思路—年级点评课堂—课间操点评管理—课内点评效率"四级的高效点评网络。

任力介绍,对于每一级点评,学校也同时做出了详细的规范要求。如在课堂及学科点评中,学校提出了"五个关注",即关注学生的参与状态、情绪状态、思维状态、合作状态以及生成状态。

学校还专门设立"学科日",并成立"课改研究室",建立起《教师课改档案》。利用这些平台沟通交流、讨论展示,在提升点评中促进教师进行自我反思和团队反思。任力说,一段时间以来,学校的课改氛围日趋浓厚,教师教学水平也不断提升。

在邢台二十九中学,我们可以看到,该校进行的高效课堂改革犹如种子撒进泥土,正立足于合力,着眼于潜力,关注着活力,通过高效课堂四环节模式,实现着孩子的终身学习、幸福成长。而他们创造的"回头看"的课改思路,则为学校管理者们提供了一种新的思路和尝试,其借鉴意义,同样值得我们思索。

校长档案

康凤瑞校长

1962年出生,河北清河人,河北省心理学会会员,中国教育学会初中教育专业委员会理事。1985年毕业于河北师范学院数学系,任班长和系学生会主席。1985年7月—2002年12月,于邢台三中任教,2003年1月—2006年6月起,调任邢台十二中副校长,2006年6月,调任邢台二十九中校长。

校长谈

课改琐思

康凤瑞

我们应追求什么样的课堂?

好课堂应是原生态的,是能够满足学生需要又能够促进学生发展的课堂。这好比人身上需要多种微量元素和维生素,大多是需要补充的。吃各种营养品、维生素和微量元素对身体都会有帮助,但是这样的补充方法绝对不如粗茶淡饭带来的全面、平衡、和谐。

我们应追求:

快乐的课堂——不因为求知而失去童年的快乐。

紧张的课堂——不因为快乐而失去积极的思索。

成长的课堂——不因为思索而失去情感的体验。

成功的课堂——不因为体验而失去成功的目标。

我们的课程怎样让学生全面发展?

在素质教育背景下,课程设置似乎应该是包罗万象的,而事实上又需要减负。课程越设越多,学生越来越累,没达到全面发展的目的,反而加大了学生负担,使学生疲于应付。在矛盾面前,很多老师所选择的只能是"应试",其结果又是使学生综合素质下降。

如何改变这种状况,杜郎口给我们做出了榜样:举一反三的学法、上挂下联的整合、回归本真的教育。不仅从知识上,更重要的是从学生养成、情感态度、能力形成等方面都奠定良好的基础,养成良好的习惯。这就有利于学生的全面协调发展,也有利于学生的特长发展。

我们拿什么保证课改?

明确一个方向——把握学生本性,回归教育本真,追求教育本质。

认识一个问题——摒弃错误的、不合理的、不科学的、不符合实际的思想和方法。

坚守一份执著——误解和非议永远无法掩盖课改的生机和活力。

掌握一种武器——点评就是找问题,问题就是增长点。

关 键 词

邢台二十九中自学导案范例

课堂设计流程	专题一：楼房的影长问题	课题：试卷讲评　讲课人：王爱菊　日期：1月13日		专题二：相似三角形的综合应用
(1)学生独立思考：每组的2、4、5号同学板书解题步骤，其他同学在练习本上做。 (2)组长批改，错误的地方用彩色笔标出。 (3)组长讲解题思路，有错的学生进行反思，最后进行检测，再纠错。 (4)做好笔头训练与口头展示，重点展示学生失误的或有困惑的。 保障措施： (5)利用好小对子，及时帮扶，落实效果，通过书面、板面进行检测，争取人人过关。 学科教师建议： (1)对于不会的学生要发挥对子的帮扶作用，并有变式训练以保证过关。 (2)方法探究中要有一定的措施。 (3)专题一的第二问和专题二中的二要作为重点攻破，对于出错的学生要多进行反思。	学情预设： (1)学生找不到解题的突破口，即不知道怎样作辅助线； (2)学生的解题步骤不完整，把证矩形给省略了； (3)学生不会用含α的式子表示h。 方法探究： 本题的关键是作$EM\perp AB$，垂足为M构建直角三角形。 数学思想： 本题中把求EC转化为求AM的长。 规律提升： 对于影子的问题一般用两个知识点：一是利用同时同地影长与物长成比例；二是构建直角三角形利用三角函数来解决。 学生质疑： 1.作辅助线的目的是什么？ 2.在求甲楼顶B点的影子在乙楼的第几层时为什么用进一法而不能用四舍五入的方法取值？ 3.为什么要连接BC来解决最后一个问题？	学习目标：1.回顾复习锐角三角函数和相似三角形的有关知识； 　　　　2.能解决生活中的实际问题； 　　　　3.培养学生分析问题和解决问题的能力。 专题一：楼房的影长问题 如图，已知某小区两幢10层住宅楼间的距离$AC=30$米，由地面向上依次为第一层、第二层……第十层，每层高度为10米。假如某一时刻甲楼在乙楼墙面上的影长$EC=h$，太阳光线与水平面的夹角为α。 (1)用含α的式子表示h(不写α取值范围)。 (2)当$\alpha=30°$时，甲楼楼顶B点的影子在乙楼的第几层若每小时增加$5°$，从此时起几小时后甲楼的影子刚好不影响乙楼采光？ 规范步骤： 解：作$EM\perp AB$，垂足为M $\therefore \angle EMB=90°$ $\therefore \triangle EBM$是直角三角形 $\because BA\perp AC, EC\perp AC, EM\perp AB$ $\therefore$四边形$ACEM$为矩形 $\therefore AC=EM, EC=AM=h$ 在直角三角形EBM中 $\tan\alpha=BM/EM$ $\therefore BM=EM\tan\alpha$ $\therefore h=AM=AB-BM=30-$当$\alpha=30°$时，$h\approx12.68>12$ 所以B点的影子在乙楼的第5层。 连接BC，因为$AC=AB$ 所以$\alpha=45°$ 所以从此时起$(45-30)\div 5=3$小时后甲楼的影子刚好不影响乙楼的采光	专题二：相似三角形的综合应用 如图，在等腰梯形$ABCD$中，$AD//BC$，$AD=3, BC=7, \angle B=60°$。P为BC上一点(不与B、C重合)。过P点作PE交CD于E使$\angle APE=\angle B$。 (1)证明：$\triangle ABP\backsim\triangle PCE$。 (2)求等腰梯形的腰长$AB$。 (3)在底边$BC$上是否存在点$P$，使$DE:EC=5:3$如果存在，求出$BP$的长；若不存在请说明理由。 规范步骤： 解：在等腰梯形$ABCD$中，$\angle C=\angle B=60°$ $\therefore \angle BAP+\angle APB=120$ $\because \angle APE=60$ $\therefore \angle EPC+\angle APB=120$， $\therefore \angle BAP=\angle EPC$ $\therefore \triangle ABP\backsim\triangle PCE$ 延长$BA、CD$交于点F 在等腰梯形$ABCD$中，$\angle C=\angle B=60°$ $\therefore \triangle BCF$是等边三角形 $\therefore BF=BC=7$， $\because AD//BC$， $\therefore \angle FAD=\angle B, \angle FDA=\angle C$， $\therefore \triangle FAD$是等边三角形$\therefore AD=3$。 $\therefore AB=BF-AF=4$。 设$BP=x$，则$PC=7-x$ $\because \triangle ABP\backsim\triangle PCE$ $AB:CD=4, DE:EC=5:3$ $\therefore AB:BP=PC:EC$即$4:(7-x)=x:1.5$ 解此方程得：$x=1$或$x=6$， $\therefore BP$的长为1或6。	学情预设： (1)在证明三角形相似时，找不到对应角； (2)求AB时不知如何作辅助线； (3)求BP时不知用相似三角形的性质。 解题关键： (1)在说明三角形相似时，找到$\angle BAP=\angle EPC$是关键； (2)作辅助线是求AB的关键。对于等腰梯形作辅助线的方法：①延长两腰构建等腰三角形；②从上底的两点作下底的垂线，构建两个直角三角形和一个矩形；③过上底的一个顶点作一腰的平行线构建等腰三角形和平行四边形；④过上底的一顶点作对角线的平行线。本题可用前三种方法。这也是需要学生能够提升到的知识。 (3)求BP长时要用相似三角形的性质：相似三角形的对应边成比例。 规律提升： 学生要总结出解决等腰梯形的方法。 方法比较： 找出最简的方法：延长两腰构建等腰三角形。 知识链接： 等腰梯形的性质和相似三角形的判定和性质；等边三角形的性质。 学生质疑： 求BP的长时，能否用前面问题的结果？

河北文安三中（文安职业技术教育中心）

学校档案

成立于1991年，占地113亩，建筑面积28000万平方米，是一所融普通教育、职业教育、成人教育为一体的综合性、多功能的办学实体，是河北省首批批准建立的60所职教中心之一，1999年确定为河北省重点职教中心。

学校先后筹资3000余万元进行基础建设和教学设施配套建设，现有教学楼3栋，图书实验楼1栋，综合实训楼1栋，学生宿舍3栋，学生餐厅2个，标准运动场一个，各类实验实训教室15个，多媒体教室35个。校园内垂柳成荫，花团锦簇，环境非常优美，是河北省绿化委员会命名的省级园林式单位。

学校拥有一支爱岗敬业、无私奉献、开拓进取、师德高尚的教师队伍，现有教职工268人，专任教师256人，专任教师中具有本科学历的235人，55人具有高级职称，110人具有中级职称，双师型教师35人，全日制在校生2317名。

学校秉持"高标准、严要求、上层次"的管理理念，注重教育教学改革，"高效课堂模式"使教学成绩稳步提高，学生得到全面发展，赢得了社会各界广泛好评。学校获得过河北省级"文明单位"、廊坊市"教学改革先进学校"、"德育教育先进集体"等多项荣誉。

课改档案

二类高中的"破局"之道

坐落在河北省廊坊市文安县的文安职业技术教育中心,被当地老百姓习惯地称为"文安三中",就是这所在当地排名第三的综合性高中,近两年来却一跃成为当地课堂教学改革的典型。

学校校长纪立伏介绍,文安三中是二类普通高中,兼办中等职业教育,招生难、管理难、成绩差、学生流失多等现象一时成为难以破解的课题。

面对许多二类普通高中都要面对的难题,文安三中向课改要成绩,向教改要质量,稳步实施以自主学习为核心的高效课堂教学改革。

破解理科课堂展示难题

从借鉴山东课改经验出发,文安三中也将一节课分为预习、展示、反馈三个环节,"抓两头、促中间",抓好预习和反馈,课堂上重点促进展示的推行。但是一段时间后,问题出现了。由于文理科内容的不同,文科学生的展示相对容易,也比较精彩,而理科由于知识结构的复杂性,学生在展示时比较困难,往往平淡无奇。

　　学校主管教学的副校长苏伯臣说,从年级组到学科组,学校曾多次召开会议研讨这个问题,也专门召开业务论坛,相互交流。学校还十多次专门派出教师去山东省杜郎口中学、兖州一中、昌乐二中观摩课堂,交流求教。

　　最终,他们从不同学科相互借鉴展示形式、重点问题分解环节展示入手,有效地解决了这一难题。

　　一方面,学校加大了老师们听课学习的力度,要求每位老师每周至少听两节不同学科教师的课,尤其是理科老师要多进文科老师的课堂,学习文科课堂展示的方法和手段,借鉴文科课堂的组织形式,从中找到适合理科学科利用的好做法。

　　苏伯臣说,比如地理学科的一节课,一名同学扮演"马可·波罗",以其环游中国来贯穿课堂始终,让每一个同学在故事和情境中学到了知识。借鉴这一方法,物理学科中的"牛顿定律"、数学学科中的数学家发现数学规律的故事等,都可以架设出一个人物情境,贯穿课堂始终,效果自然比以往的要好。

　　另一方面,他们对理科学科的展示环节进行了分解。在数学、物理、化学等科目授课时,教师根据学生的不同基础,把理科不易展示的内容进行分解,分层分配给不同的小组,每个小组负责解决一步或一个层次的问题,各小组彼此联系,彼此牵制,有分工更有合作,分头展示后,完成汇总就是问题的完整答案。

　　苏伯臣说,通过这样的方式,一些不好解决的理科问题变得容易了,同学们都敢于去碰难的大问题,并且坚持做下去,也不再望题生畏了。

不要为了展示而展示

　　一直坚持进行课堂教学改革研究的学校教研处主任姚亚建介绍,很多老师容易走上"为了展示而展示"的误区,光挑精彩的教学内容进行课堂展示,甚至展示前像演出一样进行"彩排",严重影响了教学的效果和目标实现。

　　为了避免教师走上这一误区,学校减少了课堂中的大展示环节,增加了小组内的小展示,尤其鼓励形式多样的小展示出现。

　　首先,他们增加了小组内的各种小展示。导学案上能解决的问题尽量在小组内解决掉,各小组都无法解决的问题再统一安排大展示,对于理科个别重点、难点问题,还由老师直接安排展示任务。

其次,开设了课余时间内的小展示。各班开设一个"答疑天地",按科目分成6块,每科下挂一个小平板夹。凡是上课没有彻底弄明白的问题以纸条的形式写好夹在上面,等待其他同学给予书面答疑。

另外,他们还充分利用晚自习,利用每一块黑板进行展示。学校要求每天的晚自习不允许组间讨论问题,但可以组内讨论,组内解决不了的放到课间去解决。后来他们发现课间只有10分钟,如遇问题多或问题复杂,组内讨论根本无法解决。

他们想到了各个教室的黑板。如果某个小组内遇到无法解决的问题,该小组成员就把问题写在黑板上。若其他小组可以解决此问题,则派代表给出解答。姚亚建说,如果遇到黑板上的问题各小组都不能解答的情况,则任何人都不允许擦除,并且要在后面画一个大大的问号,示意等待该任课老师给予解答。

"如果每一块黑板上都是满满的问题和答疑过程,则恰恰说明了晚自习效率的提高。"姚亚建说。

改革从优势学科入手

对文安三中的学生而言,从整体上提高成绩相对困难,因为他们或多或少都有一些"蹩脚"学科。因此学校就从优势学科入手,开始课堂教学改革。

语文和英语是学校的相对优势学科,他们就从两个学科的作文和写作入手,强化学生的素材组织能力和写作能力。一方面,学校规范学生的书写要求,加大学生课外阅读量。他们要求学生每天练习书写名篇名句,英语和语文两个学科要各达到每日一篇,同时每天要完成一定数量的课外阅读任务。

另一方面,从2009年上半年开始,文安三中以语文学科的作文课为依托大胆进行改革和创新,将课堂展示形式引入了作文课。他们要求语文教师提前一周将下一周要完成的作文题目以作文提纲导学案的形式下发给各个小组,让各小组利用课余时间通过进图书馆、上网浏览、相互讨论等途径提前组织好和作文

有关的素材,然后按照作文指导提纲上的任务和要求,选择适合自己小组的形式,自主安排下周作文课上本小组的展示。

经过一周的精心准备,各小组可以通过话剧、小品、朗诵、辩论、歌唱、快板等各种各样的方式演绎作文课的主题。在两节连上的作文课的前半节课时间中,由语文老师对各小组的表演展示进行主导策划,同步进行点拨和总结,同时对展示中好的事件例子、人物素材进行汇总。

姚亚建说,现在写作文,每次作文课活动都有目标、有计划、有任务、有分工,学生的能力得到了锻炼,知识得到了共享,作文素材得到了积累,学生的写作能力和应试能力得到了提高。每一位学生都感受到学习的价值,学习积极性提高了,从而真正体会到学习的快乐,实现快乐地学习。

今天要和昨天比

"及时反思,即时反思,今天要和昨天比,老师要和学生比。"文安三中结合实际情况,把借鉴山东经验开展的反思会分为两个环节进行。

第一个环节是周反思。每周二学校各年级组要进行集体备课,备课前年级组要组织进行周反思。每位老师要对上一周出现的问题进行反思和总结,交流好方法,并书面完成周反思心得,年级组统一存档。对于行之有效的反思内容还将进行物质奖励,并在公示栏公开展示学习。

第二个环节是日反思,即随时随地进行反思。学校要求教师在坐班时对即时出现的课改问题进行反思讨论,要求备课组长每天对组内反思内容进行汇总提炼,于每周五下午上交年级组。为了保证即时反思能够人人共享和交流,学校要求每位老师每节课下课后,都要把该节课的成功之处和不足之处、课上出现的问题和自己的困惑感想等,写在各教研组办公室内的黑板上,保证组内所有老师都能及时看到。

苏伯臣说,通过这样及时和即时的反思,每一个细节都不会放过,每一个问题都不会漏掉,今天和昨天有对比,此时与彼时有对比,老师有进步,学生更受益。

"发掘学生的最大潜能及各自的特长和闪光点,克服二类高中学生中出现较多的自卑心理,是我们课改的出发点。"纪立伏说,文安三中改革的目的是达到每一位学生好学、乐学、会学、学会、会用的效果,在使每一个学生都取得明显进步和良好成绩的同时,大面积提高教育教学质量。

校长档案

纪立伏校长

1962年6月出生,汉族,大学本科学历,中学高级教师,曾任河北文安一中教师、主任、副校长,现任文安县职教中心(文安三中)常务副校长。

从事教学及教学管理工作27年,取得过优异的教学成绩,积累了丰富的教育教学管理经验,他治学严谨、锐意改革、求实创新、管理有方。曾获得"文安县首届十大杰出青年"、"廊坊市'八五'青年建设标兵"、"廊坊市优秀教育工作者"、"河北省生物学科省级骨干教师"、"全国跨世纪园丁工程国家级骨干教师"等荣誉称号。

校长谈

我们如何摆脱二类高中困局

纪立伏

现行教育体制下的非重点普通高中如何办学，这是摆在很多同类学校校长面前的第一大难题。招生难，管理难，出成绩更难。所有的难叠加累积，最后在重点高中不断的扩招冲击下，学校办学难以为继走向崩溃边缘。

"二类高中"如何破局？

按照重点高中的教学模式，优师加优生，老师玩命，学生拼命，题海战术，监狱式管理，二类高中肯定没有出路。老师讲的学生听不懂，学生本身自律性、学习能力又较差，自信心不足，老师再敬业，学生学不会，过一段时间十有八九就辍学跑光了。

所以"二类高中"改革势在必行，不改是死路一条。教改虽有风险，但也蕴含成功的希望。一个学生物学的人深信生物的自然法则"物竞天择，优胜劣汰"的道理。改革一定要朝着有利于学生的身心发展的方向，朝着有助于学生树立自信的方向，朝着能够实现学习能力和学习成绩提高的方向，朝着使学生乐学、会学、学会的方向改。真正实现"科研兴校、科学育人、教改出成果"的既定目标。

为达此目标，我们数十次赴山东等地参观学习考察，借鉴先进的课改经验，对我校的教学改革进行一系列规划。首先是校长、副校长全面学习、深刻领会，我们称之为"洗脑"。然后是组织主任、骨干教师、任课教师实地参观学习，我们称之为"取经"，然后根据本校实际先在四个教学班进行试点，成功后全面推开。目前各项工作进展顺利，教改教研蔚然成风，教改成果初显，学生辍学率大减，学习风气日浓，实现了预期的目标。

教育家们总是在倡导素质教育时用"授人以鱼，莫如授人以渔"，但在目前高考制度影响下很难有学校、校长、老师们去真正做到这一点。"自主学习、研究性学习"是实现这一教学理念的最理想的教学模式。我们本着对教育的忠诚，对孩子们未来的担当,对学校、家庭、社会的责任,认真地把课改落到实处,勇敢地走下去,让每一个孩子都快乐地学习、健康地成长、自信地发展。

引用"钱学森之问"带来的痛一文中的一段话,作为我们教育今后发展的方向:"21世纪的教育应当不再是教育家们的教育了,21世纪的教育,应当是教育工作者、科技工作者和社会工作者联手打造的教育,是创新的教育,是面向未来的教育,是前景极其辉煌的教育。"

关　键　词

文安三中班级自主管理的构建

一、班委会的建立

班委会由常务班长、生活委员、学习委员、体育委员、纪律委员和文艺委员组成。

常务班长职责:是班主任日常工作的助理,全面负责班级工作的管理及各项活动的策划。

1.对班级财务、学习管理、宿舍管理、卫生管理和班级文化作出中长期规划。

2.对班级中出现的各类问题作出决策。

3.对各委员日常工作进行监督和指导。

4.负责值周班长的选定,并与其沟通工作。

5.定期召开班委例会(周日晚自习之前30分钟)。

生活委员职责:负责班级财务和财产管理、宿舍管理及卫生管理。

1.负责领取和保管班内的劳动工具。

2.日常卫生检查,评比,与值周班长沟通,评选出本周"卫生标兵"。

3.不定期检查班级财产的登记、检查使用和维护。

4.关心同学的日常生活,帮助班内同学充饭卡。

5.固定安排专人为班级在校外购买必需品。

6.负责重大事件的捐款捐物和班级贫困生情况调查。

学习委员职责:负责对各小组长的学习管理。(同学科班长、学科组长组成科研小组。)

1.定期宣传学习方法,挑选各科学习优胜者介绍学习经验并主持评选本周"学习之星"。

2.与教师沟通,邀请教师为本班同学做学习的专题讲座。

3.负责班内标语设计,达到激励同学们共同学习、共同进步的目的。

4.负责班内图书管理。

体育委员职责:负责班内的体育类活动。

1.组织本班同学做好课间操,并负责领队。

2.组织同学上好体育课,配合老师完成教学工作。

3.组织本班同学积极参加各类体育活动。

4.征集班级集体口号,达到团结、积极向上的目的。

5.负责本班同学体育用品的管理和正常使用。

纪律委员职责:负责规范班内学生在学习和生活中的行为。

1.对日常学习、生活中的违纪现象进行管理,通过说服教育,对违纪同学进行帮扶。

2.倡导良好的学习生活方式,规范同学们在学习生活中的行为,共同养成良好习惯。

3.及时记录班内同学的闪光点,每周评选出"品行标兵"。

文艺委员职责:负责班级文化建设。

1. 组织同学设计班级内的板报或墙报。

2. 对班内存在的一些不良风气采取各种文化形式进行提醒。(如辩论会)

3. 组织学生参加学校组织的各种文化活动,积极组织排演。

二、班级日常管理组织建制

设置值周班长、值日班长、学科班长、行政组长、学科组长。

值周班长职责:

1. 负责班级本周内的日常各项工作,与各班委及时沟通情况。

2. 在周日晚自习前10分钟时间点评本周工作,并对本周突出的小组和个人进行表彰,公布本周学习之星、卫生标兵、品行标兵,当场发牌摆放一周。

3. 点评一周中值日班长的工作,评选本周中值日班长的"每日名言"。

4. 对本周工作进行记录。

值日班长职责:

1. 负责班级一天的各项日常工作,并向值周班长汇报计划与执行情况。

2. 早自习前在白板上书写"每日名言"。

3. 组织大课间跑操,及时提醒教师下课做操,不要拖堂。

4. 协同纪律委员抓好自习纪律,保证自习绝对安静,并以身作则。

5. 值日班长自习时间到讲台值班,对违纪学生第一次提醒,第二次点名并记录。

6. 负责中午午休(组织、监督)。

7. 记好班级日志,要求详尽,并于晚自习第二节的最后5分钟对当天各项情况进行总结。

学科班长职责:

1. 负责与本学科教师进行沟通,完成学科教师安排的工作。

2. 确定各组中学生各科 A、B、C 层级分类,并向任课教师提供名单。

3. 对本科中出现的普遍问题向老师书面提出,由老师讲解。

行政组长职责:

1. 全面负责本组同学的学习、生活各方面的管理。

2. 设计组牌、组训,全体构思,共同生成。

3.每天及时点评本组同学在各方面的工作,对作出贡献的进行表扬,对影响整体进步的进行帮扶。

4.参加班委会会议,并提出合理性意见。

学科组长职责:

1.每个学习小组分别设各科的学科组长。

2.对本组本科学习情况及时向学科组长汇报。

3.点评本科当日课,并给各学习组加分。

4.主持本班课上的整个学习过程,是本节课的主持人,并配合老师完成本节教学。

三、班级日常管理具体实施细则

1.周日晚自习之前30分钟,召开班委例会。

例会操作程序:①由值周班长做上周工作总结(学习、卫生、纪律、活动四方面),公布表彰结果;②常务班长点评上周工作,布置本周工作,突出工作重点;③确定新值周班长,由值周班长做工作计划,安排值日班长。④常务班长主持会议,每项工作10分钟。

2.每天早自习前由值日班长书写每日名言。

3.每一节课最后由当天的学科组长点评,并给各组加分。

4.第三节课下课,及时、善意提醒讲课教师下课做操,不要拖堂。

5.课间操,由体委、值周班长、值日班长共同组织。

6.周会,值周班长主持召开。

7.晚自习,值日班长到讲台值班,对违纪学生第一次提醒,第二次点名并记录。

8.晚自习第二节的最后5分钟值日班长对当天各项情况进行总结。并记录班级日志。

四、班级自主管理流程图

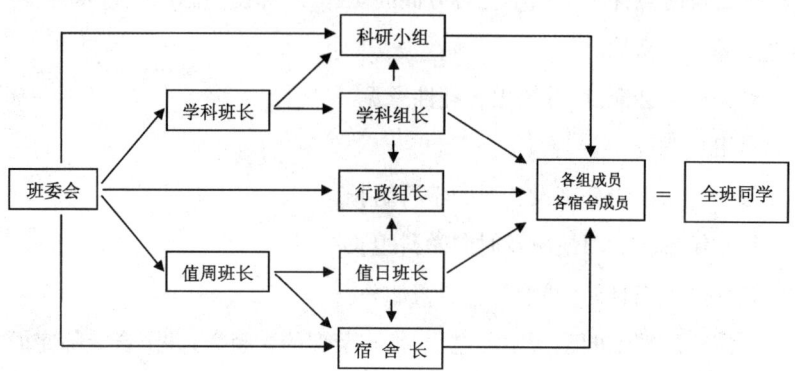

黑龙江鸡西田家炳中学

学校档案

原名"鸡西市铁路中学",建校于1973年。2007年,学校接受了香港实业家田家炳先生的捐助,并更名为"鸡西市田家炳中学"。37年的风雨历程,积淀了学校深厚的文化底蕴和勇于拼搏、乐于奉献的创业精神。

2008年起,学校从课堂教学模式改革入手,构建了特色鲜明的"四环"课堂教学模式。全新的课堂教学模式改革,受到了各级领导和兄弟学校的高度关注。2008年4月起,学校先后承办了市级各类研讨会4次,受到了与会领导和老师的一致好评。自2008年9月以来,学校先后接受了鸡西市教育局、双鸭山市校长考察团、我市兄弟校等领导与老师调研交流800余人次。2009年4月,黑龙江省教育厅领导到学校进行教育教学改革工作调研。

伴随着课堂教学模式改革的不断深入,学校"教育与教学相结合,课堂与养成相结合,认识改进与实践强化相结合"的"三结合"的德育工作新模式也呈现出鲜明的特色。

在扎实的工作、执著的追求、大胆的改革中,学校先后获得"黑龙江省教育系统先进集体"、"黑龙江省科研先进学校"、"黑龙江省农村教师进名校培训基地"、"鸡西市安全文明校园标兵"、"鸡西市师德先进集体"等光荣称号。

课改档案

"老铁中"的新路子
——黑龙江鸡西田家炳中学的"四环"课堂教学

黑龙江省鸡西市有一所先以铁路命名,后为纪念著名实业家捐资兴校而更改校名的初级中学,近两年来一跃而起,成为课堂教学改革的样板。这所学校就是原来的鸡西市铁路中学,现在的鸡西田家炳中学。

该校校长鞠长生说,在鸡西市初中学校中,田家炳中学规模不算大,生源不算好,属于薄弱学校,但是老师们改革的愿望却可以称得上最强烈。一方面是老师们已经认识到传统课堂教学方式的弊端;另一方面是如何改变薄弱学校面貌,如何谋求学校发展,大家已经达成了共识:只有走课堂变革的内涵之路,主动求变,才能适应新发展的要求。

"四环"教学模式

鞠长生介绍,在经历了对名校经验进行"临帖—提升—创新"等阶段的曲折前行后,田家炳中学创造性地形成了"四环"课堂教学模式。

"四环"教学模式可以概括为自学、展示、点评、检测四个环节。首先是自学环节。教师出示学习目标，设置问题，然后限定时间由学生来进行自学。学生根据引导，认真研读教材，找答案，独立思考问题，查找资料，自己解决不了的问题做好标记，由组长根据本小组预习的进展情况，组织讨论交流，小组内各成员的个人疑难问题通过组内互相交流。

其次是展示环节。展示是"四环"中最重要的一个环节。课堂上，他们要求根据不同的内容采取不同的小组展示。学生课堂展示以小组为单位，或表演，或朗诵，或交流，不拘一格。

第三是点评环节。在学生自学、展示两个环节进行中，教师要观察学生的学习与展示情况，学生已经掌握的教师不能再讲。掌握不太好的尽量引导、启发学生，让学生自己找出问题的解决方法。对于需要拓展的重点、难点问题，教师再精讲。

最后是检测环节。通过练习检测，发现问题，及时"补救"。

为了更好地进行"四环"课堂教学的改革，田中也大胆地将教案与学案"两案"有机地合并为"导学指南"。

导学指南

田中的导学指南把教案和学案进行了整合，合二为一，既比以往更关注学生，实现了知识的分层，也减轻了教师的工作量。学校主管教学的副校长高艳秋展示了他们的导学指南。

"我们采用备课组集体备课的形式，完成后同课共用。因为有主备人，其他教师补充，这样就减轻了教师们的工作量，增效也成为可能。"高艳秋介绍，田中的导学指南在难度、内容和形式上设计了四个级别要求：第一级为 A 级"识记级"，要求学生自己解决；第二级为 B 级"理解级"，要求把新知识在识记的基础上理解，入心、入脑；第三级为 C 级"应用级"，学以致用，要求能解决例题和习题；第四级为 D 级"拓展级"，要求学生能拓展思维，灵活运用，联系实际提升。

高艳秋说，在识记、理解、应用、拓展四级知识分层指引下，田中开始了自学、展示、点评、检测的课堂教学。自学环节，学生根据导学指南，采取自学、对学、组学、教师适时点拨的方式,时间为10—15分钟,解决基础知识、应用基础知识;展示环节,组内分工,展示巩固,交流提高,教师点拨,预设生成,时间为20—25分钟;点评环节,时间为5—10分钟,教师对学生自学和展示环节中未能解决的问题进行集中讲解或点评,形式上又采用教师提问学生互动的方式进行;检测环节,教师精编检测题,基础知识、应用知识、综合运用和拓展知识的比例为"721"。分层检测,总体要求做到堂堂清,占用时间为5—10分钟。

高艳秋介绍,导学指南还有一块,就是预习作业。教师在放学后或者下节课之前将有预习作业的导学指南发给学生,引导学生课下自学,便于第二天顺利进行课堂教学。

此外,高艳秋说,田中的导学指南还设有"核心贴士"、"发现问题"栏目,供学生及时总结,及时纠正,教师用的指南还设有教学反思栏目,供教师课后回馈整节课的教学内容。

"课型分类"经验

从借鉴山东课堂教学改革的经验出发,鸡西田家炳中学形成了"四环"教学模式,在具体操作过程中,他们又进行了"课型分类",并加以尝试和研究。语文等文科学科的教学,大致分为字词、文学常识教学,阅读教学,作文教学等;数学等理科学科又大致分为概念课型、例题课型、概念+例题型、习题课型、复习课型等;而英语学科,则分为词与词组课型、对话课型、课文课型、单元复习课型、综合复习课型、作文课型、习题处理课型等。

对于课型的分类,他们并没有仅仅停留在理论层面,也进行了大胆的课堂呈现。概念、字词、句型等课型,他们采用"预习+展示+当堂检测"的形式;习题课,采用"展示+练习+当堂检测"形式;复习课,则采用"展示+提升+当堂检测"的形式。

为了使各种课型效率达到最高,他们在课堂环节上对时间进行了优化。如交代目标,最多只有1分钟,可以是教师讲也可以是学生说,可以口头交代也可以用投影打出;展示"核心贴士"也只有1分钟,教师或者主持人要告诉学生预习或展示的要求及注意事项;核对学案 1—3 分钟,教师或者学生带领全体学生一起核对结果,要做到准、快;分工展示 10—15 分钟,要求明确,每人有事做,程序简洁明快,说明问题,生成问题,学生互动。

鞠长生说,为了积极应对多种课型的需要,学校的许多老师都采用大小循环教学的手段。小循环,即是分散学、分散展示、分散练习;多循环,即是分散学、分散展示、集中练习、集中检测;而在必要的情况下,也会采用"集中学、集中展示、集中检测"的形式。

评价上,田中将多维评价引入到课堂教学改革中,他们注入了"演讲之星"、"优秀小主持人"、"最佳组长"、"帮扶之星"等新鲜的元素,让全体学生从不同的方面展示出自己的风采。与此同时,多维评价还体现在学习的整个过程中,自学预习的效果、课堂合作的程度、课堂展示的精彩度、知识收获的达成度等评价切入点都纳入到学习评价的体系之中。

多维评价和"一出三进"的教研模式

田中教研工作的指导思想是:问题在教室中发现,困惑在课堂中解决,指导在课堂上完成,交流在教研中提升。实施课堂教学改革后,他们也对传统的教研方式进行了改革,实施"一出三进"的教研:走出教研室—走进教室—走进学生—走进教师。

教务处主任孟祥生和负责教研的副主任颜廷武介绍,学校要求校长、教学校长、教导主任、教研组长每天必须深入课堂,发现问题,及时解决;每天要坚持听课,现场指导教师;中层领导坚持每天必须指导好一名年轻教师上好一堂课,每堂课必须把问题及时解决在课堂上。

每周,田中都要召开教研组工作会议,及时通报和反馈;组织实验教师进行座谈,交流体会和困惑;深入班级和学生交流,了解学生学习的想法和建议;邀请专家听课,听取专家的建议和指导;组织阶段性汇报课,进行示范引路。而后,教师们带着教研活动中总结出来的问题回到课堂,就完成了"一出三进"的教研流程。

改革初期,鸡西市教育局局长张新山、常务副局长姜长松等几次到学校听课调研,给出指导性意见;在课改进行的关键时期,鸡西市教育学院的专家和所有初中的教研员驻校一个月听课指导,使学校的课改始终沿着正确的路径前行。改革两年多来,田中学生学习主动了,成绩大幅提高,学生的综合素养也日益增强。2009年下半年来,学校已先后接待前来参观的领导、教师280余人次。2009年11月,学校光荣地被评为"黑龙江省教育系统先进集体"。

鞠长生说,在课堂教学改革的道路上,田中只是迈出了一小步,但却会坚定不移地走下去,他要和教师们一起迎接新课改的美好明天。

校长档案

鞠长生校长

1991年毕业于牡丹江师范学院英语专业,1991年7月至2005年1月于鸡西市第四中学工作,历任英语教师、班主任、团委书记、副校长;2005年1月至2007年11月于鸡西市职业教育中心担任副校长;2007年11月至今,担任鸡西市田家炳中学校长。

校长谈

"四环"课堂教学改革的心路历程

鞠长生

作为一名年轻校长,回首两年来的课堂教学模式改革之路,我有奋斗时的艰辛,更有收获的喜悦与快乐。是课堂教学模式改革让我和我的学校以及我的教师团队得到了历练与成长。

◆ 改革——前行的必由之路

在经过了多年的探索与实践之后,新课程改革已经步入了一个全新的阶段:如何激发学生学习的主动性与创造性。这是目前乃至今后很长一段时间内,教育要解决的问题。

2007年,我就任黑龙江鸡西田家炳中学校长,经过深入的调研与分析,我们学校领导班子一致认为,作为一所不足千人、位于城乡结合处的初中学校,必须走改革之路,只有改革才能让学校有一个更加广阔的发展前景。在借鉴国内外名校课堂教学改革成功经验的基础上,我们经过反复实践与提升,大胆改革:移走讲台,增加黑板,重组学生,形成了"自学、展示、检测、点评"为课堂基本环节的课堂教学模式——"四环"课堂教学。

◆ 历练——成长的必要过程

在课堂教学模式改革推进的过程中,我们的教师团队得到了全面的历练。

在改革的起步阶段,我们曾向多所学校学习先进的经验:辽宁盘锦、山东杜郎口中学等。各种先进的教学理念在老师们的教学智慧中不断喷涌,成为我校课堂教学模式体系的重要来源。

在课堂教学模式改革的过程中,教师们反复地进行着理论与实践的螺旋式提升。从这个方面说,田中课改发展的推进历程也是教师专业成长的提升历程。有效、开放、自主的课堂成为教师发展最简捷的方法,校本培训、校本教研成为教师专业成长最有效的途径。

◆**收获——改革的必然期冀**

在全体师生的共同努力下,课堂教学改革让我们收获着欣喜。

课堂上,教师成为学生学习的引导者、合作者,学生成为学习的主人;学生敢于表达了,学生之间的合作成为习惯了,小组学习的作用开始明显体现了。课堂教学模式很好地处理了课堂教学的三对关系,即师与生、学与思、知与行的关系。以学生为本,充分发挥学生的主动性和积极性,关注学生的收获与发展,使我校的课堂教学中时时处处都有学生活力张扬的笑脸。

我校的课堂教学模式改革受到社会和各级领导以及兄弟学校的认可。自2008年3月以来,我们迎接了省教育厅和市教育局领导的调研工作;接待来我校学习交流的兄弟学校领导老师近千人次;先后承办了市英语、物理、化学、生物、美术等学科的有效教学现场会;2009年下半年,我校领导及部分骨干教师到各区学校送课,为他们带去了课堂教学模式改革经验。最近3年,我校有8名教师获得教育局教师课堂教学大赛一等奖。2009年,我校被评为"黑龙江省教育系统先进集体"、"黑龙江省师德先进集体"等光荣称号。2010年4月,我校又被评为"黑龙江省科研先进学校"。

特色鲜明,体系清晰,成效显著的课堂教学模式改革也受到了媒体的高度关注。鸡西电视台、《鸡西日报》等多家媒体,多次从不同的角度对我校的课堂教学改革进行了报道。

在改革中历练,在历练中收获,这是我们田家炳中学全体师生共同追梦的心路历程。或许前进的路上还会有坎坷,但我们会一如既往坚定不移地走下去,因为我们相信教学改革之路上的明媚阳光就在前方!

关 键 词

鸡西田家炳中学导学指南赏析

学科	地理	时间	3月1日	第1周	第1课时
年级	初二年级	课题		北方与南方	
备课	地理组	备课人		王宏东、张艳玲	
授课模式	"四环"模式	课型		预展型	
学习目标	1.学会使用地图说明问题。 2.学会生生或组际进行交流。 3.进行热爱祖国的教育。					
核心贴士	请同学们把基础知识熟记入心,认真阅图、识图、说图,学会使用地图说明问题,你会做得更好。					

学习活动安排	一、知识链接(1分) 教师强调:在学习本学期的中国地理知识时,我们必须联系世界知识和中国分区地理知识,进行适当的巩固和复习。 二、预习阶段(5分) 第一组:讲解"北方与南方在地形的差异"部分知识 重点:联想我国的地形部分基础知识 第二组:讲解"北方与南方在气候的差异"知识 重点:联想我国的气候基础知识 第三组:讲解"北方与南方在河流的差异"知识 重点:联想我国的河流基础知识 第四组:讲解"北方与南方在植被的差异" 重点:联想我国的植被基础知识 第五组:讲解"北方与南方人文差异"部分知识 重点:讲清楚第9页 第六组:讲解阅读材料内容 重点:朗读第10页的阅读材料 第七组:第10页的活动部分 第八组:引领学生进行巩固训练 三、展示阶段(30分) 第一组:板书后,讲解"北方与南方在地形的差异"部分知识 重点:讲解时,重点强调三大平原的分布 第二组:板书后,讲解"北方与南方在气候的差异"知识 重点:讲解时,要分析哈尔滨与北京的特点;武汉与广州的特点;产生北方与南方的区别 第三组:讲解"北方与南方在河流的差异" 重点:讲解时,既要复习长江与黄河,又要对比北方与南方的特点 第四组:讲解"北方与南方在植被的差异" 重点:通过分析找出我国森林、草原、荒漠的分布 第五组:板书后,讲解"北方与南方人文差异"部分知识 重点:通过第10页的插图进行讲解知识 第六组:讲解阅读材料内容 重点:引导学生看第10页阅读资料 四、评价阶段(1分) 第七组:对以上六组的表现进行评价,评出本节课中优秀组,对本节课的知识进行概括总结 五、检测阶段(3分) 第八组:对本节课的内容进行习题设计,组织学生进行巩固训练,达到当堂达标的目的	学法指导: 学习中国地理知识必须联系世界地理知识 分析平原的分布 哈尔滨、北京与武汉、广州对比 长江与黄河对比 温带与亚热带的植被对比 从四个方面入手 展示时,各组长必须认真组织,合理分工,严格检查,教师在学生展示中适当进行点拨,注意培养学生用图的学习习惯 学生既要了解中国分区地理知识,又要学习本节内容 要求语言简洁,说出各组优缺点和本节课的收获 检测方式多样,注重基础知识的训练
出现问题		解决措施
课后反思		检查签字

山东莘县实验初中

学校档案

其前身为莘县城关中学。始建于1971年,1978年迁于现址。1982年经县委县政府批准,直属县教育局领导,更名为"莘县第三中学"。1978年开始增设高中部,成为一所完全中学。1998年,停止高中招生,改办为县直重点初中,开始由规模型向特色型转轨。为了突出办学特色,2000年,经县委县政府批准,学校再次易名为"莘县实验初级中学"。

校园占地70亩,拥有教学楼2栋,综合办公楼、实验楼、宿舍餐厅楼各1栋,建筑面积近3万平方米。近年来,学校又集资建成宿舍楼3栋,建筑面积1.5万平方米。学校先后投资120余万元,新建微机室、多媒体教室、电教室,充实完善理化生实验室,进一步完善了办学条件,优化了育人环境。学校现有60个教学班,3670名在校生,教职工268人。

在40年的办学历史中,学校孕育了深厚的文化底蕴。注重特色教育,发展学生特长;坚持以人为本,以发展为本的教育理念;本着"对学生终生发展负责,为学生未来奠基"的思想,注重学生知识技能形成和综合素质的提高;关注学生情感、态度、价值观的形成和实践创新能力的培养;逐渐形成了英语特色教育、321课改模式课堂、主题班会、学科实践活动等教育教学特色。

多年来,学校教育科研成果显著,现获得国家级科研成果1项,省级科研成果6项,市级科研成果18项,在省级以上报刊发表或获奖180多篇;学校先后获得全国学校德育教育先进校、全国教育科学"十五"规划课题"教育现代化区域发展模式与实验研究"重点实验学校、教育部"十五"规划课题"培养中小学生科学精神途径研究"重点实验学校、全国青少年书法美术培训基地、全国创新教育实验基地、全国生物奥赛优胜学校、山东省中小学校本研究重点实验基地、山东省科研性重点实验学校、山东省绿色学校等荣誉称号。

课改档案

山东莘县实验初中课改的"三"字经

近年来,山东省莘县实验初中确立坚持课改工作为中心的思路,不断深化教学变革,努力落实"全体发展、全面发展、全程发展"的办学理念,经过大力的探索和实践,形成了以"321教学模式"、主题班会、社会综合实践为载体的新课程改革特色。学校的知名度和美誉度也不断提升。

"321教学模式"

学校校长张庆华介绍,因为基础差、底子薄、学风又不浓,在很长的一段时间内,莘县实验初中的发展步履维艰。后来是杜郎口中学给了他办好学校的信心

和方向。从借鉴杜郎口中学的改革经验出发,学校根据自身实际创设了高效实用的"321教学模式"。

张庆华说,"321教学模式",即三个教学环节、两种学习方式、一个最终目的。"三个环节"是自主预习、交流展示、反馈巩固;"两种学习方式"是自主探究、合作学习;"一个最终目的"是在导学案的引领下,通过学生自学、对学、群学,实现学生学会、会学、乐学和创学的目标。

为了更好地落实"321教学模式"的课改思想,学校制定了"预习指导、预习尝试、预习交流、分配任务、小组讨论、展示提升、穿插巩固、反馈总结"8个教学流程。预习指导,即教师指导学生预习,确定预习目标,明确预习内容;预习尝试,即从导学案出发,学生进行自主探究,教师要对学困生进行重点督导;预习交流,即各小组针对发现的问题,组长带领"兵教兵",或师生合作探究,教师精讲点拨;分配任务,即教师根据学情调查,将教材的重点、难点、疑点以及拓展提升的知识点,整合成不同的学习任务,平均分配到各小组;小组讨论,即各学习小组根据分配的学习任务,进行探究交流、合作学习;展示提升,即对本组的学习任务,或讲解,或演示,其他小组或补充,或矫正,或评价,教师及时评价、精讲点拨;穿插巩固,即对各小组未能展示到的学习任务,组与组之间进行穿插交流,巩固补救;反馈总结,即在教师的组织引导下,各小组在穿插巩固的基础上,归纳知识体系,紧扣教学目标。

"321教学模式"实施后,学校李银乐老师用实现了十大目标来形容这一教学模式带来的变化:自主探究与合作学习、静态高效和动态课堂、继承发扬和改革创新、教师主导和学生主体、教材使用和拓展延伸、理念贯彻和现代手段、课程理念和学科特点、考试成绩和综合素质、学习时间和学习效率、刻苦学习和教育幸福。

"三驾马车"课程

莘县实验初中还将改革的触角伸向了课程,他们开设了独具特色的综合实践活动、主题班会课和第二课程。这三大课程被形象地称为助推实验初中"321

教学模式"改革的"三驾马车"。

在莘县实验初中,综合实践活动被赋予的内涵是"拓展孩子的生命内涵"。张庆华说,学校实现了"零作业",学生在课堂上完成学习任务后,课余时间由学校引导开展小实验、小调查、编演课本剧等活动。在实验初中,笔者看到了《初中化学综合实践课案例——化学与城市环境》的活动报告材料。围绕山东莘县徒骇河的污染与治理,学生们亲自"下水"取样,测定了水的酸碱性、酸碱度,分析水中的可溶性及不溶性杂质,最后得出河水受污治理前和治理后的变化。参加此次活动的一位同学告诉笔者,通过这一活动,同学们增强了学以致用的意识,大家都有了争当"环保小使者"的意愿。

在莘县实验初中,学校还每年举行一次"学生实践活动课展演",科目涉及初中课程的各个学科,形式包括小品、课本剧、音乐剧、相声等,学生们把各学科的知识高度融合在一起,呈现出一种多角度、多侧面的综合展示表演。

与综合实践活动一样,隔周一次的主题班会也是莘县实验初中的一大特色课程。该课程现已形成礼仪、感恩、自律和环保四个系列,由原来的学生单方参与,到现在的师生、家长共同参与,多方互动。其中感恩父母的教育已成为主题班会的一大重头戏。该校学生在老师的指导下,自编自演故事朗读、快板、小品等节目,将一个个亲情故事生动再现,感人至深。学校还精心组织家长会,让家长也在体验中感知孩子的成长。

张庆华说,学校还开发本地的民间艺术和工艺,形成了特色鲜明的第二课程,如剪纸、布贴画、折纸、丝拉花、泥塑、武术、豫剧、象棋等,都从课程渊源、培训教程、作品展示等方面整理形成了统一格式的简易教程,每门课程专设活动室,让学生根据自己的兴趣爱好自选1—2项进行学习,受到了学生的热烈欢迎。

三色导学案

莘县实验初中负责教务的教师介绍,传统教学的学案、教案、作业在实验初中是"一体化"的,学生教师都只用一份导学案。他说,该校导学案的形成大致经历了三个步骤:各备课组集思广益"初备";每个老师以导学案为基本框架,在此基础上根据学生及教材的具体实际进行个性备课;将相关的训练题目精选后作为课堂练习和课后作业融在学案中,减少学生训练的重复和机械性。

在实验初中的课堂上笔者看到,学生的每一张导学案都是黑、蓝、红三种颜色遍布其中——第一色是学生对有关问题的记录,一般用黑色笔书写;第二色是小组讨论后,每个同学对导学案进行第一次修正,一般用蓝色笔书写;第三色是在展示课上通过同学展示和教师补充点拨对导学案进行的第二次修正,一般用红色笔书写。这样,导学案上蓝色和红色笔书写的内容是学生自主预习时没有解决的,是学习的重点和难点,方便以后复习。

教师的三色导学案则分别代表着教师的三种备课行为,其中第一色是指教师在集备基础上编印的导学案,用黑色;第二色是教师在导学案上的自主备课,一般用蓝色;第三色是在课堂教学结束后,教师对课堂中师生活动与预设不一致的地方及课堂学习中产生的新知识进行第三次补充备课,同时填写教学反思,一般用红色笔书写,补充备课是对教案的进一步完善和充实,对教师提高教学水平有重要意义。

学校的师生们纷纷表示,三色导学案的运用,大大增强了导学案的针对性和实效性,给了教师们更详尽的课堂规范,也给了学生们更广阔的思维空间,使课堂教学改革更加深入持续。

"三全教育"理念

张庆华介绍,莘县实验初中课改的核心都是围绕学校提出的"三全教育"理念展开的。"三全教育"理念,在该校被阐述为"全员育人育全员、全体参与全过程、全体发展全面发展"。

"我们追求这样一种教育状态:人人都是育人者,我们的教育面向每一个学生,要对每一个学生的发展负责;由课上到课下,由课内到课外,让全体学生参与教学的全过程,体会学习的辛酸苦辣,从而为将来走入社会、知生活百味奠定基础;通过课改,最终实现每一个师生综合素质的全面提高和发展。"张庆华说。

张庆华指出,具体化的"三全教育"理念,应该包含四个方面的主要含义:一是学生在教师的指导下学习;二是学生自主、合作、探究性学习;三是整个课堂,学生要落实"真学、实学、会学、学会";四是师生互学,教学相长,共同提高。在实践中,莘县实验初中的各学科教学都对这一理念积极落实,不断补充、完善和发展,丰富了其内涵。

构建起"321教学模式"后,从"三色导学案"出发,以"三全教育"为指导,莘县实验初中深入开展综合实践活动,努力打造主题班会课程,全面进行第二课程,用自己的创造性实践,为课改抒写了精彩的一笔。

校长档案

张庆华校长

1962年1月出生,山东莘县人。1981年7月参加工作,1995年破格推荐晋升为中学高级教师,1999年9月调入莘县实验初中任副校长,2001年任实验初中党支部书记、校长。

他主抓学校的新课程改革,总结了经验,形成了以"321"教学模式、社会综合实践课、主题班会为载体的实验特色,得到领导和专家的认可。

近几年来,由于工作勤恳,成绩突出,他先后被授予"莘县十大杰出青年"、"莘县五一劳动模范"、"聊城市全心全意依靠教职工办学的好校长"、"水城名校长"、"聊城市课改先进个人"、"山东省优秀园丁培养人选"、"山东省优秀教育工

作者"、"2008实力校长"等荣誉称号。

校长谈

我们的课改

张庆华

  基础教育课程改革在世界范围内受到前所未有的重视。近年来,世界上许多国家特别是一些发达国家,无论是反思本国教育的弊端,还是对教育发展提出新的目标和要求,往往都从基础教育课程改革入手,通过改革基础教育课程,调整人才培养目标,改变人才培养模式,提高人才培养质量。这些国家都把基础教育课程改革作为增强国力、积蓄未来国际竞争实力的战略措施加以推行。基础教育是关系国家、民族前途和命运的千秋大业,因此,振兴教育,全民有责。我们广大的教育实践工作者、理论工作者以及行政管理工作者正是肩负中华民族伟大复兴的历史重任,要求我们胸怀每一位学生的全面发展,脚踏实地地投身于这次课程改革中。

  作为处在教学一线的基础教育学校,我们始终以饱满的热情,积极的态度,克服一切困难,认真落实新课改的每一项工作。新课改能不能达到预期目的,获得最终成功,关键就在学校。

  我们针对校情,扎根实践,实效运作,从改变师生教学行为入手,努力探索新课改之路,综合推进新课程改革,全面落实素质教育要求,初步形成了"三全理念、三大核心、四大配套工程"的334课改局面。三全理念即"全员育人育全员,全体参与全过程,全体发展全面发展"。三大核心为"321高效课堂,主题班会,综合实践活动"。四大配套工程"校园文化、家校协同教育、多媒体教学和英语特色教育"。

  在课程改革的实践与探索中,我认为,坚持是课改的根本。"课改成在教师,败在校长"。课改的坚持,有时就是校长能否坚持,坚持下去就有可能成功。

  创新是课改的生命。课改的生命力在于是否有自己的东西。课改之路能走多远,关键在于能不能在学习中创新。机制是课改的保证。一个好的机制,不仅能够营造一种良好的课改氛围,还能让懒惰者变得努力,让平庸者变得优秀,让驻足不前者找到信心和希望。为了使课改保持良好的势头,使老师保持积极性,改革教师业绩评价办法,重新制定课堂评价标准和优秀课改教师、主题班会、实践活动评价办法,保证了课改的可持续性和长久性。

  我们认为新课程改革的最终目的是推行素质教育,最成功的标志是减负增效。通过课改,我们要实现教学的减负高效,要促进学生的全面和谐、个性化、多元化发展;要锻造教学与管理精英人才,实现学校发展、教师专业成长和学生成才的共赢;让校园成为学生成长的乐园,教师发展的家园。所以,新课程改革成功标志有五个方面:学生的综合素质明显提高;学生课业负担明显减轻;教学质量显著提高;学生乐学、教师乐教、师生教学行为精神面貌明显改观;学生的情感态度价值观逐步形成,学校、学生、教师共同成长,共同发展。

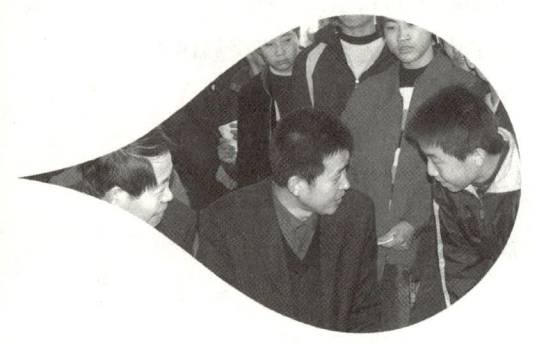

关 键 词

莘县实验初中实践活动课案例:色彩的家族

杜明珠

活动目标 1.培养学生热爱生活、热爱美术的情感。

     2.通过实践了解色彩的变化规律,熟悉美术与生活的关系。

3.锻炼学生的语言情感表达能力以及配合协作的精神。

教材链接　初中美术第四单元《我为校园添色彩》。

生活链接　我们的生活五光十色,色彩无处不在。但作为学生在表现生活时常犯难,搞不清该用什么不该用什么。

活动准备　1.制作道具(红、黄、蓝、紫、橙、绿的标志牌和装有红、黄、蓝三色的水杯及空杯子)。

2.了解三原色和间色的象征性及其应用。

创意设计　以人们熟悉的红黄蓝为基础,通过混合得出间色,增强学生的记忆,再加上学生对色彩象征性的描述,使学生了解色彩应用的常识,更好地为表现服务。

活动实录

ABC(三人分别带红黄蓝标志牌和红黄蓝色水杯子一齐出场):"我们是原色三姐妹,红(向前一步,举出标志牌)、黄(向前一步,举出标志牌)、蓝(向前一步,举出标志牌)。人们称我们为'三原色'。就是用以调配其他色彩的基本颜色。自然界中的色彩种类繁多,变化丰富,但我们却是最基本的原色,我们是其他颜色调配不出来的。而把我们相互混合,可以调和出其他各种颜色。"

旁白　是吗?(不相信状)

ABC　怎么了?不信啊!那好,让我们试试。

AB　我们"红、黄"二姐妹先来。(分别拿出杯子)

(D同学手持空杯子上场,A和B分别倒入D的杯子等量的色水。)

AB　看,怎么样?橙色出来了吧。

(E同学手持空杯子上场,B和C分别倒入E的杯子等量的色水)

BC　绿色出来了。

(F同学手持空杯子上场,A和C分别倒入F的杯子等量的色水)

AC　紫色也出来了。

DEF(同时亮出标志牌)我们是间色三兄弟。又叫"二次色"。

F　我们是由三原色调配出来的颜色。我们在这里只是代表,为什么这么说呢?因为刚才他们等量混合出时我们才产生。而人们在调配颜色时,由于原色在分量上有所不同,可以能产生丰富的间色变化。

E 我给你们举几个例子吧:黄+蓝等量时是绿色,黄多蓝少时=草绿;蓝多黄少时=深绿;蓝+红,红多蓝少时=红紫,蓝多红少时=蓝紫,等等。

D 神奇不?

齐说:由于人们生活中长期对我们感知,我们具有一定的象征性。

B 你们要注意了解一下哦,不然要闹笑话的。(下面一一表白)

A 红色:我是最引人注目的颜色,具有强烈的感染力,是火的色、血的色,象征热情、喜庆、幸福。给人的感觉是温暖、兴奋、热烈、坚强和威严,我以我们的国旗使用红色赋予了革命的含义。热与火,速度与热情,慷慨与激动,竞争与进攻都可用红色体现。在西方,据说耶稣的血是葡萄酒色,所以又表示圣餐和祭奠。除此之外,红色也给人以警告、恐怖、危险感,所以应用于交通信号的停止信号,消防系统的标志色等。

B 黄色:我是阳光的色彩,象征光明、希望、高贵、愉快、欢悦。在中国古代是帝王的象征色,有高贵、尊严的含义,一般人不得使用。黄色在古罗马也被当做高贵色。东方佛教喜爱雅素、脱俗,常用黄色暗示超然物外的境界,有时黄色也代表娇嫩、幼稚。黄色明视度高,常用来警告危险或提醒注意,如交通标志上的黄灯,工程用的大型机器,学生用雨衣、雨鞋等,都使用黄色。

C 蓝色:我是天空的色彩,象征和平、安静、纯洁、理智,给人优雅、深刻的感觉,有冷静和无限空间的意味,也表示希望、幸福。在西方,蓝色象征着名门贵族。但蓝色也是绝望凄凉的同义语。蓝色也表示青年、青春或者少年等年轻的一代。同时,蓝色也是联合国规定的新闻象征颜色。

D 橙色:我是秋天收获的颜色,鲜艳的橙色比红色更为温暖、华美,是所有色彩中最温暖的色彩。橙色象征快乐、健康、勇敢、轻快、温馨、时尚。橙色又是警戒色,如火车头、登山服装、背包、救生衣等。

E 绿色:我是大自然的代表色,象征春天、新鲜、平静、和睦、宁静、健康、安全、自然和生长,也用来象征和平、安全、无污染,比如我们常说的绿色食品,绿色所传达的清爽、理想、希望、生长的意象,符合了服务业、卫生保健业的诉求,在工厂中为了避免操作时眼睛疲劳,许多工作的机械也是采用绿色,一般的医疗机构场所,也采用绿色来做空间色彩规划即标示医疗用品。

  F 紫色:我象征优美、高贵、尊严,另一方面又有孤独、神秘等意味。我国在过去都以服装色彩来表示等级,用紫色是最高贵的;在古希腊,紫色作为国王的服装专用色。淡紫色有高雅和魔力的感觉,深紫色则有沉重、庄严的感觉。与红色配合显得华丽和谐,与蓝色配合显得华贵低沉,与绿色配合显得热情成熟。

  齐说:怎么样?认识我们了吗?这就是我们快乐的色彩家族。

江苏淮安严卓中学

学校档案

1983年在原知青农场基础上创建,占地50亩,地处淮安市清浦区黄码乡严卓村,东临大运河,西靠大学城,环境优美。"要想学,到严卓"是流传在群众当中的顺口溜,也是学校的真实写照。20世纪80年代末,学校就已被同行誉为农村中学"四小龙"之一,早在1993年就被评为江苏省德育先进学校(农村首家),2002年被区委区政府评为"清浦区名学校",是市文明单位、市文明校园、市绿色学校、市规范管理先进学校。

学校始终坚持以人为本的管理理念、求真务实的工作作风,形成了人心顺、和谐同德良好的育人环境和学习氛围,"团结文明、勤勉高效"的校风,"严谨务实、求精创新"的教风,"勤学善思、好问进取"的学风。严格规范学生的日常行为,培养学生良好的生活习惯和学习习惯。加强人格教育,开展丰富多彩的系列教育活动,受到社会家长的广泛赞誉。学校从2001年至2004年连续3年受到淮安市教育局表彰(教学质量先进单位)。2005年被区委区政府表彰为教育工作先进集体。同时,学校还被区教育局评为"初中教学质量先进单位"。2006年被区教育局表彰为目标考核先进学校,获教学质量先进奖。2007、2008年均被区教育局表彰为目标考核先进学校,获教学质量二等奖。2009年获得"初中教育教学工作先进单位"。2009年度获得区目标考评"优胜奖"。

"对学生负责、让家长放心、使社会满意"是学校的办学宗旨,"与时俱进、兴学育人"是学校的办学方向。现在,全体严中人正以团结拼搏、争创一流的精神,努力将严卓中学打造成淮安一流品牌学校。

课改档案

追求卓越的课堂教学
—— 江苏淮安严卓中学的"分段式循环教学"

在江苏省淮安市,一所仅有50多名教师、16个教学班、600多名学生的乡镇联办初级中学,近年来一直受到社会各界的关注。他们因为第一个在淮安市借鉴山东杜郎口中学课改经验,一跃成为当地的课改典型。而在江苏全省实行素质教育、规范办学的背景下,他们已经提前感受到改革所带来的优势,而课堂的高效率正"牵引"着学校整体的变革和发展。

学校校长王汝高介绍,作为一所农村中学,要想获得好的学习成绩,获得高的升学率,以前只有靠拼时间、拼汗水,而严卓中学正在进行的课堂教学改革,从向课堂要效益出发,通过调整课堂结构,改变教学方式,引导学生自主、主动学习,取得了同样的学习成绩,而学生获得了更多的教育"幸福"。

分段式循环教学

从借鉴杜郎口模式经验出发,严卓中学创设出"分段式循环教学"。王汝高说,严卓中学的"分段式循环教学",将课堂进行合理"分段",同时又注重加强课堂各段之间的联系,各段之间有效衔接,课上课下还实行滚动循环,从而提高了课堂的实效和学生学习的效率。

学校陆少华副校长详细阐述了"分段式循环教学"的课堂流程。一节45分钟的课堂,被有意识地分为了四段,他们概括为"预习"、"交流"、"展示"和"检测"。

课堂的第一阶段是预习。严卓中学的每一节课都从预习中开始,预习一般安排10分钟,包括复习自学成果和新预习两个环节。复习自学成果,学生们需要根据导学案的设计,回顾、巩固或者熟记基础知识;新预习,学生们要对未接触的新知识进行快速学习、浏览。教师在学生自学的过程中要进行第一次学情调查,或收集学生的导学案批阅,或深入到小组中进行实地了解。

陆少华介绍,学校要求教师精心设计每一节课的导学案,将学习目标设计转换成易于实现的知识目标,同时要对知识目标进行分层,难、中、易比例要恰当,有利于体现知识结构、突出学习重点,培养学生的自学能力和思维能力。

第二个阶段是交流,一般安排10分钟时间。在小组合作学习下,每位学生带着自己的疑点、难点,小组之间进行交流、讨论,合作学习。在学习小对子、小组合作学习的基础上,教师深入小组进行第二次学情调查,了解学生对学习的掌握情况,同时对于对子、小组不会的知识点,教师要及时进行讲解、点拨,促成目标完成。对于部分重点、难点,学生存在的共性疑难和问题,教师应该记下,在下一阶段进行重点呈现。

从展示、检测到实现循环

第三个阶段是展示,一般安排20分钟。陆少华说,展示是严卓中学"分段式循环教学"的核心,也是该校课堂中最精彩的一个阶段。在展示中,学生自学、对学、小组合作学习的程度和对知识的掌握情况一目了然。

学校教务处主任尚文宝说,学校的展示形式多样,学生们可以两人合作,也可以多人共同完成,可以朗诵,可以歌唱,可以演讲。在学生展示的过程中,教师一方面要注意展示学生的情况,做到即时评价和点拨;另一方面,也要及时关注没有展示的学生的情况,不忽视每一个孩子。另外,学校还要求教师在点拨的时候,要多提思考性、探究性问题;在点评时,不仅要关注对知识点的把握,也要关注学生的表达、体态、语态;要重视对知识点的传授,也要注重对情感、价值观的引导。

第四个阶段是检测,一般占用课堂的最后5分钟完成。尚文宝说,检测是对一节课目标达成情况的调查和了解,是严卓中学教师进行第三次学情调查的重要手段。教师精心设计检测题,抽测部分学生或者全体学生完成,教师回收、批阅,了解掌握情况,为下一阶段查漏补缺打好基础。

严卓中学课堂的循环,体现在课上课下的"滚动"中。江苏省规范办学后,严卓中学所有学生都走读,取消了晚自习,学生没有统一的预习时间。学校一方面在每节课开始前安排10分钟的预习,一方面精编导学案,利用导学案"牵引"学生学习。王汝高说,每一节课完成后,教师们都会将下一节课的导学案发到每位学生手中,供学生课后自主预习,"学生们回到家里,要思考第二天上课的时候怎么展示,哪些会了,哪些还不会,导学案起到了很好的教学效果"。

围绕"分段式循环教学",严卓中学还进行建设学习小组、培养合作技能、精心设计导学案、调控课堂状态、评价教学效果等针对性的培训,一切从服务于课堂出发。

寻找教育的"幸福"

"严卓中学的课改在江苏省规范办学的大形势下顺利推进,显得特别有意义。"王汝高说,他和学校老师们时常在思考:如何落实好规范办学?如何实施素质教育?通过学习山东一些课改学校的成功经验,老师们都认识到实施高效课堂改革是推进教育变革的基本途径,是规范办学的有力保证,而主战场应该在课堂。

王汝高说,在推进"分段式循环教学"的过程中,该校的课堂变得更加开放,老师变成学生学习的参与者和点拨者,学生变得活跃,大胆积极,勤学、乐学、善学。

学校教务处副主任朱爱军表示,实施课改一个学期下来,他就明显感觉到了自己的进步。他说,编写导学案,不但要明确目标,还要将目标进行分层分解,体现出重点、难点,在编写的过程中,觉得自己的教学水平在不断提升。

"现在每次听课,我都从内心感到高兴,觉得自己做了一件对学生来讲,可能是一生都很有意义的事情。"王汝高说,改革一年来,严卓中学的学生从没有像今天这样阳光,像今天这样享受着教育带来的快乐和幸福,而这正是学校老师们从教多年以来，苦苦追寻、朝思暮想的"幸福"。

从"星火"到"燎原"

在江苏淮安的众多学校中，严卓中学是第一所真正大胆地将杜郎口模式运用到学校改革的学校。2009年初，王汝高带着学校全体教师一起来到了杜郎口中学。学校政教处主任朱智春说，第一次像是在看热闹，回校后就查资料，渐渐摸出了门道；第二次再去，大家就明白了为什么杜郎口中学显得十分混乱的课堂那么有序地进行；后来再去，就了解了导学案、学校管理、教师评价等改革的配套措施。

但到了真正操作的时候，要解决的问题真不少。讲台没有了，老师不写板书了，学生或站、或坐、或不停走动。一开始，整个课堂闹哄哄的，学生不知道怎么办，有的老师也蒙了，这场面和菜市场似乎差不多啊！

莫非真是"一统就死，一放就乱"？他们从注重课堂实效入手，紧紧抓好预习、展示和反馈，经过一段时间的摸索，课堂依然热闹，但是已经井然有序了。不过，不少学生参加展示讲解时，磕磕巴巴，表达能力依然欠妥；有的学生在黑板前讲解，整个身子挡住了同学们的视线；还有同学，展示声音实在太小，同学们都很难听清楚……

王汝高说，越有问题越说明需要改革，不让学生锻炼锻炼，怎么发现他们的不足，又怎么可能解决这些不足。"对于农村的孩子来说，能力比学习本身更重要。"

淮安市清浦区教育局副局长刘宝华从一开始就大力关注严卓中学的改革："严卓中学的课堂模式，对于清浦区尤其是农村学校，十分适合。师生反映都很好，区里一些兄弟学校都纷纷前去学习。"

2009年6月，江苏省教育厅提出规范办学要求，学校不得补课，不得加班加点。王汝高说："可以预见，在不远的将来，会有越来越多的学校进行课改。"体会到改革带来的诸多好处，王汝高现在已经有了先行者的自豪感。

他说，淮安市清浦区教育局已经将严卓中学作为区课堂教学改革的试点，现在他们正在以自己的行动，向同行们证明改革的正确性，争取早日将更好的改革经验全面推广到全区学校中，推动区域教育改革。

校长档案

王汝高校长

中学高级教师,江苏省中小学校优秀共产党员,江苏省教育厅优秀科技辅导员,清浦区先进教育工作者,清浦区关心下一代先进工作者。

校长谈

课改的"幸福"

王汝高

2009年初,我们通过引入杜郎口教学模式,把学校教育的关注点聚焦在课堂教学改革上,积极探索减负增效的有效途径,着力打造高效课堂!

回顾一年多的高效课堂改革之路,虽遭遇过前所未有的困难,但却享受到了高效课堂带来的无限喜悦和快乐。

我们的课堂变了,变得更加开放。民主的氛围、平等的意识、参与的自由、创造的激情、尊严的实现,班级授课制的形式得到了改进,班级授课的内涵进一步拓展。课堂上,学知识成为一种快乐,同学们可以以不同的方式参与学习,或写、或讲、或论、或辩、或演;同学们忽而激情勃发,忽而静心沉思,忽而慷慨陈词,忽而开心欢笑。只要在高效课堂上,学生就可以自由地参与,自由地表达。人非生而知之,非知无过,非知者想知;智者千虑,必有一失,失而复得,失而无忌。改革之变,忽如一夜春风来,千树万树梨花开。

我们的老师变了,变为学生学习的参与者、点拨者。古人云:师者,传道授业解惑者也。曾几何时,这句话成为教师的职业写照。一"传"一"解",让多少教师为之困惑,为之迷茫……而今,"高效课堂"建设,激发了教师"传道"、"解惑"的灵感与激情,引发教师新的职业思考。在人类阔步迈入信息时代后,我们才发现传统课堂上的信息传播方式是那么亟待革命。精密设计、精确传递成为新的课堂信息传递要求;点对点、点对面网络化、高效率信息传播交流已经渗入我们的课堂。我们的教师,从备课开始就对教材、大纲、学生进行分析,把握学习目标、重点难点、设计学习方法,明确步骤,搭学习之"楼梯"与"扶手",课堂上,因"楼梯""扶手"而生"道"而生"惑",教师现身于学生欲说无言、欲思无路之时,隐身于学生激情勃发、才思尽显之际。

阿基米德说过,给我一个支点,我将撬动整个地球。一次洗澡水的溢出,创造了浮力定律诞生的神话。学生之中并不缺少阿基米德之生命相似体,只是缺少创造的支点。如果阿基米德只知道地球,他不会想到天外的那个支点;如果阿基米德只想着擦背与搓灰,他看到的只能是澡盆中溢出的污水……我们的学生变了,变得思维活跃,大胆积极,勤学、乐学、善学。我们的学生,在高效课堂建设中,自觉完成作业的人多了,主动求教的人多了,大胆发言的人多了,勇于质疑的人多了……

我们的学校变了!一所有文化底蕴的学校才是真正的学校。学校承载着开启思维、培养人才、文明传承、服务社会的重担。在高效课堂建设中,严卓中学勇于打破传统,敢为人先,思力所能及之思,为脚踏实地之为……

一学年来,我们从借鉴杜郎口模式经验出发,创设了"分段式循环教学"。我们的学生从没有像今天这样阳光,像今天这样享受着教育带来的快乐和幸福,而这正是我们从教多年以来,苦苦追寻、朝思暮想的"幸福"。我们期待创造一个人性化的、生命化的课堂,让思维的火花引燃每一位严卓学子心中蕴藏的创新灵感。提高师生生命的幸福指数,或许这将永远是我们不懈的追求和信仰。

关 键 词

淮安严卓中学导学案范例

	教师用　第11课 英国资产阶级革命　主备人:朱爱军　年级:九　课型:预习、展示		
学习阶段	学习目标	学习方法	点评
	学习目标:了解英国资产阶级革命背景、经过;《权利法案》的颁布和君主立宪制的确立等基本史实。思考与探究英国资产阶级革命爆发的原因,认识经济基础和上层建筑的关系;对克伦威尔进行简单的评价培养学生初步运用历史唯物主义观点正确评价历史人物的能力。通过本课的学习,使学生认识到英国资产阶级革命,是人类历史上资本主义制度对封建制度的一次重大胜利,在反复与曲折的斗争中,英国确立了资本主义制度。 重点和难点:英国资产阶级革命爆发的原因和历史意义;英国资产阶级革命的曲折性和不ול底性。		
复习预习交流	复习回顾:(1)文艺复兴首先在意大利兴起的先决条件。(2)文艺复兴的本质和主要代表人物。(3)新航路的开辟的原因、影响。 预习交流:(1)英国资产阶级革命的背景(2)英国资产阶级革命的经过(3)英国资产阶级革命不是一帆风顺的(4)《权利法案》是什么机构制订的,目的、内容、意义是什么?(5)英国资产阶级革命的意义。(6)英国资产阶级共和国是什么时候时间建立的;英国现在的名字是什么,为什么会有这个名字,历史原因是什么?说明了什么?	复习、预习交流方法 (1)小组中的学习对子互问互答上节重点内容。 (2)小组长带领小组成员交流导学案学习情况,列出预习过程存在的难点。 (3)教师进行学情调查,集中学生学习困难,小组分工领取任务进行小组讨论,教师点拨。 (4)板书、组内小展示。 讲解同学展示要求: (1)能脱稿讲解。(2)面向同学,声音洪亮,语言简洁,重点突出。 (3)适当运用身体语言,注意板演重点。 (4)站位恰当。 巩固检测方法 (1)听题作答。 (2)教师集中检查一组或全体。 (3)小组成员自我检查。 (4)教师总结。 预习要求 (1)通读第12课《美国的诞生》。 (2)注意思考课文中大小标题之间的内在联系。 (3)完成导学案。	预定点拨 (1)文艺复兴为资本主义兴起奠定了思想文化基础,新航路的开辟使世界连成整体,促进了大西洋沿岸经济的发展。 (2)革命根本原因是封建专制阻碍资本主义发展,英国资产阶级革命开始于国王召开长期被关闭的议会,议员要求限制王权。 (3)英国资产阶级革命经历了一个长期斗争过程。从1640年至1688年近半个世纪的斗争,经历了旧王朝的复辟与资产阶级、新贵族反复辟的斗争过程,充分体现出新制度的建立不是一帆风顺的。 (4)《权利法案》是英国议会制定的,目的在于限制王权,结果形成君主立宪资产阶级政体。 (5)英国资产阶级革命的意义:推翻了封建君主专制;确立了资产阶级的统治地位;为发展资本主义扫清了道路;推动了世界历史进程。 (6)克伦威尔:英国资产阶级革命的领导人;率领议会军战胜英王军队,为资产阶级革命作出突出贡献;担任护国主,在一定程度上维护资产阶级革命成果。 动态点评:教师在课上灵活把握。 (1)评点学生参与状态。 (2)评点学生讲解中的生发点、疏忽点、出错点。
展示	分组展示: 1.英国资产阶级革命的背景:(1)新航路开辟后,世界贸易中心由地中海沿岸转移到大西洋沿岸,英国资本主义发展起来,资产阶级与新贵族成长起来。(2)英国的君主专制阻碍了英国资本主义的发展。 2.英国资产阶级革命的经过:(1)导火线:苏格兰人民起义。(2)1640年新议会要求限制王权,革命爆发。(3)1645年纳西比战役击溃王军。(4)1649年处死国王查理一世,英国宣布成立共和国。(5)克伦威尔就任"护国主"。(6)1660年封建王朝复辟。(7)1688年政变,资产阶级、新贵族统治确立。 3.英国资产阶级革命的意义:推翻了封建君主专制;确立了资产阶级的统治地位;为发展资本主义扫清了道路;推动了世界历史进程。 4.英国资产阶级共和国是什么时候建立的;英国现在的名字是什么,为什么会有这个名字,历史原因是什么? 说明了什么?1649年英国建立共和国,现在英国全名是"大不列颠及北爱尔兰联合王国",1688年资产阶级和新贵族发动政变,1689年英国议会制定《权利法案》确立起君主立宪的资产阶级统治,资产阶级、新贵族与封建贵族妥协,形成资产阶级掌权但保留君主的君主立宪政体。		
巩固检测	5.《权利法案》内容、意义:未经议会同意,国王不得征税,不得在和平时期维持常备军;不能随意废除法律,也不能停止法律的执行。英国形成君主立宪的资产阶级统治。 6.英国资产阶级革命不是一帆风顺的,要经历革命与反革命、复辟与反复辟的曲折斗争过程。 巩固检测:(1)英国资产阶级革命的原因。(2)《权利法案》是什么机构制定的,目的、内容、意义是什么?(3)英国资产阶级革命的意义。		

305

预习任务	1. 掌握美国诞生的情况。(1)读图认识大西洋沿岸13个殖民地。(2)了解英国的殖民压迫。(3)来克星顿枪声的意义。(4)华盛顿担任大陆军总司令。(5)《独立宣言》的内容及意义。(6)萨拉托加战役是美国独立战争的转折点。(7)1787年美国宪法,形成比较民主的政治体制。 2. 美国独立战争起因:美洲是由印第安人、欧洲移民、黑人共同开发的,独立的美利坚民族形成,英国希望把北美永远作为原料地与商品市场,竭力压制北美经济发展。 3. 认识独立战争获胜的因素:正义之战;民众力量;华盛顿的才干;法国的支持。 4. 美国独立战争的性质:既是民族独立战争又是资产阶级革命;独立战争结果是摧毁英国殖民主义,赢得了国家独立,为资本主义在美国发展开辟了道路;对欧美革命起了推动作用。 学习重点、难点:美国诞生过程、美利坚民族的形成和美国独立战争的性质。		教学心得:

山东寿光台头一中

学校档案

坐落在"中国蔬菜之乡"寿光市西北部、"中国建筑防水之乡"及红色革命老区台头镇,是一所普通的农村初级中学。学校始建于1964年。现有教学班27个,学生1476人;教职工95人,其中专任教师78人,本科学历以上者50人,中学一级教师54人,教学能手、市教学能手、学科带头人共25人。

学校实施"以人为本,文化立校,科研兴校,质量强校"的发展战略,把教学质量的提高与教育教学研究、学校文化建设有机结合起来,不断创生提高教育教学质量的新的增长点,推动了教师的专业成长与发展,提升了师生生活和生命质量,为学校发展注入了生机和活力,让校园成为充满人文气息、科学精神的圣地。

学校秉持"常规积淀特色,创新提升品位"的管理理念,以管理创新为突破口,倡导自觉意识、大局意识、精品意识、执行意识,实施民主化、科学化、精细化、人文化管理,形成了"严谨、精细、扎实、灵活"的教风,"乐学、善思、明辨、笃行"的学风,"团结、民主、文明、和谐"的校风,形成了"自强不息、追求卓越"的学校精神文化氛围。

学校坚持"为每一个学生的终生发展和幸福奠基"的办学宗旨,通过丰富多彩的校园文化活动、德育文化建设、社团活动建设和生活教育校本课程开发,发展学生特长,陶冶学生情操,净化学生心灵,为学生搭建了展示才华、个性和智慧的舞台。近几年,在英语风采大赛、新年征文比赛、改革开放30年征文比赛、迎奥运征文比赛、新华书店杯读书征文等活动中,学校有1000多人次获奖;4名同学在第十四届、十五届"全国青少年信息学奥赛"中均获山东赛区一等奖。

学校先后被评为"山东省学校民主管理先进单位"、"山东省信息学奥赛优秀学校"、"山东省亲情教育基地"、"潍坊市教学创新50强"、"潍坊市规范化学校"、"潍坊市实验教学改革示范学校"、"潍坊市实施《国家学生体质健康标准》先进单位";2009年学校被吸收为中国教育学会初中专业理事会理事学校。

课改档案

揪住课堂搞课改

——山东寿光台头一中的"六学"高效课堂研究

2010年3月15日至20日,寿光市初中"1248"课堂策略推进会暨个性化教学模式开放周活动在台头镇第一初级中学举行。

在"蔬菜之乡"寿光,偏居西北部的台头一中过去是典型的"薄弱校"。学校前任校长这样描述当时的情景:"因病因事请假的教师'特别多',教授的课程随意而且频繁调整,学生联合出走、罢课,新教师聘任,不少人横加指责,造谣中伤,无事生非,管理混乱,教学基本设施的损害,使许多同志怨声载道,学校则一直背负着高额的债务。"近几年,则犹如当地飞速发展的经济,学校因为显著的课改成

绩,受到了市县各级教育主管部门和越来越多教育同行的关注,成为当地数一数二的课改"示范校"。

学校校长宋保水说,现在只要走进台头一中的校园,就会给人一种"震撼":"学生公寓就像温馨的家一样,媲美管理一流的宾馆;学生放学后,三三两两,静悄悄的;教室内,学生们都在自主学习;办公室里,教师们都忙着各自的工作;功能室里,整齐干净,各种设施有序利用。"宋校长说,是对"六学"课堂的研究和实施改变了台头一中。

揪住"六学"搞课改的思路,则令许多教育人借鉴和思考。

六种学法的课堂

学校主管教学的于兴田副校长说,过去一提起课改,很多人就会自然地想到引进新的课程,重组教材,开展社团活动,等等,却往往忽略了最根本的课堂,课堂其实是课改的"源头",立足于课堂的课改才能保证最终的成功。

于是,台头一中的"六学"高效课堂产生了。于兴田介绍,"六学"包括"小三学"和"大三学"两个层面。"小三学",即学案引导、独立预习、静心思考,让学生处于静态(静下来)的"独学";一对一,同质结对,互助交流,是课堂学习最基本合作方式的"对学";生生合作、生生互动、师生合作,激活思维,交流碰撞,让学生处于动态(动起来)的"群学"。"大三学",即学生自我反思、总结升华的"省学";研究性学习、综合实践活动、创造性学习的"创学";以学为乐、以乐促学、以志励学、发展情商(兴趣、情趣、乐趣、志趣),最终形成终身学习习惯的"乐学"。

台头一中的"六学"模式,在具体课堂操作上,可以分为五个环节呈现。

第一步,独学预习。学生自己根据学案上教师设计的问题、创设的情景,进行预习,当堂掌握基础知识和基本内容。学生要对独学过程中的疑点、难点、重点问题做好记录,为互动探究打下基础。

第二步,互动探究。学生把"独学"过程中遇到的疑点、难点先在小组内"对学"探究,必要时进行"群学"探究,共同寻找解决问题的方法与思路。列出小组内不能解决的问题,供全员展示。

第三步,全员展示。也称为大展示,各小组将小组内对学、群学的成果进行展示、讲解,教师汇总各小组互动探究过程中出现的问题,为精讲点拨做好准备。

第四步,精讲点拨。教师根据全员展示中发现的问题,对重点、难点、易错点给予启发、诱导、点拨,引导学生总结答题规律与方法,启发学生举一反三。

第五步,省学检测。一堂课结束前,学生就所学内容进行自我反省总结,教师利用当堂达标训练题,对学生进行测试。可通过学生对批、组长审批、教师抽检等方式了解学生答题情况,及时反馈矫正。

"六学"的有效性评价

从"六学"高效课堂出发,台头一中同步进行着两个"共同体"的研究——以班干部为核心的班级学生自主教育"共同体"、社区合作互助学习"共同体",开发学生的自主学习、合作学习能力。此外,他们还将"六学"课堂与校本课程、综合实践课程、学科育人元素体系构建研究相结合,扩大"六学"课堂的外延,打通了课内外、班内外、校内外的有机联系,提高了教学的综合效应。

而台头一中始终在进行的"六学"有效性评价,则推动着学校"六学"课堂研究不断深入。

寿光市教科研中心初中科主任隋慧成介绍,台头一中与"六学"课堂相配套的诸多评价制度、措施,精确、细致,不仅涉及教师教、学生学,还涉及学生、老师的自评、互评。

隋慧成说,一节"六学"课堂,以 100 分计算,教师的表现总分为 40 分,学生的表现则占 60 分。对于学生的评价点,涉及参与面、活动状态、活动形式、参与度、达标程度五个方面。对教师的评价也分为目标认定、教学结构、教学资源、导学作用、课堂调控五个方面。同时,"六学"课堂评价也设计了教师和学生的自评、互评内容。如学生的课堂评价项目涉及课堂"自我"意识与能力表现程度、小组合作学习意识与表现等 20 条;教师的评价涉及教学整体设计与程序处理、课堂组织与管理技巧等,也是 20 条。

学校刘炳明老师说,在台头一中,涉及课堂和教师的评价、考核等,一般老师们都很少有异议,因为考核细致、具体,十分公正、公开、公平。

"六学"的教师教学原则

于兴田说,台头一中在实施"六学"高效课堂过程中,从教师课堂"教"的层面,提炼出了六条基本原则。

一是以学定教。学生"先学",教师根据学生学的情况确定学习内容。"六学"课堂开始,学生针对学习内容进行积极的阅读思考或动手操作,尝试通过独学、对学、群学理解课本知识,并内化成自身的知识结构。

二是"三讲三不讲"。"三讲"是指讲重点、讲难点、讲易错点、易混点、易漏点;"三不讲"是指学生已经学会了的不讲,学生通过自己学习能够学会的不讲,讲了也不会的不讲。

三是"三布置三不布置"。布置发展学生思维的作业,布置引导学生探究的作业,布置迁移拓展、提高能力的作业;不布置重复性的作业,不布置惩罚性的作业,不布置超过学生合理学习限度的作业。

四是创设有效问题情境,剔除假问题。台头一中引导教师们以教材中的内容、生活中的问题或课堂中生成的问题来创设问题情境。

五是删除无效课堂环节。台头一中要求教师设计的每一个教学环节,必须为实现教学目标服务,教学过程应趋向于简单、精炼,教学方法应追求朴实,从而提高教学效率。

六是及时矫正、反馈、归纳、总结。台头一中的"六学"课堂,要求教师通过全员展示和省学检测及时了解学生学习的状况,将正确的信息及时地反馈给学生,帮助学生更好地纠正学习行为。学生的自主学习与合作探究,掌握的知识和方法往往不系统,"六学"课堂又要求教师及时引导学生对所学知识和方法进行系统的梳理、归纳,进而体悟学习方法和规律,实现总结提升。

2009年以来,山东省寿光市教育局从全面深化课堂教学改革出发,以打造"真实"课堂、提升教学效益,打造"和合"课堂、提升教学品质的"两打两提"为目标,提出"1248"课堂推进策略,摒弃唯成绩论,从长效与短效、现实与理想、课堂改革与考试改革、守旧与创新、新旧课堂评价标准等对比研究出发,推出了新的课堂教学形式。他们克服执行力的薄弱,纠正课改过程中的"四不像"偏向、"起点高,落点低"等问题,从而在全市初中全面推进以课堂改革为核心的新课改。

台头一中的"六学"课堂,实现了把学习自主权还给学生,培养学习能力;把课堂话语权还给学生,培养表达力;把生命自由权还给学生,培养创造力;把生活决策权还给学生,培养决策力;把管理民主权还给学生,培养领导力;把命运发展权还给学生,培养成长力的目标,充分体现了学生的中心地位和主体作用,实现了"主导"和"主体"的最佳结合、"导"与"学"的和谐统一,使教学过程成为学生独学、对学、群学、生生互动、师生互动的动态发展过程,课堂成了学生省学、创学、乐学的学习乐园。

校长档案

宋保水校长

1968年生,大学学历,潍坊市政治学科骨干教师。"十五"期间,主持中央电教馆"十五"教育技术重点研究课题《现代信息技术与各学科教学整合研究》之子课题《在初中英语教学中,运用网络课程资源培养学生听说能力的研究》,并被评为地级一等奖;主持的全国教育科学"十五"规划重点课题《信息化进程中教育技术发展研究》之《新课程标准的网络资源开发与应用研究》于2005年12月结题

并获省一等奖,另有 10 余篇论文在省级、国家级刊物发表。

校长谈

我们的课改

宋保水

学生是有生命、有情感、有个性的人,都有志趣爱好,都有自己丰富的内心世界,有释放自己能量的独特方式。教育教学过程就是促进生命发展的过程。课堂应当尊重生命,让课堂充满生命活力,变苦学为肯学、乐学、会学,让学习成为一个享受生命、提升生命的过程。

近几年来,台头一中坚定不移地树立以人为本、关注生命的教育理念,针对课堂教学中多年来重教学方式研究而忽视学生的学习方式、学习态度、学习情感研究的事实,启动了"六学"高效课堂模式研究与改革,旨在把学习还给学生,解放学生,发展学生,让学生感受学习生活的快乐和幸福。"六学"模式以"小三学"(独学、对学、群学)充分凸显学生在学习中的主体作用和课堂上的中心地位,以"大三学"充分实现学生学习状态的优化、个性的张扬和创造力的发挥。

要彻底开放课堂,就要突出一个"还"字。开放课堂才能"放生",开放才能搞活,学习能力来自于开放,开放的程度决定教育的高度。

我们的"六学"课堂教学之所以洋溢着生命活力,关键在于我们突出了一个"还"字。六学课堂的核心理念即:"六个还给,六个培养"——把学习自主权还给学生,培养学习能力;把课堂话语权还给学生,培养表达力;把生命自由权还给学生,培养创造力;把生活决策权还给学生,培养决策力;把管理民主权还给学生,培养领导力;把命运发展权还给学生,培养成长力。"六学"课堂,解放了一个个鲜活的生命个体,体现着尊重主体、相信主体、依靠主体的坚定信念。"六学"课堂,使学生的学习理念、态度、情感、策略、方式、方法等产生了根本性变革。

课堂教学改革同学校的常规管理、校园文化共同构成了学校的系统工程。常规管理与文化建设是课改的坚实基础,是课堂教学改革的根本所在。要真正抓出课改的实效、实绩，务必在改革中抓实学校的教师队伍建设、科研管理、制度管理和学校文化建设，为课改提供有力支撑。与课堂教学改革相协调，在学校层面，我们推动了以自觉意识、团队意识、精品意识为基因的学校精神文化建设，为课堂教学改革注入了强大的精神驱动力；我们在班级文化建设中突出"六个还给，六个培养"的课改核心理念，创建了以小组自主管理为特征的班级管理机制和小组合作为特征的班级文化；在队伍建设和科研机制建设层面，我们建立了教—研—训一体化的常规性校本研训机制。我们结合课例研究、教师专业成长研究，开展序列主题研究性周前会，我们定期举办教学开放周活动，每学期我们都要开展"同课异构"研讨活动，我们定期邀请知名专家、名师进校指导教育教学，我们启动了青年教师发展工程，千方百计为教师创设评选、竞赛、展示活动平台，点燃教师成长与发展热情，提高教师专业素质。课堂教学改革不断深化的过程，昭示着我校教师队伍的不断成长与发展，也昭示着学校管理的日臻完善。

当然，课改是一场持久战，不可能一蹴而就，它需要长期不懈地探索、研究与创新。我校的"六学"课堂改革从酝酿、启动至今经历了五年的探索，从观念转变到细节优化，从常规改革到评价创新，从制度创新到文化建设，是一个持续不断的推进过程。

"六学"课堂在探索中走到今天，也将在探索中走向更加完美的明天。

关 键 词

台头一中"六学"课堂学生评教表

评价人_____ 班级_____ _____年_____月

序号	内容	满意	基本满意	不满意
1	工作态度与精神风貌			
2	教学整体设计与程序处理			
3	课堂语言表达艺术与学科性特征			
4	课堂组织与管理技巧			
5	学生情感教育与培养			
6	核心（主干）知识整合与重组技巧			
7	学习方式与能力培养			
8	教师评价多元化与准确性			
9	师生关系与课堂文化构建			
10	教学手段选择与使用效果			
11	课堂讲授时间与效率			
12	课堂导入内容选择与情境设计			
13	课堂提问设计与处理技巧			
14	课时板书设计与展示水平			
15	课堂小结和课后延伸设计与处理			
16	反馈矫正技能与效果			
17	个性差异人文关注程度与因材施教落实力度			
18	教学目标三维度与达成度			
19	教师自我反思与评价			
20	课时作业设计质量与批改时效			

台头一中"六学"课堂学生自评表

评价人_____ 班级_____ _____年_____月

序号	内容	满意	基本满意	不满意
1	文明礼仪与精神状态			
2	课前准备与预习情况			
3	课堂"自我"意识与能力表现程度			
4	小组合作学习意识与表现			
5	探究意识与表现			
6	问题意识与发问频次			
7	创新意识与能力			
8	动手实践表现与能力			
9	口头表达与交际能力			
10	阅读方法与效果			
11	做题技巧、速度与正确率			
12	笔记、摘要方法与质量			
13	记忆方法与效果			
14	任务(活动)参与度与达成度			
15	师生关系与感情			
16	师生评价与态度			
17	心智技能运用与发展			
18	作业态度与完成质量			
19	复习巩固的态度与习惯			
20	应试技巧与心理素质			

湖南岳阳许市中学

学校档案

临洞庭、望君山、倚天井、人才辈出,许市中学素有"河西名校"美誉。学校目前占地41亩,总建筑面积9508平方米,现有教学班14个,学生784人,在职在岗教师52人。

学校从2007年下学期开始全面实施课堂教学改革,努力构建全新的学习平台,全力打造开放型课堂模式,整体提升学生的学习水平和综合素质,让新课程理念深深根植于课堂。

学校重新定位办学理念:和谐发展、勇创卓越;把"快乐学习,健康成长"作为指导思想,随着管理日益健全与完善,学生已经形成了"乐学善思、知行合一"的优良学风。他们在课堂上积极思考、踊跃参与,逐步成为课堂真正的主人。学生的个性在课堂中得到了良性的张扬,能力得到了最大限度的提高,课堂成了展示自我的舞台。教师们在思想与具体教学行为上发生了巨大的变化,他们以"博览精思、严谨创新"作为教风并为此努力奋斗。

现在学校的"开放式"课堂教学模式已经初具雏形,教学质量跃居岳阳市前十名,办学效益引起教育界和社会广泛关注,先后来校参观学习者多达15000余人次。2009年9月2日,湖南卫视、经视均以"岳阳探索开放式课堂教学"为题,全面介绍了许市中学的课改经验,学校业已成为湖南省内课堂教学的典型。

课改档案

薄弱校课改的"许市样本"
—— 湖南岳阳许市中学的"五环渐进式"课堂

"一所普通的农村初中,大力推行课堂教学改革,在短短的几年里,教育教学质量取得了质的飞跃,一举摘掉薄弱学校的帽子,一时声名鹊起,前来参观和调研的人络绎不绝。岳阳市君山区许市中学书写的教改经验,对新时期如何实施素质教育进行了有益的探索。"《湖南教育》这样评价湖南岳阳君山区许市中学。

课改两年多,许市中学如今已是整个岳阳市和湖南省课改的示范校、典型校和"龙头"学校。已经初步体验到课改"甜头"的学校校长夏忠育说,要想做点实事,真正为孩子们考虑,就一定要进行课改。

目前,许市中学已经形成了成熟的开放式课堂教学体系,通过"五环渐进式"课堂教学,课堂活跃、学生乐学、轻松高效,模式实效显现。

五环教学

许市中学的课改最为成功之处,应该是通过实现学生自主学习,从而实现学生发展为本的目的。许市中学的"五环渐进式"课堂就在这样的"谋略"中诞生的。

"五环渐进式"课堂体现在"练习回顾"、"自学讨论"、"交流提升"、"浏览巩固"、"达标测评"等五个课堂环节的循序渐进中。

练习回顾。一般每节课的前5—6分钟,通过布置练习,督促学生巩固前面所学知识。"也可以说,许市中学的一节课是从做作业中开始的。"夏忠育饶有兴致地介绍,练习反馈的形式不拘一格,可以在黑板上完成,可以抽测,也可全班参加。反馈的结果,学校要求教师要当场批阅,当场评价,以便及时发现问题,并通过老师的指正,帮助学生及时排除障碍,为后续学习作好铺垫。

自学讨论。课前教师先列出学习目标和要求,学生在老师和学案的导引下,先独立自学,同时记下自学过程中的困惑与疑难;继而在小组内开展讨论,个别问题在组内对子之间解决,较普遍的问题全组共同研讨解决。他说,学校鼓励学生们通过互帮互助,合作探究,初步达成对学习目标的掌握。这一环节还可以充分发挥学生的主体地位,让他们学会思考,学会学习,并且逐步形成良好的学习习惯。

交流提升。在自学和小组内合作探究的基础上,开展全班交流,各组展示自己的学习成果与心得。许市中学的展示方式多种多样:有板书讲解、口头阐述,也有唱、演等艺术形式。一位年轻教师说,在确保达成掌握知识目标的条件下,许市中学的课堂都是开放的、民主的,在积极、愉快的气氛和明快的节奏中实现生生互动、师生互动,通过开放式的交流讨论,达到解除疑惑、提升效果的目标。学生的积极性和创造能力都有很大提高,甚至不逊色于任课教师。

浏览巩固。夏忠育说,并不是所有的学生都能对当堂课的知识完全弄懂,在热烈与兴奋之后应该让学生"冷"下来,开始回顾、浏览本堂课所学,通过看、思、问、练等形式排除学习疑难,巩固学习效果,总结有关规律。学校要求教师要针对各个层次的学生进行有针对性的重点引导,各个"击破",让人人有事做,生生有收获。夏忠育说,这是一个沉淀、积累的过程,更是一个消化、巩固的过程。

达标测评。在完成对知识的巩固后,"五环渐进式"教学要求教师当场出示检测题,检测学习效果。许市中学"五环渐进式"课堂的最大特点是每一节课都有两次对学生学习效果的检测,"只有做到对学生真正的了解,才能更好地进行教学"。

潜移默化的教育更加深入人心

说起课改的动因,夏忠育谈起了自己的经历。早年,他班上有一个成绩很好的学生,老师每次提问,这个学生总是显得很紧张,甚至全身发抖,哪怕是很简单的问题。"难道这就是我们要培养的好学生吗?"他当年困惑不已。

"实行开放式教学,这种情况就不复存在了,我们要培养的就是学生的综合素质,而不仅仅是考试成绩。"夏忠育坚定又自豪地说。

近期,一项针对 49 名升入高中的许市中学毕业生的调查结果,给许市中学的老师们带来了惊喜,也更增加了他们课改的信心。从教师和学生反馈的情况来看,升入高中的许市中学毕业生呈现出四个方面的特点及优势:一是适应新环境能力整体上较强,对目前的学习任务大多数有自信心;二是学习习惯良好,积极主动,注意学习方法,绝大部分毕业生仍坚持在许市中学养成的良好习惯,大部分学生学习成绩呈上升趋势;三是学生的综合素质整体较高,擅长语言表达,生活自理能力强,在班级及学校的集体活动中表现活跃,担任学生会、班级干部及科代表比例较高;四是行为规范良好,个人修养素质整体上较好,与老师同学相处融洽,能正确处理人际关系中的矛盾。调查结果是强有力的证明,潜移默化的教育更加深入人心,而培养出的良好品质对每一个学生的终身发展都弥足珍贵。

立体型的管理

管理的跟进是课改的有力保障,许市中学实行的"立体型管理"为课改保驾护航。

许市中学 2007 年开始实施课堂教学改革,在学校管理上也形成了一套特色体系:他们在借鉴优秀经验的基础上,还把现代企业高效管理的理念引进学校管理中。夏忠育形象地说,他们是把"农村联产承包责任制"移植到了校园,创建了

与课改相适应的"立体型管理"模式。完善了学校管理功能,提高了管理效率。许中的管理模式有以下一些结构层次:

"立体型管理"即校级中控式宏观管理、处室分布式中观管理、班组节点式微观管理、值日流动式现场管理"四位一体","立体交叉"。

校级中控式宏观管理,指的是学校校级管理团队对学校全面工作进行宏观策划和调控;处室分布式中观管理,指的是学校各处室和年级组、学科组对各线的工作进行局部监控和管理,是一种分布式层面管理,学校教导处、政教处把原来的大部分工作和职能都下放和分配到年级组和学科组,年级组对教学和班级活动实行横向管理和评价,学科组对学科的教研教学活动实行纵向管理和评价,形成一种横纵交错、上下联动的立体型管理格局;班组节点式微观管理,学校的班级和学习小组、寝室是结构模式中的基层单位,是校园网状结构中的节点,班组活动是学校管理的落脚点,各班和学习小组在班主任和任课教师的指导下,对本班本组的学习和生活活动进行管理和调控,每个班和学习小组都有自己的管理细则和评价办法,班组的管理主体是学生,是一种自主的、精细化的微观层面的管理;值日流动式现场管理,指的是学校行政每天安排轮流值日,对学校日常工作进行全面监控,发现问题及时做出处理。

宏观、中观层面和值日管理的情况,许市中学一般都要在第二天的教师早评会上进行评价,提出改进措施,班组活动情况则在每天的班级早评会上讲评,体现出管理的高效率。

此外,许市中学各个层面的管理还都做到了"四有"——有安排、有监控、有反馈、有评价,用即时、高效、客观、透明的管理工作,"全时空、无缝隙、精细化"的管理,服务于"五环渐进式"课堂教学改革。

学校办公室主任、教导处副主任江逸冰说,2009年秋天学校派他外出学习交流,每天晚上他都能收到班长和班里的其他同学的汇报和问候:"老师、对不起,卫生方面扣了0.5分,主要是我不细心造成的,希望这不要影响你的心情!""老师,今天我们召开了一次班会,主题是'我们能否做得更好',很多同学都发言了,大家情绪高涨。"江逸冰说,这是平时管理好了才能有的好效果。

多年来,君山区教育局一直对许市中学的课改给予极大的支持。蔡国兴局长坦诚地说起支持许市中学课改的原委。"许市中学在全区 8 所初中学校中教学质量靠后,就算不成功,再差也差不到哪里去。"就是这样一所"双差"学校,通过自身的努力,带给了蔡局长和君山区无限的惊喜。

而我们则欣喜地看到,薄弱校课改中冉冉升起的"许市样本"。

校长档案

夏忠育校长

1973 年 7 月出生,毕业于湖南理工学院,数学中教高级职称。岳阳市十佳校长、君山区骨干教师、区优秀校长、区十大新闻人物,多次荣获君山区先进教育工作者、教改工作先进个人称号。

先后在广兴二中、广兴一中担任校长,在此期间创造了辉煌的二中历史,周边的家长至今仍津津乐道。2007 年调任许市中心学校校长兼任许市中学校长,本着"以人为本,关注生命"的办学理念,大刀阔斧实施教研教改。两年的执著与奋斗让这所河西名校重新焕发娇艳的光彩。

2007 年 10 月,他用发展的思维在许市中学掀起课改的浪潮,全面实施新课程改革。他大胆创新建立了"开放式"课堂教学模式,着力研究"五环渐进"自主学习模式,使许市中学从教学的低谷走出。2008 年学校教学质量跃居君山区第一名,2009 年学校毕业质量监测综合评价进入岳阳市前十名。

校长谈

感恩课改

夏忠育

我校自 2007 年实施课堂教学改革,至今已有三年。"开放式"课堂教学模式和"五环渐进式"自主学习模式逐步完善,在基础教育领域引发了较为强烈的反响。作为许市中学的校长,看到学校今天发展的良好势头,我得感谢教学改革,感谢那些前行者,感谢学校的师生,是大家的共同努力,打造出了学校发展史上的又一个春天。

三年课改,我们收获了尊严。

前几年,学校经历了一个发展的低谷。家长对学校颇为不满,甚至恶言相向,社会的不信任,上级主管部门的不断施压,学生的转校与辍学,学校陷入了危机之中……学校审时度势决定实施课堂教学改革,努力从两个方面着手:抓管理,改课堂。学校的课改工作引起了多方面的关注,学校在压力中不断创新与执著前行。2008 年,学校抽考科目(七年级英语)与八年级生地成绩双双名列我区第一名。至此,那些指责的话语少了,怀疑的目光也少了,家长、同行、上级部门都对学校刮目相看。之后一年中学校进一步加大课改力度,2009 年的初中毕业考试中,我校八门学科位列君山区第一名,整体评价跃进岳阳市前十名之列,这在学校的办学史上是前所未有的。

是课改,让这所老校重新散发出青春活力;是课改,让人们彻底改变对学校的评价;是课改,让学校走在这个行列的前端,成为众人瞩目的焦点。

三年课改,我们打造出了一支精干的教师队伍。

学校师资一直比较薄弱,多数老师原始学历是中专,且任教学科杂,缺少专业化的发展。但也正是这群"低学历"的教师们,他们用勇气、执著与奋斗改写了学校的历史,提高了自身的素质。经历课改洗礼的教师,在课堂驾驭能力上明显高于以前,他们的创先、创优意识、团队意识、协作互补意识都强了,更主要的是为了把课改深入地推进,他们的思想和行为发生了颠覆性的改变,通过他们自身的努力,率先完成了由课堂的主宰者到引导者的角色转换。

用他们的话说:我们现在是在享受教育、享受学生带给我们的快乐,我们在课改中找到了自己的人生方向和价值!

三年课改,我们培养出了一批高素质的学生群体。

许市镇小学教育一直处于君山区的中下游行列,给初中教育带来了很大的难题。学生学习基础差,各方面能力弱,个别学生连一句话都说不清,很多学生初中都不能毕业就辍学外出打工。当我们逐步实施开放式教学模式时,我们惊喜地发现学生变了:学生的口头表达能力、组织管理能力、分析和解决问题的能力、自学与应试能力、自理自立能力都大有提高;团结协作意识、竞争赶超意识都增强了。我们欣喜地看到从我校走出去的孩子和城里学生一样阳光,一样有良好素养,甚至比他们表现更好。特别是升入高中学校后,我们接到的反馈信息更令人欣慰:他们给高中学校带来了蓬勃的朝气!

三年课改,让我个人领悟了教育的真谛;三年拼搏,让我的理想在这块热土上开花;三年努力,让我对教育的明天更加充满信心!

感谢课改,因为有你,我的、大家的人生将更加精彩!

关 键 词

许市中学导学案选登:九年级历史

备课日期:2009 年_____月_____日 星期_____ 备课人:江逸冰

课题:17.美苏"冷战"　　18.世界政治格局的多极化趋势	
教学目标:1.了解杜鲁门主义的内容和影响;2.对比美苏冷战的三个阶段表现;3.了解两极格局的形成和终结;4.理解世界政治局势多极化的具体含义;5.以史为鉴,加强学习。	
教学重点:苏美冷战和世界政治的多极化趋势	
教学难点:何谓冷战及具体表现	
教学程序	

教学内容及预见性问题	方法与措施

一、练习回顾。
二、导入:二战的硝烟散去后,资本主义和社会主义两个超级大国的较量拉开帷幕,世界政治局势的大潮又将何去何从?
三、出示学习目标,学生自学教材,完成知识梳理。
1.杜鲁门主义:形成的时间:_____,意义_____。其实在此之前英国首相_____发表了著名的_____,为冷战的出台提供了舆论基础。1948年,美国在西欧实施,其目的_____。
2.两大军事政治集团的形成:1949年_____等12国在华盛顿签署了_____,_____正式建立,6年后以_____为首的8国成立了_____,两大军事政治集团的形成标志_____。(回顾)
3.苏美争霸的三个阶段:列表对比

阶段	时间	特征	对华政策

4.打破雅尔塔体系的历史事件是_____。(回顾雅尔塔会议);标志两极格局结束的历史事件是_____。二战后建立的新国际关系格局是_____(回顾一战后的国际关系格局)两极格局结束后,世界形式整体走向缓和,但民族与宗教矛盾日趋激烈,恐怖势力抬头,2001年美国发生了事件,世界进入反恐怖主义时代。
5.科索沃战争:时间、战争的双方,解读本次战争的性质。
6.世界政治局势的多极化:标志向多极化过渡的历史事件是_____,从而出现了的局面,其中"超"指_____,"强"指_____。但世界的两大主题却不会改变。
四、交流讨论,展示提升。
1.科索沃战争告诉我们什么?(从两方面分析:一是从美国的行为上,二是作为南斯拉夫人民。)
2.总结:20世纪,世界经历了两次大战和近半个世纪的"冷战",导致了世界格局的(体系)的两次大变动。
五、浏览巩固
六、达标抽测

集体备课讨论修改区	教学反思

山东郓城高级中学

学校档案

2005年3月正式动工兴建,是一所全寄宿高级中学。现有在校学生6000余人,教职工400余人,其中专任教师315人,高、中级教师180人,国家、省、市级教学能手、优秀教师近70人。

学校坚持"德育为首,教学为主,育人为本"的原则,践行"厚德、砺志、笃行、达才"的校训,致力于构建生态办学机制,解放思想、积极探索、创新改革,努力实践着六大办学战略:"实施人才强校策略,提升师资队伍素质;实施质量立校策略,提高整体教育质量;实施科研兴校策略,增强学校发展后劲;实施精细管理策略,促进学校全面发展;实施文化凸校策略,塑造良好学校形象;实施后勤支撑策略,打造平安和谐校园"。

学校坚持规范办学、科研引路、以人为本、人文见长的办学宗旨,积极探索教学方法改革,大力倡导讨论式、启发式、合作式、探究式等先进教学方法,促进学生自主学习,提高课堂教学效果。

先进的教育理念和科学规范精细的管理,使学校连年被县委、县政府授予"教育工作先进单位"、"高中教学工作先进单位",被菏泽市教育局授予"高中教学跃进奖"、"菏泽市依法办学示范学校",被列为菏泽市业务管理重点高中,被山东省教育厅授予"山东省法制教育示范学校"。

课改档案

从问题出发的课改

——走进山东郓城高级中学

在水浒故事的发祥地山东省郓城县,郓城高级中学被习惯地称为"二中"。这所 2005 年才刚刚在即将撤并的农村高中基础上新建的高级中学,近来却因为课堂教学改革,正在收获不断提高的教学质量和社会美誉度。

学校校长唐衍兵说,课改仅仅开展两个月后,学校就已经感受到了可喜的变化,新的教学方式让学生找到了自信,激发了学生学习的积极性和主动性,学生都能积极参与到合作学习和课堂展示中去,思路开阔了,思维放飞了,集体观念、合作精神、表达能力也明显增强。教师的观念也发生了很大的变化,主导作用突出了,学生成了课堂的主人,教师成了课堂的策划者、主持者和学生学习的指导者。开展到第四个月的时候,课堂越来越令老师和学生们振奋。

但是,在整个山东省菏泽市,郓城高级中学不是最早搞课改的,就在郓城县,曾经也有一些学校轰轰烈烈地开展过一段时间。郓城高级中学却像"独苗"一直坚持了下来,就是这种坚持,已经使郓城高级中学很多教师和学生有了"一览众山小"的独特感受。

因问题而改

"过去有相当多的学生上课不愿意动脑,也不认真听讲,一个56人的班级,睡倒七八个是常有的事。"学校主管教学的副校长李学进形象地描述了当时的课堂景象。

当时,郓城高级中学因为学生生源基础较差,厌学、辍学的现象比较普遍。高一时一个班56人,升入高二就变成了不足50人,到高三参加高考时,就变成了40多人。学生辍学,是因为实在"熬"不下去了,学习成了十分"痛苦"的事情。

因问题而改,成了郓城高级中学直接的改革动因。

聚焦原先课堂缺乏生气、睡觉成片的现实,打造"原生态地教、原生态地学"的原汁原味的课堂生活,课堂拓展训练中的平等对话,对合作学习的一次次亲身体验,让每一个学生都能体会克服学习困难后的喜悦。有参与才能燃起奋发学习的激情,才能感受到团队合作学习的协作、交流、理解和帮助,对学生来说,这是一种幸福。

郓城高级中学从改变学生的学习状态出发,进行了诸多有益的尝试。而教师的改变,也是经历了因问题而改变的过程。

"课改给了老师们一个深刻的启示,彻底解放学生,学生才能真正成为课堂的主人。好学生不是教出来的,是学生自己学出来的,唯有学生自己才能创造奇迹。"学校许多老师都因课改改变了原来的认识。

初中部张希胜老师说:"原来的课堂教学是老师讲得多,学生练得多,学生自主学习活动少,以前设计的学案也没有层次性,往往打击了不少学生学习的积极性和自信心;课改以后才发现,尽管学生的层次不同,接收的能力也不同,但是每个同学都有学习的愿望,也有很大的提升空间。只有把课堂还给学生,才能真正体现'以人为本,关注每一个学生生命成长'的理念。"

正是因为看到了问题,老师们、同学们一接触课改,一接触新型的教学模式,就再也不愿意回到从前了。因问题而改,比对着问题,老师们、学生们都发现了转变课堂教学方式的必要。

整体推进策略

李学进介绍,在山东省菏泽市,郓城高级中学不是最早搞课改的,却像一根"独苗"坚持了下来。其他学校未能坚持下来,主要是因为这些学校的课改在仓促中推进,没有统一部署、整体设计和分步实施的有序步骤。

"遇到了一些问题,没有预设好,就不知道怎么办了,后面还有很多不愿意改的,想方设法地阻拦,怎么可能改得通?"郓城高级中学吸取了这个教训,坚持课改要整体推进。

李学进说,郓城高级中学打算开始课改前已经做了充分的准备工作,不但组织骨干教师外出考察学习,深入了解各地课改典型学校的经验和做法,吸收借鉴,回到学校后还开展教研讨论,深入分析、解剖,做出充分的预设。

讨论后,大家形成了关于课改推进的几点共识:一是统一树立变的思想,不变,则没有出路和希望,当然也没有未来;二是解决两部分人的后顾之忧,包括个别老师担心完不成教学任务或"不愿多出力",怕累,部分学习较好的同学担心影响到个人的课堂学习;三是消除了"橘生淮南"的认识偏颇,以"强硬的姿态"推动教师和学生观念的转变,不推诿,不回避,不迁就,不应付;四是力避课堂教学的作秀;五是确保课改的持续推进,要将课堂教学改革切实推开,切忌一阵风。改革不是一时冲动,而是必然的、慎重的抉择,是与传统课堂教育进行的一场决裂,永远不再回到传统课堂上去。

郓城高级中学还得出一条重要经验——一个学校的课改,找准了方法就要强力推进,绝不能搞试点。

唐衍兵说,搞课改的经验告诉大家,如果搞试点,出现的诸多问题就会持续削减继续进行课改的动力。因此,郓城高级中学在课改推进初即制定了《关于在非毕业年级全力推进教学改革的意见》,随后,即将课改的范围扩大全校,包括初三、高三的毕业班、艺术特长班等。《意见》制定了教学改革的指导思想、课堂教学改革的基本模式、导学案的基本格式、课堂教学改革进行的程序、课堂教学改革的保障措施等。

"八环节"范式和对课改的研究

在强力推进下,郓城高级中学课堂教学改革顺利进行,目前已经形成了"回顾旧知—新知探索—课堂展示"、"学生互学—老师点评—学生记忆"、"尝试解题—题组训练"的八环节程序化教学指导范式。

唐衍兵说,"范式"一方面是规范教师的教学行为,一方面也给了各个学科充分结合、发挥的空间,各学科可以根据学科特点自由再次"定标准"。如数学学科新授课环节设置就是"回顾旧知—学习目标—解决问题—知识记忆—题组训练—小结—布置新任务"。

此外,学校还从实际出发,用"小课题"研究进一步推动课改和教师专业成长。紧紧围绕课改实践,每个任课老师确立一个小课题,诸如关于课堂教学基本模式的研究、关于提高预习课效率和实效性的研究、关于教学激励机制的研究、关于双休日节假日加强自学指导的研究等。

唐衍兵说,郓城高级中学的课改,从学生层面,是帮助他们掌握科学的学习方法,养成良好的学习习惯,学会自主学习,并逐步形成终生学习的能力;从教师层面,要求教师研究学习方法,加强学法指导,指导学生自学,与学生交流,帮助学生完成学习任务,达成学习目标;而从学校发展的层面,要打造高效课堂,提高教育质量,创建学校品牌,确保持续发展。

校长档案

唐衍兵校长

1967年出生,毕业于山东师范大学历史系,中学高级教师,菏泽市优秀校长、优秀教育工作者、专业技术拔尖人才。自2001年出任郓城第二中学校长以来,坚持"发展是硬道理"的理念,以创新的精神带领教职工面对三流的生源,靠科学、规范、到位的管理,实现了教育质量的连年攀升。经过三年的创业,一所占地200亩的高标准、规范的高中呈现在全市人民面前。学校也从五年前的"三流"学校,跃入全市一流高中行列。

校长谈

我们的"八环节"之路

唐衍兵

地处鲁西南经济欠发达地区的郓城高级中学,是依托当时已举步维艰的农村高中兴建的一所高标准、规范化的寄宿制高中。自建校之日起,学校始终坚持适度超前和可持续发展的原则,以一个充满活力、充满激情的开拓者的形象,走过了五年的兴校之路。

在大力推进素质教育和高中新课程改革的新形势下,我们一以贯之地坚持"科学办学"的思路,立足于素质教育,追求内涵、创建特色、提升品位,实现立体拔高;着眼于学校常规,一切从整体出发、优化要素、完善结构,以"整体原理"管理学校,追求"整体大于部分之和"的最佳效益。

当前的教育教学改革关键在于课堂教学的改革,只有有了课堂教学层面的改革,才可能有新课程真正的实施,才可能有素质教育真正的落实。一堂课的终极目标就是学生学习目标的达成度,因而组织课堂教学就应该围绕这一目标去预设、去挖掘、去导演、去生成、去拓展、去评点。要真正实现课堂教学的有效性,关键在于激活学生的思维,通过让学生自己"动手做"、老师善于指导学生"怎么做",使学生的思维总处于活跃、亢奋状态,积极地探索知识并试图将刚获取的知识转化为能力,让学生在兴致未尽中迎来下课的铃声。只有如此,才能让学生在课堂上学有所得、学有所用。

强力推进下的郓城高级中学课改,一是将课堂教学改革提高到学校"二次创业"的高度去认识、去发动,不搞试点,强力推进、全面推进;二是坚持"推进——反思——再推进"的课改流程,确立"问题即课题"的思想,达成全校的真教研;三是在执著推进中,牢牢把握"四个力避",即力避急功近利、力避千人一面、力避花样翻新、力避走回头路。

目前,"八环节"范式下的郓城高级中学课改已进入挖深度、拓广度、提高度的"立体"推进阶段,我们会义无反顾地沿着特色之路大步前行!

关　键　词

郓城高级中学学生课改感悟辑录

课改有益

高二·六班　孙莎莎

今年的课改风吹到我校,吹醒了冬眠的学生,改变了学习作风。

今天晚自习上课铃一响,大部分同学的口型由"O"字形变为一条细线,拿着笔杆预习明天的科目。少部分学生忍不住了,快看——"喂,你的歌本呢?让我看看行吗?""去,不要打扰我的思路,明天还要展示呢!你也是本组组员,你也有责任,快预习,不要再废话了!"只见那个同学拿起了手中的笔也预习起来。原来简单的一递一接,纸条就可以让对方平静,真不错!

过了一会儿,组长发话了,"都预习完了没有?""完了"。"好,让我检查检查!……不错嘛,下面我们先讨论不会的题。"话音刚落,同学们便各抒己见……

第二天,上课铃响了,老师笑着走进来,黑板上全写满了展示内容,老师把重点、难点梳理了一番,随机点名回答问题,轻轻松松,就掌握了知识点。看,她们笑了!

经过课改,同学们学得快活了,思想跟上了,笑容自然也多了。

碰见同学因写作而烦恼时,你也可以说:"Remember, practice makes perfect!"同学去购物时,你也可以问:"Who would you like to have go shopping with you?"这样,既巩固了学习知识,又可以牵动别人的学习兴趣,老师也跟着高兴。

课改有益。学生预习完功课后,不会的题目向老师请教,老师再把难题综合下来,与同学们分析、讨论。既促进了学习,又搞好了师生之间的关系,何乐而不为!

课改使同学们在学习中寻找乐趣,使师生在讨论中沟通心灵,师生皆益。

致校长的一封信

高二·二班 王敏敏

敬爱的校长：

您好！在课改期间请允许我冒昧地写这封信。

自从您组织老师学习杜郎口经验回来后，经过老师们的一致赞同，我校也同样进行了"10+35"的课堂。至今，我校在教学之中发生了翻天覆地的变化。

昔日，"监狱"般的教室已变成了知识的"超市"，生命的狂欢。几乎所有的学生告别了"三闲"，拾起了自我反思，自我检测。昔日，我总不知如何用活页夹，彩色笔，纠错本等。而今日，我知道了活页夹是用来夹每堂课的导学案，彩色笔是用来标出错的、对的以及重点的部分，纠错本是用来写自己的错题是如何出错、怎样避免的，等等。

曾经，课堂上老师是主演，学生是观众，每堂课下来，老师早已口干舌燥，而部分学生也早已酣然入梦。而现在，"我"是主导、主演，课下的时间自己编排，课上的时间自己展示。自己充当这堂课的"影星"与"导演"，从此不再羡慕成龙、刘亦菲……

这次课改中，我不仅懂得了"学生"的真正涵义（在学中生，把生的学熟）。而且结识了最好的伙伴。我担任学习组长之职，但有时，我也有不理解的地方，我的组员便顺理成章地成了我的"老师"，所谓学习"无贵无贱，无长无少，道之所存，师之所存也！"

就这样，我们形成了对学和群学，从而找到了学习的乐趣，懂得了您限制"讲"是为了保障更好的"学"。

校长，这次的课改如同达尔文的进化论：适者生存，不适者被淘汰，用进废退。让我组与邻组或更多的组形成了不仅是同学关系，更是竞争对手的关系：我可以用合理的道理"击垮"他的推理判断，我可以与他人分享至理名言；我可以用更多的方法与他人共做一道题；我可以……总之，这样的课堂使我们能够更好地在乐中学，在学中乐。

尊敬的校长,我以及众多的学生都赞同您的这次课改,因为只有把"惟教"皈依为"惟学",我们才能真正体会到知识的渊博。感谢您为我们提供了"知识的超市",让我们自由"选购"。

祝您工作顺利,身体健康。

此致!

您的学生:王敏敏

后　记

致课改同道

洪　湖

　　终于要付梓印刷了,我疲惫却充实的"课改旅程"又将迎来一个全新的开始。

　　正如在本书的一章中,我们推介学校的课改要"回头看"一样,当回过头来,追忆这过来的一年时光,我满怀感慨。

　　这是我大学毕业的第一年。接受了十多年的传统教育,也接受了完整的师范加新闻"科班"教学,初出校门的我本以为教育只是一种简单的职业,简单到三尺讲台,没有更多的镁光灯,没有更多的关注,单调、平实而波澜不惊。我也本有机会成为一名体育记者,去追逐星光熠熠的体坛明星。然而最终,我却近乎是懵懵懂懂、莽莽撞撞般地与教育结下了不解之缘。

　　当怀着敬畏之情置身其间,我才发现教育的"田野"如此广大,教育的问题其实关乎到每一个家庭和每一个人。这里有为数众多的学校、教师、学生,有兢兢业业、一丝不苟,也有学高为师、身正为范。在正在发生深刻变革的中国,这里还有日益凸显的教育现象、教育问题,例如今天的教育教学已经不适应高速发展的这个国家的需要。

教育兴则国兴。当钱学森之问再次叩击我们的心灵,当温家宝总理走进一所普通中学的课堂,我们知道国家从来没有像现在这样重视教育;但是,当今天教育的诸多问题愈发严重,当教育教学的功利之风愈演愈烈之时,我们发现,步入深水区的课改正在谋求二次破局,期待回到原点重新出发。

课改是一段注定成就梦想的旅程。这一年中,我最大的收获也来自于与课堂教学改革的先行者们为伍。每一次因为采访或者其他原因而有机会与他们在一起时,我都受益良多。本书呈现的是典型学校的课改经验,但实际上更多的却是背后的课改人。

崔其升校长是名副其实的"课改老师",他的热爱教育、钻研教育、潜心教育的精神令我感动,他的关注细节、一丝不苟也无时无刻不在感召着我。

杜金山校长是一位十分绅士、儒雅而又思辨性极强、极富学理的人,他的每一个课改观点后来都成了我的"圭臬"。

赵丰平校长的大度、细致也时时感染我,尽管是一所拥有近万名学生的"大"学校的"大"校长,他的事必躬亲、不拘小节,他的严谨、较真,也许正保证了"山东省领跑高中"管理的有条不紊。

搞房地产出身、赔钱办学校的河南南召现代中学董事长张海清,每有家庭困难的家长找到她,她不但不收学费,还补贴生活费,以致每次开学时校长邱显东总要"想方设法"地不让她来学校。学校办学经费紧张,她卖掉了在城里的房子;学校要搞课改了,她第一个带队外出考察学习,期间还传出了扮成家长探样板校究竟的美谈。

江苏昆山前景学校的张雷董事长,闯荡昆山十多年,先是在民办学校打工,然后自己办学,他认准想干的事绝对不打折扣,在集团三所学校同时推进课改,"一意孤行"般地严格按照"时间表"推进。

在辽宁辽中,立人学校一向没有对手,每年的中考他们不仅领先,而且是遥遥领先,他们的学生总平均分能超越全县学生平均总分270分。六十多岁的李志信董事长至今仍亲自下课堂听课、把关,凡是符合课改要求的,表彰奖励;否则,一定追究。

本书所收录的每一位校长,都已经成为我们的好朋友和课改同道,他们的学校也都成了当地数一数二的课改示范校。在致力于"高效课堂"途径和方法的探索中,他们总有一种特质和精神,时时在感染着身边的课改人,犹如熠熠生辉的星光,照亮了一方课改的"星空"。

一年来,如果说成长促使我对教育有那么一丁点的思考,也完全得益于他们的"言传身教"。由最初的青涩,成长为寻找典型、发现典型的文字工作者,一年来,对于他们的采访,聆听他们的"教诲",成为我成长过程中丰富的"养料"。

我同样很感激李炳亭老师,是他无微不至的帮助和关怀推动了我一年来的每一点进步。

一年来,我协助李老师,为专栏"李炳亭课改名校访谈"做些文字搜集和整理的工作,并在他实在抽不出身时替他"捉笔"。现在,这些访谈文章结集成为本书即将付梓出版了,我十分激动。他鼓励我,要我写些文字以作纪念,我则深感惶恐不安。写后记对我这样初出茅庐的"小字辈"来说,是连梦中都不曾有过的奢望,因此还请诸位被采访过的校长、老师们和广大读者宽容我的青涩与文字的稚嫩。之于我,采访和写作的过程其实也是学习和成长的过程。

李老师是一位尽管工作异乎繁忙但却事必躬亲的人,一年来,我已记不得多少次,他为我改稿,教我斟酌每一篇文章的标题、句法,启发我如何寻找课改典型学校的特色和亮点。一年来,也是他的敬业精神在时时感召我,让我不敢有丝毫懈怠。他时常劝勉我:"我们是背负着民族教育希望飞奔的人。"正如他的序中所述,"课改就是从油锅里捞孩子",强烈的责任感和使命意识也一直伴随着我过来的这一年。

这一年来,他几乎没有休过任何一个周末,每一个假期也都奔波在全国各地。每一次,看着他几乎是在用呐喊作完报告,我都既激动又焦虑。激动是因为我和在场的每一位听者都被他精彩的报告"点燃",心中早已激情澎湃;焦虑则是因为实在替他的身体担忧,本来就是超强度的工作,又一次透支,真担心他吃不消。

在他的感染下,我也开始勤奋工作。不记得多少个夜晚,挑灯夜战,我开始体验并适应记者的生活;也不记得多少次,为寻找典型学校的课改特色我仍苦苦思索。华灯初上的夜晚,也许我才刚刚开始拿着资料深入了解一所学校;已近凌晨,也许我还在"缠着"某所学校某位亲爱的领导、老师"疯狂地"侃着。我已记不得多

少次,李老师语重心长的教诲,也已记不清多少次体悟茅塞顿开后的兴奋与快乐。

从诞生到渐渐为人们所知、熟知、乐知,从默默无闻到受到竞相追逐,"高效课堂"在逐渐成为国内课堂教学主导模式的同时,业已成为中国名校共同体这一民间课改公益组织耀眼的"名片"。

而即将出版的这本书则可以称得上是"高效课堂"模式的汇聚之作。我们所推介和报道的这些学校,尽管位于全国各地,有的甚至相距遥远,但都有一个共同的特点,那就是诚心办真教育,敢于主动"力行",寻找课堂教学的真谛。课改之路上的每一步进取,每一点成绩,对于他们都着实不易。对于他们中的每一所学校,在报道后的很长一段时间里,我都悉心"关照"。我的朴素意识里,总是希望,我们的报道能对这些学校和他们的课改有尽可能大的帮助与促进,我也极期望了解这些学校在报道后发生的每一点可喜变化。好在,一年来,他们和他们的课改都在发生着越来越深入的质变,率先脱颖的九所学校还在今年4月份被《中国教师报》隆重推出,成为全国高效课堂的九大"教学范式"。

我们也惊喜地发现,国内越来越多的学校开始循着杜郎口中学走过的课改路,敢于并且主动开始对课堂"动刀"。一时间,这方面的典型也不断涌现,犹如暴风骤雨般"席卷"而来,使多年"铁打不动"的课堂教学开始了向好的"松动",或者准确地说,是开始"嬗变"。

看完了这本厚厚的书,希望您还能耐下心来听听我的絮叨:课改已经迫在眉睫,我们缺乏的不是理论,也不是方法和途径,而是开拓的思路和敢于"力行"的勇气。

我们则始终愿意与课改同道为伍,不惮于课改,致力于课改,执著于课改。

我还希望将这篇后记献给我团队中的朋友们,献给那些曾经和我们一起奋战在课堂教学第一线,为了心中的教育梦想近乎疯狂工作、挥洒青春的朋友。我想我们都记得,那些青葱岁月中的课改旅程,是怎么在大家心中烙下岁月无法抹杀的印迹的。而现在,一段全新的课改旅程又已经开始。

借用食指先生的《相信未来》做结:"我要用手指那涌向天边的排浪,我要用手掌那托住太阳的大海,摇曳着曙光那枝温暖漂亮的笔杆,用孩子的笔体写下:相信未来!"